浙江省高等学校德育统编教材

浙江省普通高校"十三五"新形态教材

教育部"段治文全国高校思想政治理论课

名师工作室建设"（19JDSZK042）成果

浙江精神与浙江发展

（2020年版）

主　编　段治文

副主编　邢乐勤　尤云弟

ZHEJIANG UNIVERSITY PRESS

浙江大学出版社

图书在版编目（CIP）数据

浙江精神与浙江发展：2020年版／段治文主编. —
4版. —杭州：浙江大学出版社，2020.7(2022.8重印)
ISBN 978-7-308-20336-4

Ⅰ.①浙… Ⅱ.①段… Ⅲ.①中国特色社会主义—高
等学校—教材 Ⅳ.①D616

中国版本图书馆CIP数据核字(2020)第113370号

浙江精神与浙江发展(2020年版)

主　　编　段治文

副主编　邢乐勤　尤云弟

策　　划　黄娟琴

责任编辑　黄娟琴

责任校对　杨利军　宁　檬

封面设计　春天书装

出版发行　浙江大学出版社

　　　　　（杭州市天目山路148号　邮政编码310007）

　　　　　（网址:http://www.zjupress.com）

排　　版　杭州青翊图文设计有限公司

印　　刷　杭州杭新印务有限公司

开　　本　710mm×1000mm　1/16

印　　张　15.25

字　　数　250千

版印次　2020年7月第4版　2022年8月第6次印刷

书　　号　ISBN 978-7-308-20336-4

定　　价　23.00元

目　　录

案例目录

二维码目录

绪　　论

　　文化是民族的血脉，是人民的精神家园。文化是经济社会发展的灵魂，而民族精神则是文化的灵魂。民族精神是一个民族在长期的共同生活和社会实践中形成的精神气质的总和，是一个国家和地区赖以生存和发展的精神支柱和文化力量。在我国五千多年的文明发展历程中，各族人民紧密团结、自强不息，共同创造出了源远流长、博大精深的中华文化，形成了自己特色鲜明的伟大民族精神，为中华民族发展壮大提供了强大的精神力量，为人类文明进步作出了不可磨灭的重大贡献。

　　民族精神具有地域性特点。在中华民族精神的形成和发展过程中，孕育了许多带有鲜明时代特点和地域特色的民族精神的具体表现形式。浙江精神无疑是其中的重要代表之一，是民族精神的重要组成部分，是民族精神在浙江的具体体现。

　　浙江自古人杰地灵、人文荟萃，历史源远流长，孕育了优秀的区域文化，形成了独特的精神品格。千百年来，浙江特有的地理环境、生产生活方式、历史上多次的文化交融，造就了浙江人民兼具农耕文明与海洋文明的自强不息、开拓进取的文化特质，兼容并蓄、励志图强的生活气度，崇文厚德、创业创新的精神品格。从大禹的"因势利导，敬业治水"到越王勾践的"卧薪尝胆，励精图治"；从钱王世家的"保境安民"到知府林启的"讲求实学"，无论是以叶适为代表的"务实而不务虚"的永嘉学派，还是以陈亮为代表的"义利双行"的永康学派；无论是黄宗羲的"工商皆本"，还是龚自珍的"不拘一格降人才"；无论是王充强烈的批判精神，还是王阳明的开拓创新思想等，深厚的文化底蕴铸就了浙江精神。这种精神品格洋溢在浙江美丽的山水间、灿烂的文明里，积淀在浙江人民深层的价值观念和行为习惯中，薪火相传，历久弥新。浙江精神的优秀历史传承不仅与浙江人民的历史生命相伴，而且与浙江人民的现实生活与未来创造相随。作为中华民族伟大精神的重要组成部分，浙江精神是浙江人民的宝贵精神财富，也是浙江人民奋发向上的内在动力。

改革开放以来,浙江坚持以马克思列宁主义、毛泽东思想、邓小平理论、"三个代表"重要思想、科学发展观、习近平新时代中国特色社会主义思想为指导,在前进中,走出了一条具有时代特征、中国特色、浙江特点的发展道路。浙江省已经成为一个经济社会发展速度、发展水平、发展活力都居于全国前列的省份,也是一个"经济大省""市场大省"和"民营经济大省"。浙江精神在改革开放的环境中,在建设中国特色社会主义的伟大实践中被全面激活,焕发出了新的活力。

在改革开放进程中,浙江非常重视对浙江精神的概括和提炼。改革开放之初,为了实现脱贫致富的目标,浙江人形成了以"历经千辛万苦,说尽千言万语,走遍千山万水,想尽千方百计"为表述的"四千精神"。后来,面对亚洲金融危机的冲击,为推进浙江经济转型升级,形成了以创业创新为核心的"新四千精神",那就是"千方百计提升品牌,千方百计保持市场,千方百计自主创新,千方百计改善管理"。2000 年,在浙江省委十届四次全体(扩大)会议上,时任浙江省委书记张德江正式对浙江精神进行了概括,提出了"十六字精神",即"自强不息、坚韧不拔、勇于创新、讲求实效"。进入 21 世纪以后,随着世情、国情和省情的巨大变化,尤其在党的十六大之后,浙江的改革开放和现代化建设又有了很多新进展,浙江精神所赖以生存的基础发生了变化,浙江精神的内涵也迫切需要充实。为了迎接新的变化,也为了提升新时期浙江人的形象,增强浙江人的忧患意识和拼搏意识,浙江省委对浙江精神进行了重新提炼和概括。时任浙江省委书记习近平为此专门撰文进行了阐述,并将新的浙江精神界定为"求真务实、诚信和谐、开放图强"十二字的表述,还提出了浙江精神要与时俱进的要求。2012 年 6 月,时任浙江省委书记赵洪祝在中国共产党浙江省第十三次代表大会上提出了"建设物质富裕、精神富有的现代化浙江"的历史新使命,要求"深化社会主义核心价值体系建设。大力推进中国特色社会主义理论体系的学习宣传和普及,加强理想信念教育。大力弘扬民族精神、时代精神和以创业创新为核心的浙江精神,积极倡导以'务实、守信、崇学、向善'为内涵的当代浙江人的共同价值观"。当代浙江人的共同价值观的提炼,无疑是对浙江精神的进一步深化。

2017 年 6 月,浙江省委书记车俊代表浙江省委在省第十四次党代会上作报告,再次倡导浙江精神,大会的主题就是:"紧密团结在以习近平同志为核心的党中央周围,坚定不移沿着'八八战略'指引的路子走下去,秉持浙江精神,干在实处、走在前列、勇立潮头,高水平谱写实现'两个一百年'奋斗目标的浙江篇章。"并且提出"统筹推进富强浙江、法治浙江、文化浙江、平安浙江、美丽浙江、清廉浙江建设"的"六个浙江"建设战略以及"改革强省、创新强省、开放强省、人才强省"的"四个强省"导向,将浙江精神与浙江发展战略推向深入。

浙江精神在浙江发展中起着巨大的内在动力作用。浙江精神对浙江经济建设发挥了推动和支撑作用,成为浙江人民加快发展的精神动力;浙江精神对浙江社会发展发挥了凝聚和激励作用,成为浙江人民全面建成小康社会的精神财富;浙江精神对浙江文化建设发挥了引领和提升作用,成为浙江人民提高自身素质的文化自觉;浙江精神还推动了浙江的政治建设和生态文明建设的深入发展。浙江精神不仅反映了浙江历史文化传统和浙江经济社会发展中形成的核心精神和特色,而且是中国特色社会主义理论体系在浙江实践的重要成果的体现。

浙江精神与浙江发展是中国特色社会主义理论体系教育的典型案例,是对大学生开展思想政治理论教育的重要范本。2006 年,习近平同志曾指出:"浙江精神作为中华民族精神的重要组成部分,是以爱国主义为核心的民族精神、以改革创新为核心的时代精神在浙江的生动体现,是浙江人民在千百年来的奋斗发展中孕育出来的宝贵财富。"[①]密切联系丰富和生动的浙江精神,开展大学生思想政治教育,是时代的要求。浙江精神所蕴含的爱国主义精神、共产主义理想信念,是当代大学生必须坚持的政治方向;浙江精神所贯穿的实事求是、求真务实的原则,是当代大学生不可动摇的思想路线;浙江精神所具有的艰苦奋斗、开放图强的作风,是当代大学生应该具有的做人本色;浙江精神所展现的崇学向善、创业创新精神,是当代大学生的必备素质。因此,在当代大学生中深入开展以浙江精神与浙江发展为主题的案例教育,可进一步激发大学生的智慧、活力和创造精神,推动浙江乃至全国人民的物质更加富裕、精神更加富有、社会更加和谐。浙江精神的教育将集中在对大学生进行爱国主义精神教育、艰苦奋斗精神教育、乐观进取精神教育、求真务实精神教育、诚信和谐精神教育等方面,极大地丰富了大学生思想政治教育的时代内容。它将在

---

① 习近平:《与时俱进的浙江精神》,《浙江日报》2006 年 2 月 5 日。

促进大学生思想政治教育理论的前沿性、促进大学生思想政治教育途径的多样性、促进大学生思想政治教育内容的生活化等方面,探索和实现重要创新。

为了更好地将浙江精神与浙江发展这些重要案例推进到大学生思想政治理论课的教学实践中,我们根据浙江省委、省政府的要求,在浙江省委、教育工委的领导下,组织浙江省高校思想政治理论课专家编写了《浙江精神与浙江发展》这一教材,正式作为浙江省高校思想政治理论课"中国近现代史纲要"课程的配套教材,以推动"中国近现代史纲要"课程的案例式教学和实践教学。教材分为以下三部分:第一部分,浙江精神的提炼及其内涵;第二部分,浙江精神的形成,主要从浙江地域环境、浙江文化传统和浙江人的品格三个角度论述浙江精神的形成;第三部分,浙江精神指导下的浙江发展,主要从经济发展、政治建设、文化繁荣、社会和谐、生态文明等五大建设展开。本书不仅是对大学生开展思想政治理论教育的重要案例式教材,而且是让广大读者了解浙江、关注浙江精神与浙江发展的重要读本。

浙江是中国革命红船的起航地、改革开放的先行地、习近平新时代中国特色社会主义思想的重要萌发地,同时要努力成为新时代全面展示中国特色社会主义制度优越性的重要窗口。深入开展浙江精神和浙江发展的研究、宣传和教育,目的在于总结浙江改革发展的历史,从而推动大学生坚定对中国特色社会主义的道路自信、理论自信、制度自信和文化自信,明确中国特色社会主义发展方向,进一步把握未来。深入开展浙江精神和浙江发展的案例教学和实践研究,可以推进大学生思想政治理论教育内容的拓展、实现思想政治理论教育方法上的创新、提高大学生思想政治理论教育教学的实效性,同时也是为了推进浙江新的发展,提升浙江的文化软实力和浙江的核心竞争力,实现浙江省第十四次党代会提出的"改革强省、创新强省、开放强省、人才强省"的社会主义现代化浙江的目标,进一步实现党的十九大提出的要求,那就是:"不忘初心,牢记使命,高举中国特色社会主义伟大旗帜,决胜全面建成小康社会,夺取新时代中国特色社会主义伟大胜利,为实现中华民族伟大复兴的中国梦不懈奋斗。"

第一章　浙江精神的提炼及其内涵

浙江人民在千百年的奋斗实践中培育出来的浙江精神,是中华民族精神的重要组成部分,是浙江人民宝贵的精神财富。它深深融化在浙江人民的血脉里,体现在浙江人民的行为中,并始终激励着浙江人民开拓创新、发愤图强,显示了强大的生命力和创造力。浙江精神的根,深植于浙江大地,但其理论内涵并不是一成不变的,而是与时俱进的。因而,在浙江发展进入新阶段,我们深入理解习近平同志提出的"与时俱进的浙江精神"的思想内涵,并且联系浙江发展实践深刻体悟其主要特征,有着十分重要的意义。

一、浙江精神提炼的意义

浙江精神,是一种被全省人民所认同的,能够催人奋进的,具有浙江地方特色的群体意识、精神状态、价值取向和思想境界的理论概括。浙江精神的提炼具有重要意义。

首先,提炼浙江精神是进一步解读浙江现象、总结浙江经验、开创浙江未来的必然要求。可以说,浙江精神是解开"浙江现象"奥秘的钥匙。它带有根本性、普遍性和稳定性。它从总体上影响着浙江的发展模式、体制机制和目标任务,引领着社会思潮和人们的价值取向。浙江精神的提炼,可以进一步促进人们对浙江改革开放实践的再认识、再总结,促进人们思想观念的再解放、再更新,促进浙江经济社会的再发展、再提高。通过对浙江精神的提炼和弘扬,可以把浙江精神落实到行动上,体现在实践中,充分发挥浙江精神的能动作用,使精神力量转化为巨大的物质力量,推动浙江经济社会又好又快的发展,进一步建设好物质富裕、精神富有的社会主义现代化浙江。

其次,提炼浙江精神是进一步拓展我国社会主义核心价值体系建设实践的价值诉求,是积极培育和践行社会主义核心价值观的需要。社会主义核心价值体系包括马克思主义指导思想、中国特色社会主义共同理想、以爱国主义为核心的民族精神和以改革创新为核心的时代精神、社会主义荣辱观等四个基本方面。党的十八大报告提出:"大力弘扬民族精神和时代精神,深入开展爱国主义、集体主义、社会主义教育,丰富人民精神世界,增强人民精神力量。倡导富强、民主、文明、和谐,倡导自由、平等、公正、法治,倡导爱国、敬业、诚信、友善,积极培育和践行社会主义核心价值观。"[1]习近平总书记在党的十九大报告中更是指出:"发挥社会主义核心价值观对国民教育、精神文明创建、精神文化产品创作生产传播的引领作用。"[2]总结提炼出贴近群众、贴近实践、通俗生动、简洁明了的带有浙江地域特性的浙江精神,不仅是践行我国社会主义核心价值体系的要求,而且是积极培育社会主义核心价值观的需要。浙江精神的提炼无疑体现了中国特色社会主义核心价值体系在浙江实践的鲜明价值诉求。

二、浙江精神提炼的过程

(一)"浙江精神"的首次表述

改革开放以来,浙江经济社会建设取得了迅猛发展,经济总量和综合实力迅速上升,经济社会结构发生了深刻变化,社会事业全面进步,发展的协调性逐渐增强。浙江是在一个并不优越的自然社会环境下起步的。浙江陆域资源贫乏,人均耕地不到全国人均耕地的一半。改革开放以前,浙江农业比重大,工业基础薄弱,国家投资不多。改革开放以来,浙江也未享受到国家的特殊优惠政策。但浙江却因地制宜,励精图治,开拓创新,依靠自己的力量,把自身建设成为一个经济社会发展速度、发展水平、发展活力都居于全国前列的省份,也是一个"经济大省""市场大省"和"民

---

① 胡锦涛:《坚定不移沿着中国特色社会主义道路前进 为全面建成小康社会而奋斗——在中国共产党第十八次全国代表大会上的报告》,人民出版社 2012 年版,第 31 - 32 页。
② 习近平:《决胜全面建成小康社会 夺取新时代中国特色社会主义伟大胜利——在中国共产党第十九次全国代表大会上的报告》,人民出版社 2017 年版,第 42 页。

营经济大省",创造了一个又一个伟大的壮举。那么,"浙江现象"的奥秘究竟在哪里?

世纪之交,"浙江现象"引起了全国的广泛关注,不仅成为学者研究的重要课题,而且成为浙江省委、省政府思考的重要论题。时任浙江省委书记张德江在1999年12月底召开的浙江省社科联第四次代表大会上提出了"提炼'浙江精神',总结浙江经验,开拓浙江未来"的重要任务。这个建议得到浙江社科界、文化界的积极响应,成为"浙江精神"研究的契机。

2000年7月,浙江省委十届四次全体(扩大)会议在大力实施调研的基础上对"浙江精神"进行了高度概括,形成了"自强不息、坚韧不拔、勇于创新、讲求实效"十六字的表述。其主要内容分为四个方面:①自强不息。浙江人多地少,"七山一水二分田",自然资源匮乏,工业基础薄弱。但勤劳的浙江人不愿接受"命运"的摆布,也没有消极依赖国家的援助,而是走出了一条自主创业的发展之路,"你经营,我办厂",这种不低头、不弯腰、自强不息的精神为浙江创造出了起步的第一桶金。②坚韧不拔。浙江人以肯吃苦著称,在创业的历程中,他们历经千辛万苦,但从不气馁,在一个地方遭遇挫折,就换一个地方接着干,一种办法行不通,就再想别的出路。③勇于创新。浙江人富有创新精神。他们信奉市场经济规律,敢于做新时代的弄潮儿,不断突破体制障碍,创新思想观念,做改革开放的先锋,这种创新精神使浙江人闯出了一系列特色发展之路,如"温州模式""台州模式"及"义乌模式"等。④讲求实效。务实是浙江人在发展中坚持的一项重要原则。在浙江,只要是符合本地实际、能带来实效的发展路子,无论外界有什么议论浙江都不争论、不辩解,而靠事实说话,这种务实的态度构成了浙江前进的重要推动力,保证了浙江经济社会的持续发展。

可以说,"自强不息、坚韧不拔、勇于创新、讲求实效"的浙江精神,是20世纪八九十年代浙江人民精神面貌的生动体现,是浙江经济发展的真实写照和浙江经验的高度概括。例如,浙江人很早就在全国各地从事收破烂、弹棉花、补鞋、理发等别人不想干、不愿干的事;浙江人不怕苦,为了生存,敢于舍弃自己的家园,天南海北到处闯荡;浙江人务实,不搞花架子,从实际出发做事;浙江人敢为天下先,勇于创新。浙江人历经千辛万苦,说尽千言万语,走遍千山万水,想尽千方百计,终于创造出许多经济发展中的奇迹。因此,"十六字"浙江精神,较好地概括了改革开放以来浙江人民摆脱贫困、走向富裕过程中的精神状态,是与市场经济内生要求相匹配的文化资源,是浙江经济社会持续健康发展的精神动力,是凝聚浙江经济社会的"黏合剂",是实现浙江经济社会跨越式发展的"导航灯"。可以说,浙江人民之所以能走出一条具有区域特色、时代特征、浙江特点的发展道路,正是得益于浙江精神的感召和激励。这只是浙江精神在一定历史阶段体现在浙江人身上的具体特征。正如有的学者所指出的:"我们所总结出来的'浙江精神',是在体制转轨的过程中孕育和激发出来的,有着特殊的社会历史背景。具备这种精神素质的人相比于其他人,尽管在中国由计划体制转向市场体制过程中,以及在初级市场经济的发展进程中表现出了较强的适应性;但严格地讲,这种精神素质并未经过成熟、规范的现代市场经济的洗礼。"①因此,随着时代的发展、社会的进步和人们认识的提高,必须适时地进行"与时俱进的浙江精神"的调研和提炼。

（二）习近平同志提出和阐述"与时俱进的浙江精神"

2005 年 1 月,时任浙江省委书记习近平作出了关于"深入研究浙江现象、充实完善浙江经验、丰富发展浙江精神"和"浙江精神的调研应从浙江文化的历史传承、社会精神文明、文化综合实力的作用等诸角度进行"的批示,亲自确定了"与时俱进的浙江精神"研究方向和基本框架,并修改和审定研究报告。在充分调研的基础上,大家进行了广泛深入的讨论、总结和提炼,基本达成共识:一方面,原"十六字"浙江精神在传承浙江优秀文化的基础上,较好地概括了改革开放以来浙江干部群众摆脱贫困、走向富裕过程中的精神状态,经过多年来实践的培育并检验,证明是正确的、成功的,要继续"坚持和发展",使之发扬光大。另一方面,也应看到,世界在变化,时代在进步,形势在发展。进入 21 世纪以来,随着世情、国情和省情的巨大变化,尤其是党的十六大之后,浙江的改革开放和现代化建设又有了很多新的进展。"浙江精神"所赖以生存的基础正在发生越来越大的变化,"浙江精神"的内涵迫切需要得到充实。2006 年,时任浙江省委书记习近平为此专门撰文进行了阐述,指出:"浙江精神作为中华民族精神的重要组成部分,是以爱国主义为核心的民族精神、以改革创新为核心的时代精神在浙江的生动体现,是浙江人民在千百年来的奋斗发展中孕

---

① 何显明:《弘扬浙江精神　建设文化大省》,载万斌主编:《学者视野中的浙江文化大省建设》,浙江人民出版社 2001 年版,第 180 页。

育出来的宝贵财富。"①他将需要"与时俱进地培育和弘扬"的"浙江精神"概括为"求真务实、诚信和谐、开放图强"十二字。

　　浙江省委、省政府对"浙江精神"的提炼和概括,从最初"十六字"精神的提出到后来"十二字"精神的进一步提炼,其中所彰显的也正是与时俱进的重要作风。"浙江精神"的两种提炼和概括之间,是具有内在的逻辑联系的。"十六字"浙江精神是在长期的历史过程中尤其是在浙江当代市场经济发展初期逐渐形成的,它为浙江人冲破计划经济体制的罗网,积极地从事市场经济活动提供了深厚的区域文化精神资源。这种区域文化精神资源是浙江人鲜明的群体品格,是浙江人身上"已有"的精神个性,"自强不息、坚韧不拔、勇于创新、讲求实效"是在对浙江区域"已有"精神的总结和提炼中形成的。而"十二字"浙江精神则是在浙江区域市场经济走向成熟过程中提炼和概括的,"这既是浙江人民对昨天的总结与传承,更是他们对今天的鞭策和对明天的引领"②。其中有些内容,如"求真务实"体现了与"十六字"浙江精神的继承关系;另一些内容,如"诚信和谐"则体现了浙江精神与时俱进的发展,它们适应于市场经济走向成熟时期对"规范"或"约束"的要求,适应于由被动"倒逼"转向主动选择、从"适应性"改革向"预见性"改革转变,以实现"腾笼换鸟""浴火重生"飞向新高的要求,从而构成了浙江社会新的发展阶段所必须或应该具备的精神条件。与此同时,这些内容又是浙江人身上已经开始形成但还不像"自强不息、坚韧不拔、勇于创新、讲求实效"那样十分鲜明,这就需要"与时俱进地培育和弘扬"。在"十二字"浙江精神中,"求真""务实"是浙江人最具本质的东西,是浙江人一以贯之的精神诉求;"诚信""和谐"是先进文化建设和社会发展的重要内容;"开放""图强"是走在前列的必然要求和精神状态。由此可见,关于"浙江精神"的两种提炼和概括之间各有侧重,"十六字"浙江精神侧重于体现那种深藏于民间的群体无意识或基础民众活力,彰显出浙江人民在社会主义市场经济形成时期的创业意识;"十二字"浙江精神则代表着浙江省委和省政府层面的自觉意识,彰显出浙江人民适应市场经济转型需要而形成的价值取向。但两者又有着内在统一性或互补性,"十二字"浙江精神是以"十六字"浙江精神为基础的再度升华,是实践科

---

① 习近平:《与时俱进的浙江精神》,《浙江日报》2006 年 2 月 5 日。
② 习近平:《与时俱进的浙江精神》,《浙江日报》2006 年 2 月 5 日。

学发展的新取向、新状态,而其基本的内涵则旨在展现和提升"文化软实力""思想凝聚力"和"精神原动力"。总之,"与时俱进的浙江精神"的提炼与表述,体现了浙江人民的全面的自我诊断意识,标志着浙江经济社会发展从自发发展到自觉发展的转变。

案例 1-1

习近平同志在浙江:9 个月跑遍 69 个县(市、区)

习近平同志在浙江工作期间说过的并广为流传的一句话是:当县委书记一定要跑遍所有的村;当地(市)委书记,一定要跑遍所有的乡镇;当省委书记一定要跑遍所有的县(市、区)。2002 年 10 月,习近平同志到浙江工作后立即展开密集调研。前两个多月,习近平同志在外调研的时间占工作时间的 50%,他每天六七点起床,夜里一两点休息。每次调研,除了相关的必要人员外,轻车简从。习近平同志用 9 个月的时间就跑了 69 个县(市、区),足迹遍及浙江全省各县(市、区)。例如,到浙江工作的第 10 天,习近平同志就来到中国共产党诞生地嘉兴南湖,瞻仰一大会址。他参观南湖时曾说,如果我们的党员同志能够来到南湖看一次展览,听一次党课,学一次党章,观一次专题片,瞻仰一次红船,重温一次入党誓词,有助于精神传承、思想升华。又如,淳安县枫树岭镇下姜村是浙江一个偏远山村,也是习近平同志的联系点,他多次来此蹲点调研。他创作的《之江新语》一书中就录有《调研工作务求"深、实、细、准、效"》这篇重要文章。

党的十七大对兴起文化建设新高潮、推动文化大发展大繁荣作出了全面部署。浙江省第十二次党代会提出推进"创业富民、创新强省"总战略,坚持把建设先进文化作为推进创业创新的重要支撑。2007 年11 月,中国共产党浙江省第十二届委员会第二次全体会议通过《中共浙江省委关于认真贯彻党的十七大精神,扎实推进创业富民创新强省的决定》。2008 年 3 月,时任浙江省委书记赵洪祝指出:"创业富民、创

新强省",就是高举中国特色社会主义伟大旗帜,坚持以邓小平理论和
"三个代表"重要思想为指导,深入贯彻落实科学发展观,全面推进个
人、企业和其他各类组织的创业再创业,全面推进理论创新、制度创新、
科技创新、文化创新、社会管理创新、党建工作创新和其他各方面的创
新,以全民创业、全面创新推进经济社会又好又快发展,使全省人民收
入水平持续提高,家庭财产普遍增加,生活品质明显改善,全省综合实
力、国际竞争力、可持续发展能力不断增强,努力建设全民创业型社会
和全面创新型省份,加快建设富强民主文明和谐的新浙江。① 2008 年 7
月,浙江省委、省政府出台了《浙江省推动文化大发展大繁荣纲要(2008—
2012)》,进一步提出:坚持用以创业创新为核心的浙江精神凝聚力量、激
发活力、鼓舞斗志,大力弘扬浙江人民善于创业、勇于创新的精神品格和
文化传统,努力在全社会形成鼓励创业创新、宽容失败挫折的社会氛围。
深化对浙江精神的研究,适应时代发展要求,与时俱进地丰富和发展浙江
精神。

（三）以浙江精神为指导,构筑浙江人共同价值观

建设中国特色社会主义的实践没有止境,对浙江精神的丰富和发展
也没有止境。善于与时俱进,是浙江精神的重要品质。构筑当代浙江人
的精神家园,必须提炼出与之相匹配的共同价值观。

浙江精神与浙江人共同价值观之间有着千丝万缕的关联,从精神中
去提炼价值观,是尊重历史和体现现实的表现。在今天,提炼、形成和实
践浙江人共同价值观,不仅是践行社会主义核心价值观的要求,也是浙江
文化建设和发展、实现"文化强省"的需要,更是提升浙江的核心竞争力、
推动浙江经济社会进一步发展的要求,因此,具有重大的理论价值和实践
指导意义。自觉提炼出的当代浙江人共同价值观,要既能对应解决政治、
经济、文化、社会四大生活中的问题,又能解答人与自我、人与社会、人与自
然的关系问题,还能体现浙江的优秀传统和时代精神。2012 年 2 月,在浙
江大地上一场"我们的价值观"大讨论拉开了序幕。在这场历时 4 个多月
的大讨论中,全省各地围绕价值观共举办各类座谈会、报告会和研讨会

---

① 赵洪祝:《在创业创新中让科学发展精神落地生根——全国人大代表、浙江省委书记赵洪祝
谈浙江经济社会发展"两创"战略》,《浙江日报》2008 年 3 月 3 日。

8000 余场,共有 5 万多份的建议稿,23 万余条次的价值观词条,1000 万人次的积极参与,大讨论最终有了大家期望的结果。在 2012 年 6 月召开的浙江省第十三次党代会上,时任省委书记赵洪祝在报告中正式提出以"务实、守信、崇学、向善"为内涵的当代浙江人共同价值观。[①]

"务实",即讲究实效、实事求是,倡导做一个务实的浙江人。这是浙江人的优良传统,浙江人历来不善张扬,不好争论,崇尚"多做少说,做也不说",踏踏实实,一步一个脚印。在新的历史时期,更要坚持科学发展观,坚持实事求是的思想路线,脚踏实地,开拓进取。"务实"对应的是浙江人的创业创新,侧重从政治生活层面上倡导。

"守信",即尊重规则、信守承诺,倡导做一个讲诚信的浙江人。浙江人历来义利并重,浙江历史上商业文化繁盛,历代浙江人逐步建立起"以利和义"的朴素诚信观。诚信是一切职业道德的立足点。现代市场经济的本质就是信用经济,诚信已成为现代经济的基石。市场经济发展到今天,更要倡导这种价值观。"守信"对应的是浙江人的义利并举,侧重从经济生活层面上倡导。

"崇学",即崇尚学习、崇文尚教,倡导做一个博学的浙江人。浙江人历来有耕读传家的传统,浙江自古文化繁盛,名人荟萃,具有崇文重学的文化底蕴,形成了浙江人特别爱学习、特别能吃苦的精神品格和善于创业、勇于创新的文化传统。在新的时代,更需要崇尚学习,建设学习型社会。"崇学"对应的是浙江人的耕读传家,侧重从文化生活层面上倡导。

"向善",即人心向善、从善如流,倡导做一个善良的浙江人。浙江人在历史上不仅擅商、长于致富,更饮水思源、乐善好施,对后世产生了深远影响。和谐社会本质规定的道德意蕴诉求向善的人文精神。"向善"对应的是浙江人的善良博爱,侧重从社会生活层面上倡导。

浙江人共同价值观与浙江精神有着紧密的内在关系。价值观与精神同属于人的意识范畴,两者既辩证统一,又有所区别。倡导当代浙江人共同价值观,有利于深化和弘扬浙江精神。第一,当代浙江人共同价值观与浙江精神是内在统一的。价值观的一个重要特征是,它必须与历史传统

[①] 赵洪祝:《坚持科学发展 深化创业创新 为建设物质富裕精神富有的现代化浙江而奋斗——在中国共产党浙江省第十三次代表大会上的报告》,《浙江日报》2012 年 6 月 12 日。

和时代精神相符合。当代浙江人共同价值观和浙江精神都是中华民族文化传统、浙江区域文化传统与社会变革实践相互激荡的产物,同样既流淌着民族文化的精神血脉,展示着浙江区域文化的特色,又体现着改革开放的时代精神,两者同根同脉、动态关联。第二,当代浙江人共同价值观是对浙江精神的深化。精神是价值观的外在体现,价值观是精神的内在源泉。当代浙江人共同价值观是浙江精神的根,是精神文明建设向人的内心深处、思想深处和灵魂深处的深化与发展。第三,当代浙江人共同价值观也是对浙江精神的丰富。在浙江的改革发展中,一方面我们要继续大力弘扬浙江精神,这是我们弥足珍贵的精神财富。另一方面,在浙江精神的基础上,我们要顺应时代发展的要求,深化浙江精神的内涵,进一步提出共同价值观,使我们既有精神层面上的导向与引领,又有价值观层面上的导向与引领,丰富发展了浙江精神,从而更加全面地构建浙江的精神宝库。①

当代浙江人共同价值观的提出,得到了社会各界的高度认可,已成为全省人民共同遵循的道德规范和行为准则。浙江广大干部群众将大力弘扬和努力践行"务实、守信、崇学、向善"的共同价值观,争做物质富裕和精神富有的浙江人。

视频 1-1

"中国梦"里的最美花园村——金华东阳市花园村
(视频来源:金华东阳市花园村宣传片)

案例 1-2

"两富"浙江建设的典型——金华东阳市花园村

地处浙江省中部的金华东阳市花园村,是一个并无区位优势的村庄,经过 40 多年的创业创新,却如核聚变般释放出惊人

---

① 胡坚:《深刻认识和模范践行当代浙江人共同价值观》,《浙江日报》2012 年 9 月 7 日。

的能量:从一个贫穷落后的偏僻小村,成长为魅力四射的中国名村,先后获"中国十大名村""全国文明村""中国十佳小康村"等数十项省级以上荣誉。2011 年,花园村成为金华市首个税收亿元村,村民人均年收入超过 6.8 万元,实现了物质共同富裕、精神共同富有,是全省"两富"现代化新农村建设的宣传推广典范。

花园村人以敏锐的眼光,看中了文化软实力的巨大作用,走出了一步以文化软实力提升综合竞争力的妙棋,积极营造经济繁荣之后的文化鼎盛,掀起了文化事业大繁荣、文化服务大惠民、文化产业大发展的文化建设新高潮。我们从花园村的田园牧歌声、群众合唱队的红歌声、妇女秧歌队的腰鼓声、KTV 的卡拉 OK 声、南山庙宇的钟鼓声组成的和谐交响乐曲声中,实实在在地体味到了优秀传统文化与社会主义先进文化的完美融合所体现出来的文化魅力。这种由多种所有制共同发展的经济基石、多种人才各扬其长的人本动力、多元文化融合发展的精神支柱所形成的"三足鼎立",牢牢地撑起了"两富"现代化的东方之珠。

花园村的变化令人惊艳。如今,劳有所得、幼有好学、病有良医、老有善养、弱有多助、住有美庐……在村民的笑脸上,我们读出了花园村人发自内心的幸福感。

总之,从"自强不息、坚韧不拔、勇于创新、讲求实效",到"求真务实、诚信和谐、开放图强",再到以"创业创新"为核心的浙江精神以及"务实、守信、崇学、向善"的当代浙江人共同价值观,浙江省一直十分重视总结浙江经验,提炼浙江精神。浙江精神的多次大讨论与提炼以及浙江人共同价值观的讨论与提炼过程,从一定意义上说,也是浙江干部群众不断进行理论反思、推进群体性思想动员的过程。事实表明,在我国经济社会发展中,群体性意识可以而且应当上升为公共性的表达,而这种公共性表达可以生成使人民群众心往一处想、劲往一处使的精神动力。

三、浙江精神的基本内涵

(一)求真务实的精神

"求真",就是追求真理、遵循规律、崇尚科学。浙江历史上无论是在思想文化还是生活实践中都有着深厚的求真务实传统。新时期的"求真",就是求理论之"真",坚持不懈地用发展着的马克思主义最新成果武装头脑、指导实践,创造性地开展工作。按照学在深处、谋在新处、干在实处的要求,学以立德,学以致用,知行合一,大力推进习近平新时代中国特色社会主义思想在浙江的实践,做到"真学、真懂、真信、真用",从而使理论转化为思路,转化为效果,转化为全省广大干部群众认识和改造世界的强大精神动力。新时期的"求真",就是求规律之"真",更自觉地认识规律、遵循规律、运用规律,使我们的各项工作进一步体现时代性,把握规律性,富于创造性。牢固树立和全面落实科学发展观,遵循浙江经济社会发展内在规律,保持浙江发展的个性和特色,既老老实实地按规律办事,又不墨守成规,勇于创新,善于创造,始终牢牢把握发展的主动权。"求真",还要求科学之"真",在科学精神、思想、方法的指导下,充分尊重群众的首创精神,激发和支持人们在实践中创新、创业、创造的智慧和勇气。

"务实",就是要尊重实际、注重实干、讲求实效。尊重实际,就是要始终坚持从世情、国情、省情出发,从我们面临的形势与任务的实际出发,从全省人民的愿望要求的实际出发。清醒认识浙江先发遭遇的新挑战、先行遇到的新问题,不囿于以往的经验,不简单照搬别人的做法,做出符合浙江实际的战略抉择。注重实干,始终坚持以经济建设为中心不动摇,增强用科学发展观统领全局的自觉性和坚定性,聚精会神搞建设,一心一意谋发展,推动经济社会发展转入科学发展的轨道。善于抓住机遇、用好机遇,务实求变,务实求新,务实求进,用宽广的眼光、改革的思路、发展的办法解决前进中的问题。按照"五大建设"的总体布局,牢牢把握深化改革、完善体制机制这一动力源泉,紧紧抓住统筹兼顾、协调发展这一关键,加快建设社会主义新农村,促进全省城乡和区域全面协调发展,努力把科学发展观和"八八战略"①贯彻落实到各级干部和广大群众的思想和行动中。讲求实效,强调效率理念科学管理,提高资源利用效率,发展循环经济,建设节约型社会。有"不败祖宗业,更为子孙谋"的思想境界,多做功在当代、利在千秋的工作,使我们所做的一切工作、所从事的一切事业经得起群众的评价、实践的评判和历史的评说。

案例 1-3

传统浙商的求真务实精神

自古以来浙江人民就形成了求真务实的精神传统,传统浙商更是在多方面体现了求真务实的精神:遵循规律、尊重实际、工商皆本;注重实干、经世致用;讲求实效、义利并举。首先,浙江人选择了尊重实际,通过商业来改善自己的生活。明朝万历年间所修《温州府志》提到温州"土薄难艺""民以力胜""能握微资以自营殖",因为土地贫瘠,所以温州人务实地从事商业经营。清朝道光年间,东阳有人口 48 万之多,人均耕地偏少,粮食不能自给,于是很多东阳人学习技艺,奔波他乡谋生,号称"百工之乡"。在现实条件下,浙江人民遵循规律、尊重实际,既重农耕,又重视工商业活动,认为工商业与农业一样重要,并不贬抑商业,也不轻视商人,形成了工商皆本的观念。其次,浙商崇尚少说多做,注重实际行动,具有强烈的实干精神。他们吃苦耐劳、勤奋学习,凭手艺吃饭是浙商的立足之本和基本精神。很多浙商往往就是某些行业和工种的行家里手,例如,中药店伙计的"一手撮"、布店店员的"一尺准"、肉店师傅的"一刀准"、账房先生的"铁算盘"等。其精良的手艺、内行的业务使得浙商在经营管理上有主动权,这正是其事业成功的坚实基础。例如,宁波的很多商人是从学徒做起,首先成为本行业的行家再成为大富商,虞洽卿、方液仙、项松茂等人都是从学徒做起而后成功的。"电

---

① "八八战略"为浙江省贯彻落实科学发展观提出的区域发展战略,主要内容为发挥"八个方面的优势",推进"八个方面的举措"。

影大王"邵逸夫很早就熟悉了电影制片的摄影、剪辑、化妆、导演等每一个环节,这也正是他成就事业的基础。最后,浙江文化形成了独特的逐利的价值取向,浙商认为"百姓日用即为道""穿衣吃饭即为人伦物理"。浙商并不掩饰对利益的关注,也不奢谈仁义。但浙商并不忽视仁义的实施,他们往往通过商业经营取得经济效益,又把自己获取的财富回馈社会,行善积德。浙商讲求实效,以行动来讲仁义。浙商较好地把握了义利之间的关系,做到既不讳言谋利,又不见利忘义,形成了义利并举的商业传统。①

(二)诚信和谐的精神

"诚信",就是重规则、守契约、讲信用、言必信、行必果。千百年来,遵守诚信被中华民族视为自身的行为规范和道德修养。"诚"与"信"作为伦理规范和道德标准,在起初是分开使用的。孟子说:"诚者,天之道也;思诚者,人之道也。"《中庸》中也说:"诚者,天之道也;诚之者,人之道也。"信的基本含义是指遵守承诺,言行一致,真实可信。遵守诚信是立人之本。孔子曰:"人而无信,不知其可也。"孔子认为人若不讲信用,在社会上就无立足之地,什么事情也做不成;遵守诚信是齐家之道。② 在现代社会里,要把诚信作为现代社会文明之基,不仅要弘扬传统的诚信美德,而且要大力推进以个人为基础、企业为重点、政府为关键的现代"信用"建设。在全社会牢固树立现代诚信意识,使之成为全社会自觉的行为规范。要把诚信作为公民安身立命之本,着力培育公民高尚道德良知,引导人们诚实立身、诚实为人、诚实做事,做到心地真诚、行为守信,成为具有强烈社会责任感的诚信公民。在涉外交往中,要尊重其他国家和地区的法律法规及生活习俗,恪守信约,履行诺言,使诚信成为我们走向世界的"通行证"。要把诚信作为企业兴旺发展之道,视诚信为"最好的竞争力",既抓产品又抓人品,把信用建设作为企业文化建设的基石、提升综合竞争力不可或缺

---

① 龙国存:《传统浙商的求真务实精神》,《中国校外教育》2010年第8期。
② 顾益康:《明理、崇学、守信、向善——关于"浙江人的价值观"核心词提炼的思考》,《观察与思考》2012年第5期。

的重要内容,使企业信誉转化为实实在在的竞争力和展示自身形象的"金名片"。要把诚信作为政府公正公信之源,牢固树立建设信用政府的理念,强化公共服务意识,按照为民、务实、清廉的要求,切实转变政府职能,严格依法行政,真心诚意为民服务,努力增加政务透明度,使政府真正成为法治政府、有限政府和服务型政府,以为民服务的高质量和高效率来取信于民。

视频 1-2　温商与温州皮鞋的蜕变:视诚信为企业的未来,视诚信为温州的未来

(视频来源:中央电视台 1 套)

案例 1-4

杭州武林广场的三把"诚信之火"

16 岁跨进康奈集团当学徒的制鞋老工人刘昌勇,经常回忆起多年来的制鞋往事。

第一把火。1987 年前,温州大大小小的作坊,多靠一只大煤炉,上搁吊有铁丝网的大脸盆,鞋头定型、鞋底压合、胶水烘干,都在这熊熊炉火中完成。随着温州鞋市场越做越大,不少利欲熏心的作坊,开始偷工减料,用人造革冒充真皮,最为荒唐的是,支撑皮鞋的"骨架"和鞋底,竟然用硬纸板代替!这样的皮鞋穿在脚上,只有七八天的寿命!消费者遂送了个"星期鞋"的恶名,一时投诉铺天盖地。原轻工业部等六部委联合发出通知,将温州产皮鞋列为重点整治对象。1987 年 8 月 8 日,杭州市下城区工商局遂在武林广场,一把火将 5000 余双温州"星期鞋"付之一炬。这把火刺痛了所有温州人的神经,是一把"耻辱之火"。

第二把火。12 年之后,1999 年 12 月 15 日,部分温商在杭州点燃了第二把火,烧毁了 2000 多双假冒温州名牌的伪劣皮鞋。这把火让温州人扬眉吐气,是一把"雪耻之火"。

　　第三把火。整整20年后,2007年8月8日,温州人在武林广场点燃了第三把火,这次现场没有再烧毁皮鞋,一个简单而隆重的点火仪式,表达的却是一种精神和决心,因为,这把火的名字叫"诚信之火",向千千万万的消费者发出了诚信宣言。晚上8点,象征诚信和品牌的熊熊"火苗"燃起。这是一个电子设备,虽无灼人烈焰,仍让在场者感慨万分。

　　20年里三把火。有人说,这三把火记录的是温州企业"凤凰涅槃、浴火重生"的整个过程。在一次次"火"的历练中,温州企业家开始"视信用为企业的生命,视信用为温州的未来"。

　　"和谐",就是民主法治、公平正义、诚信友爱、充满活力、安定有序、人与自然和谐相处。要有和美与共的情怀,努力实现人与自然的和谐相处。要进一步树立生态意识,深刻认识自然是人类生存的空间,是人类创造生活的舞台。自觉地关爱自然,保护自然,正确处理"金山银山"与"绿水青山"的关系,构建人与自然和谐相处的生态文明。要有和衷共济的情志,共同创造和睦相处的美好家园。要努力营造和谐创业的氛围,让一切创造社会财富的源泉充分涌流,为和谐社会奠定坚实的物质基础。要以建设"平安浙江"为载体、"法治浙江"为保障,妥善处理和化解利益冲突,促进不同利益群体平等友爱、相互协调、良性互动,为促进社会的公平正义提供有效的制度保证。要以共同目标为价值追求,和而不同,求同存异,和衷共济,共同构建具有时代特征、中国特色、浙江特点的和谐社会。要有和悦自适的情操,不断促进人的自我超越与全面发展,使广大人民群众生活富裕,体魄强健,精神愉悦。要从满足"经济人"的生存和安全需要出发,使广大人民群众在普遍富裕起来的同时,不断改善生活质量。要从满足"社会人"的交往和尊重需要出发,营造相互尊重、相互理解、相互关爱的氛围,使广大人民群众共享祥和的社会生活。要从满足"文化人"的自我发展与实现的需要出发,加快建设文化大省,努力构建学习型社会,使广大人民群众提高心理承受能力和自我调适能力,享受创造乐趣,体验事业成就,实现人生价值。

　　（三）开放图强的精神

　　"开放",就是全球意识、世界胸襟,就是海纳百川、兼容并蓄,以我为

19

主,为我所用。例如,浙江在历史上就是在不断吸收吴文化、楚文化、中原文化的过程中发展起来的,大胆吸纳异质文化的开放精神成为浙江很重要的特色。在历史转折关头,浙江知识分子往往比其他区域的知识分子在接受外来文化中,更勇敢,更少顾虑。在明清以来两次西学东渐的过程中,杭州人李之藻、杨廷筠和海宁人李善兰都成为吸收和传播西学最重要的代表人物。"开放",就要进一步树立开放理念和兼容胸怀。在高度的自省中虚心汲取全人类创造的一切文明成果,使我们的思想观念、生活习惯、行为方式和精神素质不断适应开放的世界和全球化竞争的需要,让开放的精神结出更多惠及浙江千万人民的硕果。"开放",就要进一步增强全球眼光和战略意识。有跳出浙江、发展浙江的大手笔,具备积极参与全球化合作与竞争的勇气和胆略,在更大范围、更广领域、更高层次参与国内外的经济合作和交流,努力提高对外开放的水平。"开放",还要进一步提升浙江人民做世界公民的文明素质和人文情怀,关心全人类的文明进步和共同发展。

"图强",就是勇于拼搏、奔竞不息,就是奋发进取、走在前列。始终保持昂扬向上、奋发有为的精神状态,认准目标不动摇,抓住机遇不放松,坚持发展不停步,把浙江的各项事业做好做强,创造出不辜负时代、不辜负人民的一流业绩。"图强",就要树立忧患"兢慎"的意识。弘扬卧薪尝胆、勇于拼搏的精神,始终保持谦虚谨慎、不骄不躁的作风,切实做到自豪而不自满,昂扬而不张扬,务实而不浮躁。"兢慎"做工作,"兢慎"干事业,审时度势,逆进顺取,不断前行。"图强",就要增强勇立潮头的胆略。沧海横流,方显英雄本色。发扬"先人一步""高人一招"的改革创新精神和胆略,化挑战为机遇,转潜力为实力,变困境为佳境。由被动"倒逼"转向主动选择,从"适应性"改革向"预见性"改革转变,加快经济结构调整和增长方式的根本转变,实现"腾笼换鸟""凤凰涅槃",飞向新高。"图强",就要具有甘于奉献的胸襟。在我们阔步迈向全面建成小康社会、提前基本实现现代化的康庄大道之际,应该"致富思源、富而思进"①。浙江人不仅要有勇立潮头的气概,更应有心忧天下、为全国大局作贡献的宽广胸襟,在推进东部率先发展中加强与长三角地区和东部发达省份的交流与合作,把积极参与东北等老工业基地振兴、西部开发和中部崛起作为我们义不

---

① 江泽民:《论"三个代表"》,中央文献出版社 2001 年版,第 24 页。

容辞的责任,为全面建成小康社会、构建和谐社会奉献我们的智慧和力量。

案例 1-5

图强精神的典型——"中国第一座农民城"龙港

龙港地处温州南部,位于浙江八大水系之一鳌江的入海口南岸,东濒东海,西接 104 国道、沈海高速公路和温福铁路,南依经济发达的江南平原,北邻平阳县鳌江镇。1983 年时,龙港只是一个在温州地图上都很难找到的小渔镇,只有一条清朝同治三年建造的小街,聚居着几百口人。后来她成为温州市和浙江省的经济强镇、浙江省教育强镇、浙江省文明镇、全国小城镇建设示范镇、全国群众体育先进镇、浙江省体育强镇、浙江省小城市培育试点镇、全国小城镇综合改革试点镇和联合国计划开发署可持续发展试点镇。2019 年 8 月,经国务院批准,设立县级龙港市。龙港的真正意义在于,她是中国改革开放以来第一座由农民自己创造出来的城市,是中国自下而上型自发城市化的杰出模式代表。

这一在经济转型时期农民造城的实践,在二元对立的城镇与农村之间耸立的高墙上打开了一个口子。这个石破天惊的创举,曾让世界为之震惊。龙港于 1984 年建镇。建镇之初,在全国率先推行土地有偿使用、户籍管理制度和发展民营经济等三大制度改革,成功地走出了一条农村城镇化的路子,成为中国农民自费建城的样板,被誉为"中国第一座农民城",成功实现了龙港的第一次跨越。1996 年以后,龙港小城镇开始全面实施综合改革,先后获得了"中国印刷城""中国礼品城""中国印刷材料交易中心""中国台挂历集散中心"等四张"国"字号金名片,实现了从"农民城"到"产业城"的第二次跨越。现在的龙港工业发达,印刷、礼品、纺织、塑编是龙港的四大支柱产业,电缆、光缆、磁卡、BOPP(双向拉伸聚丙烯薄膜)、BOPA(双向拉伸尼龙薄膜)、

BOPET(双向拉伸聚酯薄膜)、不锈钢带材、陶瓷、服装、食品等是龙港的新兴产业。为扶持工业发展,几年来,龙港花大力气建成印刷、小包装、塑编、城东四个工业园区,以优惠政策吸引各地200多家企业入园,使之成为企业发展壮大的孵化器。市民们说,城市长大了、长高了、变亮了、变美了。通过文明城镇和文明单位、文明行业的创建,人的素质也有了明显提高。

2019 年 9 月 25 日,龙港市成立大会召开。龙港撤镇设市是中国新型城镇化改革的重要里程碑。如今,这座位于蓬勃发展中的鳌江流域中心城市,正在描绘新的蓝图,谋划新时代的华美转身,真正实现从农民城、产业城,再到现代化滨海新城的跨越。她正搭乘浙江海洋经济发展的巨轮,对接国家建设海西经济圈的快车,大步流星地从滨江时代迈向滨海时代,努力实现从产业城到鳌江流域区域中心城市的第三次跨越。

综上,浙江精神内容丰富多彩,博大精深。这里概括的浙江精神的三个方面,构成了其丰富的内涵结构。其中,求真务实是其科学理性层面,诚信和谐是其伦理价值层面,开放图强是其实践意志层面,三者构成了内在有机联系的完整体系。

四、浙江精神的主要特征

(一)历史传承与创新实践的统一

从浙江精神的产生和发展来看,它体现了一种优秀的历史传承与伟大的创新实践的有机交融。所谓浙江历史传承与创新实践的统一,就是指浙江精神既是浙江历史发展的经验总结,也是适应当今时代发展和实践要求的理论概括。历史传承与创新实践,两者是统一的:一方面,不具有历史传承性的浙江精神,既缺乏历史根基与人文底蕴,又缺乏标识文化坐标的个性气质与魅力;另一方面,不体现创新实践的浙江精神,既模糊现实方位和前进方向,又不足以呈现浙江地方的活力与发展后劲。因而,在千百年的浙江历史长河中,浙江精神既保持着一脉相承的基本内核,具有鲜明的浙江特色,又表现出与时俱进的内在品格,是与时俱进的人文精神,必然随着时代的前进和实践的要求不断丰富和发展。

就浙江历史传承而言,浙江精神的源头,可以追溯到史前文明。历史上的浙江是开发较早、经济和文化发展较快的区域。浙江精神的孕育,体现了浙江独特的区域文化传统。在漫长的浙江历史发展过程中,一代又一代的浙江儿女辛勤劳作、艰苦创业,在创造巨大物质文明和财富的同时,也使浙江精神不断地发扬光大,世代相传,从而为后人留下了一笔宝贵的精神财富。在浙江人民创造自己灿烂文明史的背后,始终跳动着、支撑着、推进着和引领着他们的力量,正是特色鲜明的浙江精神。源远流长的浙江精神,始终流淌在浙江人民的血脉里,构成了代代相传的文化基因。因此可以说,如果没有这种世代相续的历史传承,也就不会有今日的浙江精神,更无浙江精神的"与时俱进"可言。

就创新实践而言,浙江精神在体现优秀的历史传承的同时,已经注入了改革开放新的时代内容和时代精神,因而充分显示了其蓬勃的生机和活力。浙江改革开放的创新实践,促使浙江精神有了新的飞跃。历史毕竟是已逝的过去,浙江精神虽源于浙江悠久的思想文化传统,但它能得以充分展示和发扬,能得以准确阐释和提炼,能得以不断丰富和升华,能为浙江经济社会发展发挥前所未有的助推作用,则得益于我们伟大的改革开放的时代,得益于浙江人民的艰苦探索与实践,得益于浙江各级领导和各界群众对之的努力培育和弘扬。

可见,浙江精神既渊源于悠久的历史文化传统,又植根于建设中国特色社会主义的伟大实践,既融汇渗透着民族精神的精华,又展示出全新的现代意识、现代观念和现代文明,具有鲜明的历史传承与创新实践统一之特征。

(二)民族文化共性与地域文化个性的统一

从浙江精神的内容和性质来看,它体现了一种中华民族精神特质与浙江人民精神风貌的内在结合。换言之,它是中华民族精神和时代精神在新时代浙江人身上的生动体现。所谓民族文化共性与地域文化个性的统一,就是浙江精神既具有与中华民族精神的高度一致性,又具有浙江人民精神风貌的独特个性。民族文化共性与地域文化个性是统一的,离开民族文化共性或普适性,浙江精神就失去了应有的涵盖面而流于偏颇,不足以反映中华民族精神;离开文化个性或特殊性,浙江精神又会失却独特性格、气质的依托,难以同其他区域的地方精神相互区别,不足以成为浙江地方文化的象征。

民族文化共性,是指涵盖中华各民族的文化普适性,体现中华民族的共同价值观。在中华民族复兴的伟大事业中,和谐社会建设是全国人民现时期的一致追求。新时期的浙江精神不能不体现这一时代特征。民族精神是一个民族赖以生存和发展的精神动力和精神支撑,是民族文化的最本质、最深刻的体现。改革开放以来,浙江人民秉承浙江历史一贯的发展特色,走出了一条最适合自己的发展道路,形成了许多自己的特点,也就是"浙江现象、浙江精神、浙江模式"。改革开放的伟大实践正是新时期浙江精神形成的时代背景。因此,浙江现象、浙江精神其本质上都是中国特色社会主义的一个实践典型。浙江精神不仅仅是浙江社会发展的精神动力,它也应该成为长三角地区甚至中国社会发展的重要支撑。

地域文化个性,则是指地方之间的文化差异性,体现地域文化的独特价值观。地域文化是中国传统文化的组成部分,有其共同性的一面。但是,地域文化是在历史发展过程中形成的,在一定的地域中,由于自然环境与社会环境的因素,就会产生与别的文化相区别的文化类型。凡是历史悠久的地域,都有自己的文化传统,在其形成、发展过程中,显示出自己的风格与优势。正是这种个性鲜明、区域特色浓郁的文化传统,孕育和蕴涵了这个地域的精神。浙江精神作为中华民族精神的重要组成部分,既根植于中华民族精神之中,又具有自己的特色。浙江精神既是中华民族精神孕育的结果,又为中华民族精神的形成和丰富作出了自己的贡献。

可见,浙江精神的民族文化共性与地域文化个性相统一的特征,决定了其价值影响绝不限于浙江一地,而必然要向全国范围辐射,其中内含的现代性价值对所有实行社会主义市场经济的地区都有文化启迪意义。

(三)尊重客观规律与尊重群众首创精神的统一

从浙江精神的内在依据来看,它体现了一种尊重客观规律与尊重群众首创精神的紧密结合。它是我们遵循马克思主义的历史决定论原理来指导我国改革开放伟大实践活动的科学方法论原则。尊重客观规律,表明浙江精神具有科学性；尊重群众首创精神，体现浙江精神具有创新性。

就尊重客观规律而言，浙江精神之所以能够为浙江的改革与发展提供强大的精神动力，就在于这一精神深刻地体现了改革开放和市场经济建设对于人的精神状态的必然要求，体现了在由传统社会向现代社会转变的历史进程中人类精神世界发展演变的内在规律性，符合现代社会发展对于人的精神世界的客观要求。一般而言，社会历史内在地具有一定的客观规律性，本质上是一种自然历史过程，并且这些社会历史规律又具有辩证的性质，因而历史发展才具有决定性。我们要培育和弘扬浙江精神，就必须自觉地认识规律、遵循规律、运用规律，使各项工作进一步体现时代性，把握规律性，富于创造性；求科学之"真"，大力增强科学精神和理性自觉，传播科学思想，倡导科学方法，激发人们的创新智慧和勇气。

就尊重群众首创精神而言，浙江精神的丰富内涵中最核心的、最能代表浙江人精神气质的东西，就是浙江人在改革实践中所表现出来的，那种具有鲜明的自主性和民间性色彩的首创精神。一般而言，社会历史就是人的自觉活动过程及其结果，人在历史中具有一定的能动性，这种能动性则主要表现为历史发展中的自主选择，特别是群众的首创精神。人民群众是历史的创造者，在浙江改革开放的伟大实践中，这一真理得以生动体现。浙江人民运用脱贫致富的创业热情、勇于探索的创新激情，创造了一个又一个伟大壮举。浙江各级党委、政府充分尊重群众和基层的首创精神，充分保护、支持、鼓励人民群众的创造，充分调动和激发全社会的积极因素，让一切劳动、知识、技术、管理和资本的活力竞相迸发，让一切创造社会财富的源泉充分涌流，有力地推动了浙江经济社会的快速发展。浙江改革开放的历史证明，省委、省政府所作出的每一项重大决策，无一不是来源于千万浙江人民的伟大实践，无一不是浙江人民集体智慧的结晶。广大人民的积极参与和充分发挥首创精神，是我们事业发展的根本，是浙江改革开放伟大实践取得成功的决定因素。浙江人在创新实践中逐步孕育、滋生出来的极具地域特色的群众首创精神，已经成为浙江改革和发展最弥足珍贵的精神资源。[1]

可见，浙江精神既集中和生动地体现了浙江人民在由传统农业文明迈向现代工业文明的历史进程中精神世界所发生的深刻裂变，它的孕育

---

[1] 何显明：《制度创新与浙江精神的激扬》，《浙江社会科学》2000年第2期。

生成有着合乎社会发展规律的历史必然性,从一个侧面体现了人类精神文明发展演变的历史走向,又集中和生动地体现了浙江各级党委、政府充分尊重群众和基层的首创精神。

（四）实然性与应然性的统一

从浙江精神的发展趋势来看,它体现了实然性与应然性的统一。作为一个地域文化核心的浙江精神,不仅要兼顾已经发生的过去现实,而且要关照事物发展的趋势,指向更加美好的未来社会。所谓实然性与应然性的统一,就是浙江精神既是对浙江过去至今的群体意识、精神状态、价值取向和思想境界的描述和概括,又是对明天的引领和激励,支撑我们在未来的实践中奋发图强、励精图治、与时俱进。一方面,浙江精神具有实然性,才能被当今的浙江人民所认同和接受;另一方面,浙江精神又具有应然性,才能指引未来,为人们前进提供精神支柱和精神动力,引导人们成功地进行新的价值追求和价值创造实践。

实然性,指的是浙江精神与浙江区域文化实际情态的一致性、切合性,使其集中体现地方特色的群体意识、精神状态、价值取向和思想境界。在漫长的历史进程中,浙江人民艰苦创业、辛勤劳作,不仅创造了丰富的物质财富,而且积淀了宝贵的精神财富。这些精神特质,潜藏在浙江人生存生活的各层面,影响着浙江人在新时期的实践活动。因此,作为浙江传统文化核心的浙江精神的提炼,与文化发展、自然环境、社会环境紧密相关。自然环境会影响人的生存方式、社会风尚与文化心理。社会环境也会影响文化的结构、文化的质量。浙江历来生存环境较差,发展条件限制较多,浙江人民为生存和发展,必须克服自然环境的束缚,谋求超常规发展。因此,改革开放以来,浙江人民克服限制和束缚,实现了活力迸发、财富源泉充分涌流,赢得了机遇和未来。浙江精神作为引领浙江走向繁荣和富强的重要价值理念,在推进浙江经济腾飞和社会和谐发展等方面显示出了巨大优势。浙江之所以取得巨大成功,其根源就在于浙江人有一种独特的精神理念。总之,浙江精神的实然性,体现的是对我们浙江人现实的群体意识、精神状态、价值取向和思想境界的总结与传承。

应然性,指的是浙江精神与浙江区域经济、社会现实和未来的关联性、适应性,使其足以引领浙江区域经济、社会发展。要想真正认清浙江精神,那么对浙江文化的糟粕以及它的局限性,也应该有所认识。浙江文化中有一些落后的方面值得我们反思。如浙江文化有个问题,就是急于求成,一急于求成就有可能不讲规律。还有一个局限就是只考虑现实的利益、暂时的利益,不太考虑长远的战略,或考虑得不够。浙江发展过程中存在着危机,这个危机就存在于浙江文化之中,也存在于浙江精神之中,这样我们就会对浙江的文化精神进行反思。比如,改革开放以来,浙江的诚信观念经历了一个曲折的变迁过程。一方面,当代浙江区域市场经济的演化,既是一个从无序到有序的过程,又是一个从假冒伪劣泛滥到注重品牌、企业形象和声誉的过程。但另一方面,也应看到浙江的诚信问题仍然存在,与违约相关的欺诈和犯罪问题,仍然在全省许多地区不同程度地存在。总之,浙江精神的应然性是对我们现实中尚比较缺乏的群体意识、精神状态、价值取向和思想境界方面的期待与召唤。

可见,实然性与应然性的统一,说明浙江精神本身就是一个开放的系统,弘扬与时俱进的浙江精神,就是要根据面临的新情况、新任务、新期待,在充分发挥优秀文化传统和精神力量的同时,进一步确立现代的思想观念、价值取向、道德标准和心理状态。

思考讨论题

1. 什么是浙江人共同价值观? 我们应当如何认同和践行?
2. 如何理解浙江精神的基本内涵和主要特征?
3. 请联系实际讨论浙江精神为什么需要与时俱进。

第二章　浙江地域环境与浙江精神

人们很早就注意到地理环境与人类社会之间有着某种关系,对此,柏拉图、亚里士多德、孟德斯鸠、黑格尔等都有过论述。马克思主义认为,地理环境是与人类社会所处的地理位置相联系的各种自然条件的总和,它通过人的实践活动成为社会存在的要素。地理环境是社会生存和发展的经常的、必要的条件。地理环境通过物质生产实践活动又对民族精神形成影响,一个民族在长期的物质生产实践活动中,在周围特定地理环境的影响下,会逐渐形成独具特色的民族精神和心理状态。浙江的地域环境对浙江精神的形成无疑有着重要的影响。

一、沿海区位特征与爱国主义传统

(一)沿海区位特征及其影响

浙江省位于北纬 27°02′至 31°11′,东经 118°01′至 123°10′。省内最大的河流钱塘江,因江流曲折,称之江,又称浙江,省以江名,简称"浙"。浙江地处中国东南沿海长江三角洲南翼,海域面积 26 万平方千米,近岸海域中岛屿星罗棋布,面积大于 500 平方米的海岛有 2878 个,是全国岛屿最多的省份,其中面积 502.65 平方千米的舟山岛为中国第四大岛。①

明代以前浙江沿海没有受到频繁的大规模的入侵威胁,从明代开始这一情况发生了改变。先是日本倭寇的沿海侵扰,之后又有西方列强的

---

① 浙江省人民政府:地理概况,http://www.zj.gov.cn/col/col1544746/index.html

殖民扩张,海上防御成为明清时期的防御重点。浙江逐渐成为海防的重点区域。在长期的抗战过程中,浙江人民体现出了高度的爱国精神,形成了深厚的爱国主义思想。

（二）源远流长的爱国主义传统

第一,明朝抗倭斗争。

明朝建立前后,为防范海外异己势力,控制沿海居民,于是把浙江作为防控重点,采取了严厉的海禁政策。嘉靖年间,倭患日趋严重,危害我国沿海地区。倭寇是来自日本的以掠夺和抢劫为职业、有组织的海盗团伙。他们与我国东南沿海不法官僚世家和流氓盗贼等相互勾结,在浙江沿海等地乘风而来,趁潮而去,大肆掳掠、肆无忌惮、蹂躏城乡、屠杀吏民、惨无人道,使国家民族蒙受耻辱,百姓生命财产惨遭浩劫,给人民的生活和社会经济造成了极大的破坏。倭寇连犯浙江的宁波、台州等地。总之,浙江成为倭患最为严重的区域之一。

为解决倭患,明朝廷采取了一系列措施改变海防废弛的不利态势,增强海防实力。浙江沿海居民纷纷组织起来,进行了勇敢的抗倭自卫斗争。如嘉靖三十四年,在明朝爱国将领的领导下,浙江沿海居民组成的抗倭军队,于王江泾（嘉兴北）大破倭寇,斩敌 2000 人左右,这是嘉靖年间抗倭斗争中的一次巨大胜利,被称为"自有倭患以来,此为战功第一"。在抗倭斗争中涌现了戚继光、俞大猷、胡宗宪等众多抗倭民族英雄。

在明中期抗倭战争中,浙江海防战略地位有了明显的提升。浙江地居沿海各省之中段,有左右呼应之利,因而常常成为统领各省海防事宜官员的驻节之地,明代海防体系的中枢,沿海防御体系从这里开始建设,对倭作战计划在这里着手制订,对倭战略进攻从这里开始打响;同时,由于抗倭战争采取了自东向西、逐次清剿的战略,浙江因此成为抗倭主力军的招募、训练和粮草后勤保障基地,明军在福建、广东等省的抗倭作战,都不得不更多地依赖浙江的支援。浙江的海防地位得到了不断提高。

案例 2-1

戚继光浙江抗倭

明朝初年,有一批日本海盗到中国沿海一带从事杀人抢劫的勾当,他们被叫作倭寇。不过,那时明朝国力强盛,军队战斗力强,社会政治较安定,入侵的倭寇很快被消灭,所以没有造成很大的灾难。可是,等到嘉靖年间,倭寇的危害蔓延至沿海省份。

一些地方贪官、恶霸、奸商、罪犯等,纷纷勾结倭寇,使得倭寇在浙江等沿海地区肆意烧杀抢掠。公元 1553 年,大批倭寇在海盗头子汪直、徐海等的率领下,在浙江等地登陆,窜扰上海、台州、温州、宁波、绍兴等几十个城市。

倭患严重,朝廷不得不派官员和军队围剿。明军在名将俞大猷的指挥下,打过一些胜仗,倭患有所缓解。可是,抗倭斗争触犯了当地奸商与贪官污吏的利益,他们联合诬陷俞大猷等抗倭功臣。朝廷偏听偏信,先后处死抗倭有功的大臣,逮捕了俞大猷。倭患再次严重,沿海地区老百姓的生产生活又一次受到了威胁。

朝廷不得已,在公元 1555 年秋天,任命抗倭将领戚继光为参将,镇守宁波、绍兴、台州,抗击倭寇入侵。戚继光与俞大猷一起在龙山所围剿登陆的倭寇,三战三捷。尽管战争取得了胜利,戚继光却发现明军纪律不严,训练不精,士气不旺,素质不高。据说,有次战斗结束后,一个士兵拎着颗人头来报功,另一个士兵却哭哭啼啼跟着来说:"这是我弟弟,受伤还未断气,就被他割了头。"又有个士兵拎着人头来请赏,一查,被杀的竟是个十几岁的无辜少年。虽然两个杀人冒功的罪犯被处死了,可这件事却深深震动了戚继光。他决心训练一支新的、纪律严明、训练有素的军队。

几经努力,朝廷终于批准了他的请求。戚继光亲自到浙江义乌招募新兵。那些刁滑的、怕死的、染有流氓习气的人,他都不要,而精选了三千个壮实胆大、吃苦耐劳、动作灵便的农民与矿工,组成了一支全新的军队。

经过几个月的艰苦训练,戚继光终于打造出一支纪律严明、训练有素、武器精良、作战勇敢的队伍。戚继光带着这支战斗力很强的队伍,转战在浙江、福建的抗倭战场,取得了许多辉煌的战果。倭寇将戚继光称为"戚老虎",老百姓却将戚继光和他的队伍称为"戚家军"。

公元1559年,戚继光会合谭纶的军队来到台州,清剿流窜台州的倭寇。他们一路打了许多硬仗,将倭寇驱逐到太平(今浙江温岭)的南湾。倭寇占据了海岸边的高山,负隅顽抗,箭和石头像雨点一样飞向明军。戚继光与他的弟弟戚继美在阵地前指挥。他俩拿起弓箭,一人一箭,射中两个举旗呐喊的倭寇头目。其他倭寇吓得向后退缩,戚家军便一阵喊杀,冲上山顶。倭寇向海边退去,哪知后面是绝路,他们不是被杀死,就是掉进海里被淹死。

第二,晚清抗击西方列强。

清朝建立以后,面临着西方列强来自海上的潜在威胁。第一次鸦片战争,浙江成为主战场之一,但在省内定海、镇海等战略要地,清政府尽管进行了周密部署,最终还是被英军突破,这对统治者的震动很大。战后道光皇帝多次下旨,要增强浙江的海防力量,在清政府的驱动之下,浙江的海防力量得到加强,战略地位相应得到提高,甚至达到了在南方沿海省份中居先的程度。

第二次鸦片战争,英法联军从海上进兵直入京城,这给清朝统治者以极大的震动。镇压太平天国运动后,清政府开始全面整顿海防以自强,启动了东南沿海地区加强海防建设的进程。此时,浙江海防与福建、广东、江苏及其他南方省份大体处于同一水平。19世纪60年代以后,晚清政府对海防近代化的认识不断深入,中国近代化海防战略逐步形成,海防在国防战略中的地位逐步加强。

对于浙江海防战略的重要性,外国侵略者也看得很清楚。1793年英国马戛尔尼率使团访华时,所提要求中就有一条,希望中国把定海让给他们,作为其对华贸易的中转站。鸦片战争爆发后,英国侵略军首先进攻的就是定海。对此,以前的看法是,因为林则徐在广东进行了周密的部署,英军只好沿海北犯浙江。但是,随着大量英国档案和侵华英军的回忆录等资料的公开并翻译出版,研究者据此得出了新的结论,即进攻定海是英国经过深思熟虑后做出的选择,绝不是因为广东"无隙可乘"才北犯浙江的随意行动。英国侵略军之所以看重定海,是希望将其作为进一步进攻中国的后勤补给基地和物资中转站。后来随着战事的发展,英国已经不满足于占领定海,而是想要占据整个浙江,并以此迫使清政府妥协投降。这使得浙江的战略地位骤然提高,无论是英国还是清政府都在浙江投入了大量兵力,浙江战略方向的重要性甚至超过了广东。但是,随着形势的发展,浙江海防的战略地位发生了变化。

第一次鸦片战争是中国人民抗击西方资本主义列强侵略的第一次战争。浙江是这场战争的主战场之一。从 1840 年 7 月英军初占定海到 1846 年 7 月英军全部撤出定海的整六年期间,特别是在为时两年的鸦片战争期间,由于英军的滞留,浙江沿海的几座重要城镇(镇海、余姚、慈溪、奉化等),或较长时间被占领,或遭英军焚掠、蹂躏。英国侵略军的野蛮暴行给浙江人民造成了深重的灾难,激起了广大民众的无比愤慨,他们积极地支持和配合清军作战,并积极行动起来,自发地进行了英勇顽强的反抗。这其中最有名的就是"黑水党"。这个以渔民为主体的民间组织,在首领徐保、张小火、钱大才等人的领导下,活跃在宁波、镇海、定海等抗英战场。他们以机动灵活的作战方式,狠狠地打击了英军,令敌闻风丧胆。总之,在浙江战场上,英国侵略军每到一地,无不遭到浙江人民的抗击。

第三,抗日战争。

浙江东临大海,是我国东南抗日前哨,是联系前后方的重要通道。同时,浙江与日本相近,因其战略地位的重要性,浙江成为战时敌我激烈争夺的地区之一。抗日战争全面爆发后,在日军疯狂进攻下,浙江沦陷。为实施"以华制华""以战养战"的反动政策,日军建立了日伪统治机构,从政治、军事、经济、文化等方面对浙江人民实行残酷压迫和掠夺,这给浙江人民带来了深重的灾难。为挽救民族危亡,浙江的国共两党、两军及其他各种爱国力量在大敌当前时紧密团结、英勇杀敌、鞠躬尽瘁。特别是在中国共产党抗日民族统一战线感召下,全省人民轰轰烈烈地开展了抗日救亡运动,他们深入敌后开展游击战争,以无限忠于民族利益的行动,赢得了这场战争的胜利。抗日战争是近代以来中国人民反抗侵略取得胜利的第一场战争。浙江人民经历了全面抗战的整个过程,并以血肉之躯与全国人民、全世界反法西斯力量共同筑起了钢铁长城,历经艰辛,最终战胜了法西斯邪恶势力,赢得了民族的独立。

在一次次抗击外来侵略的斗争中,浙江人民的国家意识不断强化,爱国主义思想不断提升,形成了浙江人民强烈的爱国主义传统。爱国主义是中华民族精神的体现,也是浙江精神的核心组成部分。

二、资源匮乏、灾害频发与自强不息精神

(一)资源匮乏、灾害频发的地理特征

第一,土地资源短缺。

浙江省东西和南北的直线距离均为 450 千米左右,陆域面积 10.55 万平方千米,占全国陆域面积的 1.1%,是中国面积较小的省份之一。浙江省不仅面积小,而且土地资源尤为短缺。就土壤成分来看,多以黄壤和红壤为主,多分布在丘陵山地;平原和河谷多为水稻土;沿海有盐土和脱盐土分布。从地形地貌来看,浙江山地多、平原少,山地和丘陵占全省总面积的74.63%,平原和盆地占 20.32%,河流和湖泊占 5.05%,故有"七山一水二分田"之说。[①]

与土地资源有限相反,浙江人口不断增长,人多地少是浙江的典型特点和发展制约。2019 年年末,浙江常住人口 5850 万人。[②] 浙江人多地少,历史上浙江人民为了生存,做出了种种努力。为了增加可耕土地,浙江人不畏艰险,修塘建坝、疏浚河道、改造滩涂,变沧海为桑田,"杭嘉湖平原、宁绍平原,便是祖祖辈辈改造大自然的丰硕成果"。一方面,浙江人辛勤劳作,勇于创新,形成了精耕细作、一年三熟的稻作文明;另一方面,他们还积极发展手工业和商业。

---

① 浙江省人民政府:地理概况,http://www.zj.gov.cn/col/col1544746/index.html
② 浙江省人民政府:区划人口,http://www.zj.gov.cn/col/col1544731/index.html

第二,矿产和能源资源匮乏。

浙江矿产、能源资源匮乏而且分布不平衡。非金属矿储量较多,分布较广,但煤炭、石油等资源短缺。浙江缺铁、少盐、无油,缺大宗工业原材料。从国家统计局颁布的 45 种矿产工业储量潜在价值看,浙江仅为 55.7 亿元,人均 128 元,占全国比重仅 0.09%。专家测算,浙江人均自然资源拥有量综合指标排名全国倒数第 3 位,是名副其实的地域小省和资源小省。浙江省的煤炭自给率仅有 20% 左右,钢材、生铁自给率只有 50% 左右,石油需要全部从外地调入。资源的缺乏,严重限制了基本原材料工业和重化工业的发展,使浙江的发展面临巨大的压力。

第三,台风肆虐,灾害频发。

浙江气候属亚热带季风性湿润气候,春季阴冷多雨,沿海和近海时常出现大风,天气晴雨不定。初夏,浙江各地逐步进入汛期,俗称梅雨季节,暴雨、大暴雨出现概率增加,易造成洪涝灾害;盛夏,受副热带高压影响,气候特点表现为气温高、降水多、光照强、空气湿润,气象灾害频繁。初秋,易出现阴雨天气;仲秋,易出现天高云淡、风和日丽的秋高气爽天气;深秋,北方冷空气影响开始增多,冷与暖、晴与雨的天气转换过程频繁,气温起伏较大。冬季,晴冷少雨、空气干燥。

特别是,浙江每年都会遭受台风的严重影响,常常引发多种自然灾害同至,破坏性很强。浙江的温州、台州、宁波、舟山等地经常受到台风袭扰,每有台风来临,海浪滔天,暴雨如注,风雨过处摧枯拉朽,有时甚至席卷整个浙江。

(二)坚韧不拔、自强不息的奋斗精神

人多地少、资源短缺、自然灾害频发等,给浙江人民带来了巨大的生存压力,但同时也锤炼了浙江人民百折不挠、自强不息的奋斗精神,使浙江人民形成了以坚韧不拔的毅力改变命运的自立自强的意识。

首先,由于浙江缺少土地、矿产等资源,又地处东南沿海以及位于台湾海峡的海防前线,没有国家的重要投资和特殊的优惠政策,因此,缺乏良好的工业基础。改革开放前,浙江工业基础非常薄弱,是一个典型的以农业为主体的小省。改革开放后,国家除了把宁波、温州列为沿海开放城市之外,也没有给予浙江更多的优惠政策。同时,由于多山区、交通落后等环境的限制,浙江在吸收和利用外资方面也大大落后于其他沿海省份。面对众多不利条件,浙江人从不抱怨,不等不靠,自力更生,自强不息,依靠实实在在的努力,较快走上了发展之路,表现出了强烈的独立自主意识。温州的发展就是一个典型。温州交通落后、土地贫瘠、物产奇缺,完全靠着温州人民自强不息的奋斗,在无路之处走出一条自己的路来。温州自 20 世纪 50 年代就曾自发推行"包产到户",20 世纪六七十年代就开始搞市场经济,"当商贩,走四方"。改革开放政策实施以后,温州人更是如鱼得水,经济得以迅速崛起,并闯出了一条独特的发展道路。

改革开放以后,浙江人及时抓住中国经济由计划经济向市场经济转轨的机遇,大力发展经济,取得了辉煌的成就。早在 1978 年至 2005 年,浙江的主要经济指标在全国的排序就不断前移,全省生产总值从第 12 位升至第 4 位;人均生产总值从第 13 位升至第 4 位,达到 27552 元,高出全国平均数近一倍;财政总收入从第 14 位跃升到第 5 位,达到 2115 亿元;对外贸易总额由第 13 位升至第 5 位,达到 1074 亿美元。2005 年,全省城镇居民人均可支配收入 16294 元,农村居民人均纯收入 6660 元,已分别连续 5 年和 21 年列全国各省区第一位。2006 年以后浙江经济也是持续增长。在世界经济复苏艰难、我国经济下行压力加大、我省加快淘汰落后产能的情况下,浙江全省生产总值仍然实现年均增长 7.9%。2016 年,全省生产总值达到 4.65 万亿元,城乡居民人均可支配收入分别达到 47237 元和 22866 元,同比分别增长 8.1%和 8.2%。2018 年,全省生产总值达到 5.62 万亿元,人均 GDP 为 98643 元。浙江经济呈现新旧动能加快转换,高新技术产业、现代服务业加速发展的良好态势。

这些数字说明,改革开放后,浙江经济快速增长,取得了巨大的成就。这些成就的取得正是浙江人民自强不息的奋斗精神的体现。

其次,面对浙江台风肆虐、灾害频发的状况,浙江人民同样不依不靠,不等不要,凭着自己的双手和智慧,自强不息,形成了台风不断摧毁、浙江人不断进取和创造的抗台风精神,同样表现出了强烈的自强不息的奋斗精神。

案例 2-2

<h2 style="text-align:center">浙江人民的抗台风斗争</h2>

台风是浙江省主要的自然灾害之一,几乎每年都会有强台风登陆或影响浙江,每次都会带来巨大的损失,甚至会造成巨大的人员伤亡。例如,1956 年 12 号台风造成浙江近 5000 人死亡;1994 年 17 号台风造成 1200 多人死亡;1997 年 11 号台风造成 236 人死亡;2006 年 8 号超强台风"桑美"造成 193 人死亡。

在长期抗击台风的斗争中,浙江人民总结出一整套应对策略:台风登陆之前是"防",登陆时候要"避",登陆以后是"抢",即抢险救灾。浙江省人口密度是全国平均人口密度的 3.6 倍,台风来临前及时组织处于危险地带的群众转移是减少人员伤亡的根本措施。

2012 年 8 月 8 日,台风"海葵"在浙江省宁波市象山沿海登陆,正面袭击浙江。台风近中心最大风力 14 级,36 小时内,浙江全省雨量达到 72.9 毫米,最高的宁海县胡陈镇雨量达到了497.8 毫米。"海葵"登陆象山后,穿越宁波、绍兴、杭州、湖州等人口稠密、经济发达地区,给浙江造成了巨大的灾难。

为了第一时间传递台风来袭信息,浙江省气象台、各地市气象台通过移动、联通等平台系统将信息群发给手机用户。8 月 7 日之前,嘉兴市已向市民发送防台公益短信 150 万条,并实现对平湖、海盐和海宁等沿海县市的全民发送。

面对汹涌袭来的台风灾害,浙江省委、省政府提出把防台抗灾作为压倒一切的中心工作任务来抓,要把老百姓的生命安全放在第一位,坚持以"不死人、少伤人、少损失"为防台工作目标。全省防台工作要坚持"三个不怕":不怕"兴师动众",不怕"劳民伤财",不怕"十防九空",也不能出现万一失防而造成重大灾难和损失的情况。

时任浙江省委书记赵洪祝提出,防台以确保人员安全为首要任务,坚决做到"三撤四保五防":撤船、撤人、撤库容,保海塘、保山塘、保通信、保交通,防洪水泛滥、防城区内涝、防危化品意外、防在建工程垮塌、防山体滑坡泥石流。时任浙江省长夏宝龙明确提出把人员转移作为防台的最有效措施来抓,绝不疏漏一处、疏漏一户、疏漏一人,各项防御工作横向到边、纵向到底。

为了有效落实省委、省政府的决议,实现减少人员伤亡的最高目标,在台风来临前,浙江省抓住容易造成伤亡的关键环节来做好重点防御工作。台风来临之前,沿海各地的城市路灯、广告牌被统统拆下来,并且对城市树木进行加固。杭州、宁波等地还提前发布通知,各机关、企事业单位、厂矿、工地等除防汛值班人员和特殊岗位人员外一律停工放假,以减少不必要的人员流动。

据统计,台风"海葵"造成浙江省 652.9 万人受灾,6000 多间房屋倒塌,因洪涝灾害造成的直接经济损失达 236.3 亿元。到 2012 年 8 月 9 日,浙江省共转移危险地带或危险房屋中的群众 170.4 万人。由于及时地进行大规模的人员转移,人员伤亡被降到最低点。

面对"海葵"造成的重大经济损失,台风过后,不屈的浙江人民再次以饱满的热情投入到灾后重建工作中去。

三、多山临水与求真务实、敢于冒险的商业传统

(一)多山临水的地理环境及其影响

浙江地貌大致可分为浙北平原、浙西浙中山地丘陵、浙东丘陵、中部金衢盆地、浙南山地、东南沿海平原及海滨岛屿这 6 个地形区。地势西南高,东北低。西南部为山地区,平均海拔 800 米左右;中部为丘陵、盆地交错区,海拔为 100～500 米;东北部为堆积平原,海拔高度在 10 米以下,地势平坦。

浙江省的山脉多东北—西南走向,依据地质构造、空间分布及山体形态,大致可以分为相互平行的三支。西北支从浙赣交界的怀玉山伸展成

天目山、千里岗山等；中支从浙闽交界的仙霞岭延伸成四明山、会稽山、天台山，入海成舟山群岛；东南支从浙闽交界的洞宫山延伸成大洋山、括苍山、雁荡山。龙泉市境内海拔 1929 米的黄茅尖为浙江最高峰。

浙江省的平原大体可分为沿海平原与河谷平原两种类型。沿海平原包括杭嘉湖平原、宁绍平原、椒黄平原、温州沿海成片平原等；河谷平原包括西、东苕溪中下游河谷平原、钱塘江水系河谷平原、曹娥江水系河谷平原、甬江水系河谷平原、灵江水系河谷平原，以及瓯江水系河谷平原等。浙江省内共有盆地 30 余个，如金衢盆地、永康盆地、仙居盆地、新嵊盆地、天台盆地等，规模最大的是金衢盆地，形成浙江省除平原之外第二个经济发展的中心地带。①

浙江河流较多，水系主要有钱塘江、瓯江、灵江、苕溪、甬江、飞云江、鳌江、曹娥江这八大水系和京杭大运河浙江段。钱塘江，古代称为浙江，源于皖、赣交界处的莲花尖，全长约 668 千米，其中，在浙江省境内 425 千米，流域面积约占全省总面积的三分之一，是浙江省第一大江。②

浙江的湖泊主要有杭州西湖、绍兴东湖、嘉兴南湖、宁波东钱湖四大名湖，以及新安江水电站建成后形成的全省最大人工湖泊千岛湖等。

浙江海域辽阔，岸长水深，岛屿众多。

浙江多山区、多河流湖泊以及濒临海洋的地貌特征首先给陆路交通的发展带来了很大的障碍，尤其是南部地区地处偏僻，交通不便。20 世纪初，浙江开始出现铁路，但发展缓慢，建设标准低下，到新中国成立前夕全省铁路不足 500 千米，占全国铁路总长的 2% 多一点。相比于铁路，公路的兴建要晚，直到 1922 年才开始建设。

浙江平原地区的河流大多水速平缓，少险滩，有利于发展航运业。内河航运是古代浙江大多数地区的主要交通方式。早在春秋时期，吴越两国人民就以船作为主要交通工具，相互进行贸易往来。浙江多水，是著名的鱼米之乡，当地人的生活与水息息相关。其中，杭嘉湖平原、宁绍平原河网密集，水上航行交通便利。除杭嘉湖平原、宁绍平原之外，钱塘江干流及其支流，台州、温州沿海平原内河的航运业也非常发达。20 世纪后半期，近代铁路、公路在大规模建设之前，船运一直是当地老百姓主要的交通工具。

---

① 包伟民：《婺瓯之间——处州历史文化特征浅说》，《处州晚报》2009 年 6 月 22 日。
② 浙江省人民政府：地理概况，http://www.zj.gov.cn/col/col1544746/index.html

稠密的河网、内河航运的发达,有利于区域间人员的往来和商品贸易的开展,有利于商业的发展和经济文化的繁荣。

视频 2-1

京杭大运河
(视频来源:中国日报网)

　　作为内河航运的京杭大运河对浙江经济社会文化发展起到了独特作用。公元 7 世纪初,隋炀帝开通了以洛阳为中心,北起涿郡(今北京),南至余杭(今杭州)的大运河。浙江大运河段,自杭州拱宸桥经余杭、桐乡、嘉兴等地进入江苏,共 128.5 千米,是浙江省重要的水运干线。这一通道的开辟,使钱塘江两岸的经济得以迅速发展,如嘉兴的崛起就是其中一个典型。嘉兴自五代吴越设立秀洲后,当地经济、人口的增长势头迅猛,南宋庆元年间升为府,其"经济、人口、文化的地位迅速超过了三国时已经设郡的湖州府(吴兴郡)"。

　　运河的开通也使杭州社会经济得到了迅速发展。北宋时期杭州已经成为江南丝织业的中心之一和雕版印刷基地。杭州的酿酒业、造船业、制扇业等都很发达,拥有"东南第一州"的称号。运河的开通,便利了浙江同北方各省,尤其是京师地区的交往,南北之间经济、商贸往来日益频繁,这对浙江经济社会的发展起到了巨大的推动作用。大运河的开通也为浙江吸纳人力、资料提供了便利。长期以来,北方战乱频仍,每有祸事发生,就有大量人口沿运河南下避难。北方移民的到来,带来了先进的生产技术,为浙江区域经济的开发、社会文化的发展带来了新生动力。因此,近代以来,浙江在全国经济、文化发展中获得领先地位,与大运河的开通密切相关。

　　浙江位于东南沿海,处于全国海岸线的中段,海岸线曲折,优良港口多,沿海航运发达。从历史上看,宁波以南沿海区域交通基本依赖沿海航运。沿海航运业的发展,带来了海内外贸易的兴盛,商品经济的发达为经济社会文化的发展奠定了坚实的基础。近代以来,随着沿海航运及海外贸易兴起,浙江的交通地位就变得重要起来。浙江是南下福建、广州及东南亚各国的必经之途,也是通往日本、朝鲜的重要通道,这样的地理区位就为浙江在全国经济、文化发展中建立先进地位打下了良好的基础。新中国成立以来,在浙江省国民经济和社会发展过程中,航运业扮演了重要角色。目前,浙江省港航事业发展已走在全国前列,是区域经济社会发展的有力支撑,也是浙江省发展外向型经济的重要途径。

(二)求真务实、敢于冒险的商业传统

浙江多山区,农耕土地资源缺乏,但水利交通便利,海洋资源丰富。为解决生存和发展的矛盾,浙江人形成了正视现实、从农业之外寻找生存之道的传统。他们到全国各地务工经商,在商品生产和市场交换中谋求发展。要做到这一点,需要突破传统的重农抑商观念束缚。冲破重农抑商观念的束缚,提倡商业发展,正是浙江人正视现实、求真务实的结果。

重农抑商是我国几千年来的一项重要国策,在自给自足的自然经济条件下,历代帝王莫不把农业视作治国安邦的根本。与此相反,商业发展则不被重视,必要时要予以抑制。经久不息的义利之辨,也使重义轻利的思想得以确立、发展。重农抑商的思想得到人们的广泛认同,农为国家之大利,是国家之大义,商为私人之利,为国家之害。在人们的日常观念里,对商业、商人有着明显的偏见,认为商业的发展会和农业争夺劳动力资源,同时,商业的发展也会带来社会道德的堕落。重农抑商逐渐成为社会普遍的价值取向。商人社会地位低下,即使经营成功,也不被人看重,这造成大多数人不能、不想也不愿意从事商业活动。人们宁愿从事收益微薄的农业生产,也不愿意从事被人看不起的商业活动。

但是,浙江人在长期的生活实践中,在发现农耕无法养活自己的情况下,形成了"讲究功利,注重工商"的传统,希望通过自己的踏实努力,改善自己的生活。浙江人本着务实的精神,勇于突破重农抑商思想的束缚,大力发展商业。早在先秦时期,浙江就是富商大贾云集的地区,市场交易非常活跃。隋唐时期,随着京杭大运河的开通,杭州商业经济得到长足的发展。明州(今宁波)、温州也逐渐成为中外商人汇集的港口。两宋以来,随着政治中心的一度南移,杭州等地的商贸市场逐渐繁荣,且逐渐走向规范化、专业化。明清时期,浙江商品经济发达,商业性农业、城乡手工业、纺织业、丝织业、集市贸易和市镇都有了相当大的发展。杭州湾两侧的杭嘉

湖和宁绍地区,富商大贾云集,商业资本有了大量的积累。鸦片战争后,以上海为中心的长江三角洲地区率先建立起近代工商体系,浙江商业发展走在全国前列。

在浙江商业发展过程中形成了独具特色的浙江商帮,其中"东有宁波帮、西有龙游帮"就是其中的典型。宁波商帮肇始于明末清初,发展、壮大于鸦片战争以后,民国时期达到鼎盛。鼎盛时期,宁波商人的足迹遍及全国各地乃至海外南洋群岛,创造了一个个奇迹。而龙游商帮则崛起于经济不甚发达的浙江西部山区。多山少田、地狭民稠的自然环境和恶劣的生存环境,促使当地民众行贾四方以维持生计。龙游商帮在明朝中叶至清朝鸦片战争时期达到了鼎盛时期。众多商帮的涌现,是浙江人重视商业的体现,也是浙江人求真务实精神的体现。正是在长期商品经济发展的基础上,浙江形成了浓郁的区域商业文化传统。

要冲破地域束缚,要走出去,离开祖居之地,还要冲破重农抑商的传统,在传统农业社会里,这样做无疑需要冒极大的风险。正是在这种摆脱逆境,寻求出路的务实、变通过程中,浙江人形成了强烈的敢于冒险、勇于创新的精神。正是这种突破几千年来被统治者奉为基本国策的重农抑商政策的长期的商业活动实践,形成了浙江人"做大事要敢于冒大险"的冒险精神和商业经营"不拘古法,不唯习惯"的创新精神。也正是这种利用地处边陲、濒临海洋的独特自然地理环境的过程,形塑了浙江人重视商贸、敢于冒险、勇于创新、博纳兼容的个性特征。人们常说只有鸟儿飞不到的地方,没有浙江人走不到的地方。敢于冒险就要敢于担当,冒险就意味着有可能失败。浙江商人的经营法则中有这么一条,既赢得起又输得起,而且社会舆论也不会看不起失败。

早在计划经济年代,浙江人就曾"冒天下之大不韪",自发推行"包产到户"。在"以粮为纲"的年代,他们走南闯北,到全国各地从事被当地人所瞧不起的工作,积聚资金与力量。这种冒险精神与创新意识也给浙江人带来了丰厚的回报,等到改革开放政策实施以后,一批批非公有制企业如雨后春笋般迅速涌现出来。

改革开放以来,浙江诞生了无数个全国第一。例如,中国第一个农民包飞机、中国第一座农民城、中国第一个个体工商执照、中国第一个股份合作制企业、中国第一个私营企业条例、中国第一个改革金融利率、中国第一个跨国农业公司等。以上说的都是经济领域的第一。在政治领域,浙江人同样敢于第一个吃螃蟹,探索出许多个全国第一:第一个全国人大代表自费登广告征集议案、第一个给农民工选举权、第一个搞选举公证制度等。这些"第一"的取得正是浙江人敢于冒险、勇于开拓的结果。浙江人的足迹遍布全世界,"义乌城""温州街"遍布海内外,这些无不体现出了浙江人强烈的拓荒精神和冒险精神。

思考讨论题

1. 浙江的地理区位与爱国主义思想有着怎样的内在联系?

2. 浙江的自然资源特点与自强不息的精神有着怎样的关系?

3. 浙江的地域环境与浙江商业精神有什么内在联系?

第三章　浙江文化传统与浙江精神

"浙江现象"与浙江人特有的精神气质有着密切联系。这种精神气质又与浙江文化传统紧密相连。因此,"浙江现象"也是一种文化活动现象。探究浙江经济社会发展的奥秘和特点,需要从浙江文化传统着手。可以说,揭示浙江人的文化精神,探索浙江人从传统文化到现代文化的转型,既是科学认识浙江精神的关键,也是弘扬浙江精神、培育未来浙江精神的迫切需要。

一、浙江文化的演变历程

(一)浙江文化的萌芽和生成

据考古研究,旧石器时代,在距今 45.5 万年左右,浙江境内已有人类的生息和繁衍。至今发现的最早的人类化石是 5 万年前的"建德人"①。浙江新石器时代的文化有上山文化(距今 11400—8600 年)、跨湖桥文化(距今 8200—7000 年)、河姆渡文化(距今 7000—4900 年)、马家浜文化(距今 7000—6000 年)、东太湖文化(距今 6500—5600 年)、崧泽文化(距今 5900—5300 年)、良渚文化(距今 5300—4500 年)、好川文化(距今 4300—3700 年)和广富林文化(距今 4300—3900 年),其中以河姆渡文化和良渚文化为代表。良渚文化已出现文明迹象,表现在社会等级化、礼器和礼

---

① 1974 年冬,中国科学院古脊椎动物与古人类研究所和浙江省博物馆的专家,在建德市李家镇新桥村乌龟洞里发掘一枚古人类的牙齿化石,经鉴定,可能属于 30 岁左右男子的右边的上犬齿,学术界称为"建德人"。

制、政教中心、神权独占、人牲人殉以及文字萌芽,社会复杂化程度已高于中原的河南龙山文化。4000 多年前,洪水为患,出身古越人(百越族群)的大禹北上中原成为部落联盟领袖,受命治水,司马迁《史记·夏本纪》载,"劳身焦思,居外十三年,过家门不敢入""禹会诸侯江南,计功而崩,因葬焉,命曰会稽",今绍兴城南的会稽山,因此得名。大禹为民造福,永远受到人们的称颂,大禹刻苦耐劳的精神,永远为人们所怀念,更是浙江人的骄傲。

案例 3-1

浙江史前文化代表——跨湖桥文化、河姆渡文化和良渚文化

跨湖桥遗址位于杭州萧山湘湖,地处钱塘江、富春江与浦阳江三江交汇处,因古湘湖的上、下湘湖泉之间有一座跨湖桥而命名。跨湖桥遗址的发现,将浙江的人类文明史提前到了 8000 年前,打破了长江下游原来所认识的史前文化格局,证明了浙江的文明史是由多个源流谱系组成的。"跨湖桥文化"的命名,意味着它将与河姆渡文化、良渚文化、马家浜文化等史前文化并驾齐驱,成为浙江年代最早的考古文化概念。

河姆渡文化是中国长江流域下游地区古老而多姿的新石器文化,第一次发现于浙江余姚河姆渡(1973 年),因而命名。河姆渡遗址是目前世界上最古老、最丰富的稻作文化遗址,考古学者认为河姆渡可能是中国乃至世界稻作文化的最早发源地。同时,人们一直认为中华文明的发源地归根到底是黄河流域,只有黄河文明才是历史的主流。但河姆渡文化表明,长江下游地区的新石器文化同样是中华文明的重要渊薮。它是代表中国古代文明发展的另一条主线。

良渚文化为中国新石器文化遗址之一,分布地点在长江下游的太湖地区,其中心在良渚。考古研究表明,在良渚文化时期,农业已率先进入犁耕稻作时代;手工业趋于专业化,琢玉工业尤为发达;大型玉制礼器的出现揭开了中国礼制社会的序幕;

贵族大墓与平民小墓的分野显示出社会分化的加剧；刻画在出土器物上的"原始文字"被认为是中国成熟文字出现的前奏。专家们指出：中国文明的曙光从良渚升起。

2019年7月6日，在阿塞拜疆首都巴库举行的联合国教科文组织第43届世界遗产委员会会议上，良渚古城遗址获准列入《世界遗产名录》，成为中国第55处世界遗产，标志着中华五千年文明史正式得到世界确认。

此后，广富林文化逐渐演化为马桥文化（距今3885—3500年），浙江文化进入青铜时代，直至西汉，这段时间是浙江文化的生成期。浙江处"百越"之地，百越诸族，按其种族分布和时代变迁，有勾吴、于越、东瓯、闽越、南越、西瓯、骆越、山越等，于越文化和勾吴文化是浙江文化的源头。春秋战国时期，吴、越两国以"剑楫文化"先后跻身"春秋五霸"。《汉书·地理志》载："吴越之君皆好勇，故其民至今好用剑，轻死易发。"越人蛮悍的个性中还有隐忍的一面，勾践卧薪尝胆、吴宫尝便，充分体现了"慷慨以复仇，隐忍以成事"的越人性格。①

（二）浙江文化的嬗变和成熟

秦汉之后，至于六朝，随着战乱的发生和郡县制的推行，大量汉人南下，取代越人成为当地最主要的居住者，吴越文化在中原礼乐文化的影响下得以重塑。在稻作文化和青瓷文化等古代越人的风貌依然保存的同时，古越文化的痕迹逐渐消退，最终被汉文化取代。汉语方言的吴语取代了古越语，政令和教化改变了浙江人的生活方式和价值观，儒学变革和玄谈之风始兴，佛教和道教传播，尚武的民风转变为崇文，民风好学，儒雅的风气日盛，杰出人物繁盛，王充、谢灵运、王羲之即为典范。浙江文化成为华夏文化中的一种区域文化。

两晋之际的"永嘉之乱"、唐中期的"安史之乱"以及宋代的"靖康之乱"导致政治中心南移。吴越文化在接受北方文化影响的同时，也与当地固有的地理环境、文化积淀融合，逐步发展。唐宋时期，儒学复兴，各地区域文化特性形成。宋室南渡后，浙江成为全国的政治、经济、文化

---

① 王十朋：《会稽风俗赋》，载《王十朋全集》（卷一二），上海古籍出版社1988年版，第839页。

中心,这对浙江文化的影响是决定性的。在哲学、宗教、文学、艺术等领域都产生了一些具有浙江特色与全国影响的流派。杰出人物无数,如诗人陆游,词人周邦彦、吴文英,小说家凌濛初,艺术家赵孟頫、徐渭,科学家沈括,医家朱震亨等。南宋时期的浙学涌现了大批思想家,以吕祖谦为代表的婺学、以陈亮为代表的永康学派、以叶适为代表的永嘉学派,被合称为浙东学派。南宋浙学是浙江文化的灵魂,是浙江文化成熟的标志,它使浙江文化成为全国的主流文化,影响和引领当时中国的潮流。

(三)浙江文化的繁荣和转型

明清时期,浙江在物质、生活、文学、艺术、思想、宗教等文化的各个领域都表现出繁荣景象,成为全国文化的中心。在决定文化导向的各种因素中,外部的影响已经大为降低,而内部各个小区域之间的交融在文化发展中的作用日益显著。市民经济快速发展,市民文化繁荣,丝绸文化即为典范。文学艺术极度繁荣,有"三杨""吴中四杰""前七子""江右三大家""西泠十子"等。王守仁的阳明心学开创了个性解放思潮,以宁波商帮为代表的海洋文化和以绍兴师爷为代表的浙东文化成为浙东精神的代表。东林学派的兴起改变了浙西文化以文学艺术见长的风气,使浙西也成了学术重镇,最著名的就是调和程朱理学和陆王心学的蕺山学派。浙江学术上出现了浙东学派和浙西学派。

案例 3-2

王守仁的阳明心学

王守仁(1472—1529 年),汉族,幼名云,字伯安,号阳明,谥文成,人称王阳明,浙江绍兴府余姚县(今浙江省余姚市)人。明代著名的思想家、教育家、文学家、哲学家和军事家,官至南京兵部尚书、南京都察院左都御史,因平定宸濠之乱等军功而被封为新建伯,隆庆年间追封侯爵。

王守仁是陆王心学之集大成者,是中国历史上罕见的全能大儒。他一生事功赫赫,故被称为"真三不朽"(太上有立德,其次有立功,再次有立言)。其学术思想在中国、日本、朝鲜半岛以及东南亚国家乃至全球都有重要而深远的影响。因此,王阳明(心学集大成者)和孔子(儒学创始人)、孟子(儒学集大成者)、朱熹(理学集大成者)并称为孔、孟、朱、王。

　　王阳明政治上主张"明赏罚",认为赏罚乃"国之大典";主张"量情法",强调执法要"情法交申";主张"重纲纪",以整肃执法之吏。

　　王阳明思想上主张"心外无理",提倡从自己内心去寻找"理","理"全在人"心";主张"知行合一",认为如果只是自称为知道,而不去实行,那就不能称之为"真正的知道",真正的知识离不开实践;主张"致良知""非礼勿视,非礼勿听,非礼勿言,非礼勿动";主张"唯求其是",认为"君子之学,唯求其是",时至今日,"求是"精神仍然十分重要,浙江大学把它作为校训的一部分;倡导"四句教",这是王阳明晚年对自己哲学思想的全面概括,即"无善无恶心之体,有善有恶意之动,知善知恶是良知,为善去恶是格物"。

　　随着西方殖民势力入侵中国,晚清以来的浙江又进入文化接收和转型时期。在制度层面,从国家机器到经济组织、衣食住行,文化上的"西化"趋势明显。但思维方式和行为模式,因祖先遗留的文化积淀,依然深深地存在。杭州人龚自珍开启了一代今文新学之风,但也有邵懿辰、朱一新、马一浮等主张重振理学的代表人物,更出现了俞樾、黄以安、孙诒让、章太炎这样的古文经学大师及王国维这样的国学大师。在人文社会科学领域有钱玄同、夏承焘、马寅初、沈家本、蔡元培、竺可桢等。从洋务运动到维新变法,再到辛亥革命,浙江的文化更是熠熠生辉,陶成章、徐锡麟、秋瑾这样杰出的革命家,影响之大,足以与粤、湘鼎足而三,可谓古代越人精神的复兴。

二、浙江本土文化传统

（一）浙东学派的事功文化

浙江民风重教好学，"东南财赋地，江浙人文薮"①"家能著书，人知挟册"②。浙江人有稳固的思维模式：以现实为思维的基点；以讲求功利为其思维目标；以灵活多变为思维特征；短视是基本弊端；包容的胸襟是另一特征，也即具有强烈的求实精神，这种精神渗透在学术思想中逐渐形成了经世致用的基本倾向，亦即传统所谓的"事功之学"或"功利之学"。

浙江历史上第一个大思想家王充就在这种环境下诞生。王充不但是我国历史上第一个提出"无神论"的思想家，他还一反自西汉董仲舒以来将儒学唯心主义经学化的倾向，阐述了一种具有朴素唯物主义倾向的实用主义世界观和认识论。按蔡元培先生的看法，王充的思想，为"实学"奠定了基础。"实学"的典型代表，就是"浙东学派"。

浙江古代以钱塘江为界，分为"浙西""浙东"③。古代浙江的学术大致也以此划分。"浙东学派"④学者的籍贯及活动范围多在浙江东部地区，理论上也有传承关系。浙东学派始于北宋，形成于南宋，集大成于清朝，虽属儒学范畴，但更多承继了王充的"实学"思想，弘扬"经世致用"的事功精神。

第一，"非君新民"的哲学思想。

"东浙之贫，不可与西浙并称也"⑤"浙东山地贫瘠，负山近海不宜耕种，如越州'地无三尺土'"⑥，台州"负山濒海，沃土少而瘠地多。民生其

---

① 陈正祥：《中国文化地理》，三联书店 1983 年版，第 16 页。
② 叶适：《水心别集》卷 9《汉阳军新修学记》，《四部丛刊》本。
③ 古代浙东包括温、处、婺、衢、明、台、越七州；浙西包括杭、苏、湖、秀、常、严六州及江阴军、镇江府两地。
④ "浙东学派"之名源于黄宗羲开其端的"浙东史学派"。浙东、浙西学术均以"经世"为目的，浙西学术主要表现为表彰朱熹学术，尊朱以经世，而浙东学术则偏重于史学研究，治史以经史。章学诚把这两种不同的学术取向归纳为"浙东贵专家，浙西尚博雅"。
⑤ 王柏：《鲁斋集》卷 7《赈济利害书》。
⑥ 庄绰：《鸡肋编》（卷上）。

间,转侧以谋衣食"①,温州平阳县"浙东之穷处也,邑于山谷间"②。粮食不能自给,"全借浙右客艘之米济焉"③。在"民贵君轻"的政治构架下,统治者依然要求"存天理,灭人欲""重本抑末""安土重迁"。浙东学者则敢于吹响批判的号角。

一是"为民"论。认为"天子之所是未必是,天子之所非未必非""后世骄君自恣,不以天下万民为事"④。黄宗羲主张"为民""为天下,非为君也;为万民,非为一姓也"。这就超越了孟子"民贵君轻"思想,蕴含"民本"气息。

二是"富民"论。认为"百姓日用即为道""穿衣吃饭即是人伦物理",进而主张"无欲则无心""人则财之本"。黄宗羲主张"为万民",就是"富民","民富先于国富",富民是治世原点。"富民"就应造就有力量的、包括自耕农在内的地主阶层与他的伙伴都市工商业者,亦即富民阶层。为了"富民",他提出了"工商皆本",主张发展"切于民用"的手工业和商品流通。

三是"听民自为"论。王阳明提出"新四民"平等论,认为士、农、工、商"其归要在于有益于生人之道,则一而已""古者四民异业而同道,其尽心焉,一也""虽经日做买卖,不害其为圣为贤"⑤。在此基础上,他还强调"民自为市"和"听民自为"的自由放任主张。

第二,"经世致用"的经济特质。

宋亡以后,面对衰弱的国家,浙江士人重新检讨作为"国学"的儒学,特别对当时儒学主流即远离实际的空疏的"心性之学"表示了强烈反对,对那些"平时袖手谈心性,临危一死报君王"的迂腐儒生尤为痛恶。他们发扬怀疑主义精神,一改自孟子以来传统儒学"重义轻利"和蔑视"功利经济"之空疏流弊,对朱熹理学"重理轻义"的伦理观和"重本抑末"的传统经济观痛加批判;并突破传统束缚,从传统中发挥或创造出新的思想,主张"理利相契""义利统一"。

---

① 陈耆卿:《嘉定赤城志》(卷13)。
② 许景衡:《横塘集》(卷18)。
③ 周去非:《岭外代答》(卷4)。
④ 黄宗羲:《明夷待访录·原君》,中华书局1982年版。
⑤ 王阳明:《传习录拾遗》之《节庵公墓表》。

事功学派的核心理念是"讲求实效、注重功利"和"义利并存、工商皆本"。陈亮、叶适认为"事上理会,步步着实""务实而不务虚",讲求事实事功,开物成务,关心百姓日用和国家社稷。王阳明主张知行合一,反对"冥行妄作"或悬空思索。黄宗羲治学的目的是"大者以治天下,小者以为民用"。他在中国历史上还第一次提出了"农工商皆本"的著名命题,"世儒不察,以工商为末,妄议抑之。夫工固圣王之所欲来,商又使其愿出于途者,盖皆本也"。

浙东学派的学者不但在学术上主张经世致用,还身体力行。史料记载,叶适的功业最著者有四:荐贤才,扶危倾,保建康,营两淮。王阳明更是事功卓著:一是平动乱。王阳明以都察院左都御史身份在南、赣、汀、漳等处做巡抚,调度有方,攻心为上,剿灭赣闽边境盗贼数十寨,消除了"数十年巨寇"之患。二是俘宸濠。正德十四年(1519 年)六月,宁王朱宸濠反,陷南康、九江,围安庆,王阳明起兵攻克南昌,袭其归路,不待武宗亲征南下,就俘获朱宸濠。三是征思田。嘉靖元年(1522 年),广西土司卢苏、王受反,王阳明受命以两广总督兼巡抚征思田,陈"用兵十害,招抚十善",用复流官、立别州等和平方法解决了边患。因此,他自谓其"良知之说",是从"百死千难"中得之,实非虚言。

第三,"众治分权"的政治主张。

浙东学派从"为万民"出发,强调富人出现的合理性和富民阶层对国家和社会的重要性,客观评价富人财富的积累和对生产发展的作用,视富人为国家和社会的根本。因此,他们主张保护富人,为富人呼吁参政权。[1] 这些都是"富民阶层对私产(主要为田产)所有权的强调""他们所谓的民是'富民'阶级,所谓自私自利也是指富民阶级的私有权益"[2]。

在这种思想的引领下,吕祖谦曾谏宋孝宗:"陛下以大臣不胜而兼行其事,大臣亦皆亲细事务而行有司之事……愿陛下虚心以求天下之士,执要以总万事之机,勿以图任或误而谓人多可疑,勿以聪明独高而谓智足遍察。"[3]陈亮在《中兴论·论执政之要》中批评宋孝宗,"发一政,用一人,无非出于独断""今朝廷有一政事而多出于御批,有一委任而多出于特旨""不蹈曩日专权之患,而怨有所归"。陈傅良在任中书舍人时,曾连续多次

---

① 林文勋:《中国古代的"富民"阶层》,《历史教学问题》2005 年第 2 期,第 42 页。
② [日]沟口雄三:《中国公私概念的发展》,《国外社会科学》1998 年第 1 期,第 63-64 页。
③ 《续资治通鉴·孝宗淳熙四年》。

封缴宋孝宗用人特旨,甚至不惜奉还官职。叶适也在《上殿札子》中指责宋孝宗"收揽天下之权"和"上独专操制之劳"。陈亮和永嘉诸贤的这种反专制独裁的观点,虽不能等同于今天的民主意识,但视之为黄宗羲的《原君》及启蒙思想的先声,不为无据。

(二)浙江各区域的民间文化

第一,差异鲜明而多样的区域文化。

地理的差异,形成了浙东和浙西两种不同的文化类型。各地语言的差异是传统社会文化地域差异的集中体现。浙江区域内的地方语言"五彩缤纷",从大的区域而言,有温州话、杭州话、绍兴话、台州话、丽水话等。从小的区域而言,即使是同一个地区的不同县域,同一个县域的不同乡域,也往往呈现出方言上的差异。同处台州地域,临海方言与天台方言、黄岩方言、温岭方言、仙居方言之间,就有很大的不同。温州更是一个多方言的地区,仅平阳一县,"约有五派:曰瓯语,曰闽语,曰土语(俗称蛮话),曰金乡语,曰畲民语"。

第二,基于血亲、宗法的家族文化。

浙江传统人际关系的核心,是建立于亲戚关系或亲戚式的纯粹个人关系之上,实质上是一种凭借血缘、地缘共同体的家族优势和宗族纽带而形成和维系的人际关系模式。在此基础上,颇具浙江特色的家族文化得以形成。

在历史上,浙江是一个受家族文化及其扩展形式影响较深的区域。宗族就是典型的例子。宗族之"强"不仅表现在它外有雄踞乡里的经济实力和来自朝廷的支持,还表现在它对本宗族内部秩序的有效管理。"尤其是浙东,这种统一在 17 世纪就已实现,并且程度也要较其他地区为高。"①浙南有些地方直至 20 世纪三四十年代仍设有族长。浙江是强宗林立之地,但是,近代以来因诸种因素的影响,宗族血缘关系弱化,从苏南到浙北再到浙南,呈递减状态。

家族文化心理意味着相当数量的浙江人有着特殊的信任模式。"因为宗亲存在的关系,他们变得更加团结。"以成败论英雄的商人群体内部,提起本地本族的大户们都是带着敬畏之情,并争相效仿。一个个体在某

---

① 钱杭等:《十七世纪江南社会生活》,浙江人民出版社 1996 年版,第 118 页。

地的成功可以吸纳一个家族的搬迁;一个个体的成功甚至可以促使一个家族、一个社区的转型——这种"集群"思维模式与行为方式在事实上延续着浙江商业血脉,并指向他们可以借鉴乃至依赖的发展方向。因此,浙江人喜好团队作战、建构民间自治组织,依靠地缘、血缘、宗族、同乡之传统关系的紧密连接,形成了一个盘根错节的关系网络。

第三,工商文化传统。

浙江有手工业传统。在新石器时代,台州境内已有制陶业,隋唐以来,台州制陶、酿造、雕刻、制盐、造纸等手工业形成若干个"一地一品"的手工业专业村。绍兴境内手工业有"百作"之称。金华昔称"百工之乡",唐、宋时期金华渐趋发达的陶瓷、丝织、印刷、棉纺、铁器、造纸、五金、铸造等业,至明、清发展成为多种手工业工场。唐时,在今杭州城东菜市桥下忠清巷一带,已形成了杭州最早的发展丝绸业的街坊。南宋时期,杭州丝绸、印刷、瓷器、造船、制扇在全国均占有重要的地位。浙江各地的木工、漆工、厨师,和从事石刻、竹编、弹花、箍桶、缝纫、理发、打金等的流动百工手艺人也层出不穷。这些百工手艺人多数挑行担,出县出省,俗称"出门"。这种手艺工匠在浙江手工业者中所占比例最大,他们特别能吃苦,上山到尖,下乡到边,上门制作、加工和修理。著名的有东阳的泥水木匠、永康的铁匠、义乌的麦芽糖艺人、台州的绣花女、温州的皮鞋匠、永嘉的弹棉花郎等。

浙江是民间商业相对发达、民间工商文化传统较为深厚的地区之一。浙江最早的市场,肇始于村落零散交易的"初级市场",这类"初级市场"逐渐演化为农历每旬(十日)中有规律的定期若干日的集市,即"定期市集"或"中介市场"。最早见于文献记载的浙江集市,是秦汉时期会稽的"越大市"。虽然其至宋代已废,但嘉泰《会稽志》仍以"古废市"之名将其入载:"古废市,在都亭桥南礼逊坊,旧经云蓟子训货药于此。"东晋、南朝时,绍兴市面繁荣,时有"今之会稽,昔之关中"之誉。山阴道上民物殷阜,征货贸粒,商旅往来,成为江东绢米交易中心。大业六年(610 年)江南运河开通,杭州"南派巨流,走闽禺瓯越之宾货",而"盐鱼大贾所来交会""东眄巨浸,辕闽、粤之舟橹,北倚郭邑,通商旅之宝货",成为"珍异所聚""商贾如云"[1]的都市。贞观年间,"杭州东南名郡……咽喉吴越,势雄江海,国家

---

① 《隋书》卷三一《地理志》(下)。

阜成兆人,户口日益增⋯⋯水牵卉服,陆控山夷,骈樯二十里,开肆三万室"①,行商坐贾,热闹繁盛。宪宗时,户口十万,税钱五十万。当时全国一年的财政收入中,杭州的商税占1/24。五代时的杭州,"邑屋之繁会,江山之雕丽,实江南之胜概也""轻清秀丽,东南为甲,富兼华夷,余杭又为甲,百事繁庶,地上天宫也",是江南最大的城市,城周七十里,有二十多万人口。宋室南渡后,绍兴八年(1138年)正式定为首都,杭州不仅为"东南第一州",是全国最大的商业城市,也是世界上最繁华的都市之一。马可·波罗笔下的杭州为"水浮陆行,纷轮杂集""旁连诸蕃,椎结卉裳"的繁华港口。城中有大市场十所,大市大多为正方形,每方约半里,大道通过其间,每星期有三日为市集,有四五万人来交易,各色物品,应有尽有。

第四,民间宗教文化。

历史上,浙江是一个民间宗教比较发达的区域。在传统浙江民间社会,影响最大的宗教是佛教,但浙江民间的神灵世界是极其含混的,民间甚至不去区分本土神灵和外来神灵,或者说不同宗教系统的神灵之间的界限。尽管道观少于佛教寺庙,但佛道地位相差无几。浙江民间的祭祀活动,多由道士来主持,甚至还由佛道两家共同主持,如舟山嵊泗的"祀龙王求雨"仪式由七个道士、一个和尚撞钟共同祈祷完成。

浙江民众的宗教价值观存在鲜明的"功利性"价值取向。佛道之所以被民间供奉,各路神灵和平共处,主要是因为它们"管用",可利用它们为自己的目的服务。民众可能到佛寺去求子嗣,可能到道观去求神保佑疾病痊愈,也可能到妈祖庙去求平安。

正是因为这种功利性的价值取向,除佛道之外,浙江历史上还有大量的地方民间神。有神话传说之神,有历史人物之神,有行业祖师神,有劳动者之神。在传统浙江民间宗教中,不管是什么神,只要"管用",便都是"讨好"的对象。比如,因治水英雄大禹备受崇拜,禹王庙遍布浙江。曾有功于筑堰溉田,筑堤捍海、捍江,开湖浚河的地方官,也会被供奉,享受神的待遇,如绍兴的马太守庙、杭州郊县的天曹庙、东钱湖堤旁的嘉泽庙、广德湖之望春山旁的丰惠庙。这些祠庙设立之始是为了纪念曾为本地作出过贡献的官员,但经过一段时间后,往往转化为具有"水潦旱蝗,有祷必

---

① 《全唐文》卷316,李华:《杭州刺史厅壁记》。

应"神力的现实性、功利性和契约性的地方民间保护神。非但如此,有些被视为神异之物的动物,也在浙江历史上被一些地方的民间社会当作具有抵抗旱涝之灾的保护神来供奉。如台州秋后出现旱象,要实行禁屠,始则三天,继则七天,在此期间,民间禁杀猪、牛类大牲畜。[1]

历史上浙江是百工之乡,而祖师神是行业保护神,所以,几乎每一个手工行业都有自己的祖师爷。其来源大致有三种情况:一为传说中的行业创始人,二为行业的劳动能手、能工巧匠、行业中的知名人物,三为传说中有法术的神佛。祖师神像一般设置在劳动场所,四时八节或收徒、满师、遇事,都要祀拜,请求保护。也有设立专庙或同业公所,按时按节由同业供奉香火。[2] 各业知名的祖师神有:木匠业、石匠业、砖瓦业为鲁班;竹匠业为泰山;铁匠业为李老君、尉迟恭;中医业为吕纯阳、华佗;中药业为李时珍;酿酒业为杜康;茶叶业为陆羽;染纺业为葛洪;理发业为罗祖、吕洞宾;裁缝业为轩辕氏;烧炭业为陈老相公;糕饼业为雷公菩萨;雕刻业为邱弥陀;织绸业为伯余;湖笔业为蒙恬;鞋匠为孙膑先师;炼剑为欧冶子;纸工为韩愈、朱熹。

(三)浙江本土文化传统的主要特征

第一,求实精神。

在地缘特征上,受自然资源匮乏、人多地少、靠海的地理位置和绵长的海岸线等因素影响,浙江人血液中烙下痕迹——当他们还是一个幼童时,他们就已经懂得物质需求比空泛的意识形态更紧迫。陈亮的说法就是"功到成处,便是有德;事到济处,便是有理"。因此,讲求实效、注重功利的精神,广泛地浸润于浙江民间社会心理之中,并通过浙东事功学派得以概括和提炼。这一价值取向最真切也最现实地表现了一个庞大的社会群体的需求,而不仅仅是一个思想史上学者的逻辑论证。随着岁月的流逝,讲求实效、注重功利的文化精神,构成了浙江人的文化心理和"遗传因子"。

---

① 陈立旭:《从传统到现代——浙江模式的文化社会学阐释》,中国社会科学出版社 2007 年版,第 116 页。

② 中华孔子学会编辑委员会编:《中华地域文化集成》,群众出版社 1998 年版,第 244 - 245 页。

第二,重商氛围。

在浙江,一方面,由于浙江人在独特的地理环境中形成了千坊百业的生活习惯;另一方面,也由于历史上两次北方人口的大批南迁,造成了浙江人多地少的生存局面,依靠土地不能完全解决生计问题,于是依靠经商成就人生事业的人也时而有之。在古代浙江,真正富有之人不仅仅依靠土地而是往往同商业活动联系在一起,富人包括了富商大贾,因此浙东学派提出为富人辩护的思想同时也是为商贾辩护。重商因而具有浓重的"崇富"情结在内。与之相应的则是符合商业化运作或商品经济的必然要求,也就是追求"事功"。作为社会系统的商人群体,遵循着这一社会模式,折射出浙江民间个人自主的文化观念。事功学派和浙江民间的文化传统是相得益彰的。

视频 3-1

着眼浙商软实力,促进浙商文化有机更新
(视频来源:浙江卫视)

第三,理性取向。

儒家文化所塑造的民族性格,是以一个等级有序的价值系统作为维系社会的内在机制。这一价值系统,以"公而忘私"和"义以制利"为终极追求。儒家经典《大学》里提出"大学之道,在明明德,在亲民,在止于至善"。而浙江区域文化,在中国这一传统实用理性的大氛围中却鲜明地强调了逐利的价值取向。浙江传统商人具有推崇人本的经济理性,而这种人本主义的精神形态在以黄宗羲为代表的浙江学人中得到了逻辑上的论证。"经世致用"的理性精神,落实到了现实的民生利益的实现之上。逐利理性,正是以赚取货币为追求目标的经营活动——商业的基本精神。浙江深厚的商业传统,正是在这一逐利理性的精神感召之下得以存续。

第四,通变智巧。

作为中国大一统社会边缘的浙江,在中国传统社会的发展过程中之所以能够得以延续不绝,一个重要的因素在于其通变精神。对自然环境的长期改造,是衍生出通变文化的最初土壤。自然地理环境恶劣和土地资源有限,迫使浙江地区的人们不断探索和改变生产和生活方式,浙江民间"百工"以及小商小贩,就是在土地所出不能满足生活需求的背景下,硬着头皮变出来的。通变思想亦体现在其他的历史叙述中。春秋战国时,有越王勾践"卧薪尝胆"、励精图治的故事。这种由于政治上的通变而获得的成功,尽管包含了统治者之间政治权谋的斗争,但是作为浙江历史发展中的重大事件,还是影响了越人后代的生活态度。这些通变思想在古代浙江思想家那里得到了提炼和总结,并且反过来又进一步强化了这种通变文化对于人们的影响。

三、外来文化对浙江文化的影响

(一)移民输入中原文化

北方移民迁入浙江有三次高潮:"永嘉之乱""安史之乱"和"靖康之乱"。在南迁的中原移民中,有大量文人、学者,甚至包括统治者中的有识之士。东汉杰出的思想家王充本是北方人,南迁到今天的上虞。东晋时期南迁的举足轻重的两个大家族是王氏和谢氏。王氏门第曾帮助司马睿建立东晋,几乎垄断了朝廷的要职。淝水之战的总指挥就是谢安。绍兴是王、谢两家的一个重要据点,而且好多人就在会稽做官,如会稽内史王羲之等。永和九年(353 年)王羲之在兰亭雅集,参加者十之八九是北方移民的后代。绍兴八年(1138 年)三月,宋室南渡定都临安,"大驾初驻跸临安,故都及四方士民商贾辐辏"。"切见临安府自累经兵火之后,户口所存,裁十二三,而西北人以驻跸之地,辐辏骈集,数倍土著。今之富室大贾,往往而是。""西北士大夫多在钱塘。"这些北方移民带来了中原先进的文化和生活方式,特别是大量文人学士南迁,使得中原长期积累起来的文化得以在南方延绵,为浙江输入了新的文化元素,并与浙江区域文化结合,培育出新的文化形态,形成了吴越古地人才辈出、文教发达、文风兴盛的局面。

在中原文化影响下,浙江文化师承了儒家思想。两宋以来,浙江是全国学术文化发展的一个重要区域,主流仍归属儒学。古代浙江各地书院林立:宋元明时期,浙江的书院数量均仅次于江西,居全国第二;清朝时期,浙江境内的书院数量达 397 所,超过江西,跃居全国之首。书院的祭殿,不是塑立菩萨神仙,而是祭拜儒家先圣孔孟或宋代理学大师或本地圣贤宗师。浙东学派也不是儒学的旁门左道,而是与被视为儒学正宗的中原儒学具有十分密切的师承关系。[①]"所谓浙东学派实在就是程氏的嫡传。"[②]永嘉诸儒所谓"九先生"中至少有六人,即沈躬行、刘安节、刘安上、戴述、周行己、许景衡等,"学于程门,得其传以归"。金华学派的三巨头,即金华的吕祖谦(东莱)、唐仲友(说斋)和永康的陈亮(龙川、同甫),在明初的杨维桢看来,"东莱氏以性学绍道统,说斋氏以经世立治术,龙川氏以皇帝王霸之略志事功"。更值得注意的是,金华三巨头和永嘉诸子"皆相互讨论,臭味契合"。所以金华一支的学说的师承虽然不是和永嘉一样直接上通于程氏,但是仍旧不失为程门的私淑弟子。因此,与其说(尤其是南宋以后)浙江是儒学文化的边缘地区,倒不如说浙江是一个深深地受儒家思想熏染的儒学中心地区。

(二)近代海派文化的浸润

第一,近代海派文化的兴起。

鸦片战争以后,随着西学东渐风气的盛行,西方文化与中国文化直接发生冲撞和融合,长三角地区因其在经济和文化上先进的地位,率先从中国传统农业文明开始转型。上海以其地缘优势和特殊的历史性机遇得风气之先,发展为近代中国的主要文化中心和东西方文化交流中心,长三角文化轴心迁移至上海,很快形成了以上海为核心、以长三角其他主要城市为重要支撑点的文化,即"海派文化"。

"海派文化"非仅仅指上海一地的文化,只是在上海地区体现得更集中、更精致罢了,它是指以上海为龙头和轴心的一种文化形态,根植于江浙一带的吴越文化。深厚、多元的吴越文化哺育了上海的成长,而在吴越文化和西方文化共同滋润下形成和发展起来的上海城市,又对江南社会具有反哺作用,两者在文化上相互关联、交流与融合。

历史上的上海,处于传统江南的边缘地位。上海地区在城市网络中始终是一个边缘角色,充其量不过是个"小苏州""小杭州"而已。从经济

---

① 陈立旭:《从传统到现代——浙江模式的文化社会学阐释》,中国社会科学出版社 2007 年版,第 57 页。

② 何炳松:《浙东学派溯源》,广西师范大学出版社 2004 年版,第 148 页。

地理角度而言,上海与素称"鱼米之乡"的苏、杭尚有相当距离,在以农耕文明为主体的传统社会中自然不占突出位置。1832 年东印度公司的"阿美士德"号来到上海以后,西方人开始意识到上海的重要性。1846 年,上海出口货值仅占全国总量的 16%,5 年后,其所占的比重达到 50%。到 1863 年,广州口岸的进出口总值,已不及上海的 1/15。来自各地的商帮,如浙江的宁波帮、绍兴帮,湖南的洞庭商帮,广东的潮州帮和福建的泉漳帮等都活跃在上海。上海城市海纳百川、兼容并蓄的特征也开始初露端倪。开埠初期的上海在进出口贸易、港口发展等方面显示出勃勃生机,其繁华程度已能与苏、杭相媲美。

1853 年 2 月,太平军由武昌东下江南,3 月太平军挟千里席卷之势,涌入金陵,开始设立太平王朝。此后的 10 多年里,来回的拉锯战争,毁灭了苏、杭的繁华,使其从此再也无法重温昔日的辉煌。杭州加速地走向衰落,并最终促成了江南地区城市中心等级的重新调整。首先杭州丧失了在以京杭大运河为南北命脉的古老商业网络中的战略地位。接着太平军和清军的战斗,加速了杭州城市衰落的命运。19 世纪 60 年代初,太平军摧毁了杭州城,号称"天堂"的杭州城市人口从 80 余万人骤减至 20 万人,一度仅剩下数万人。杭州衰落之日,正是上海崛起之时。从 1860 年开始,上海迅速走向繁荣,并取代苏州和杭州,成为江南新的中心城市和长江三角洲地区社会经济发展的龙头。因此,苏州、杭州的衰落和上海的崛起,又代表了一个时代的结束和另一个时代的开始。到 20 世纪 30 年代,上海已经发展成为集航运、外贸、金融、工商业、信息中心为一体的多功能经济中心和集教育、出版、电影、广播、娱乐等为一体的多功能文化中心,成为仅次于伦敦、纽约、东京、柏林的世界第五大城市,有所谓"东方的巴黎、东方的纽约"之誉。

上海成为最大的商埠、繁华的都市后,发挥了巨大的文化吸附力,周边的文化资源纷纷流向上海,上海逐渐取代苏州,成为江南文化的中心。上海吸收周边文化资源,包括人才、资金、技术和设备。19 世纪 60 年代开始,浙江文化人才纷纷赴上海谋生和寻求发展,有教师、医生、文人、画家、藏书家、戏曲名角等,包括经师俞樾,学者王国维,画家任伯年、吴昌硕,藏书刻书家张元济等。可以说上海这个文化中心,是依靠不断吮吸江南文化的"乳汁"成长的。

与此同时,"江浙两省富商巨族避乱而出,皆以上海为桃源。两省精华荟萃于此",宁波、绍兴等商人也纷纷进驻上海,杭州、宁波、绍兴和金华等地的资本源源不断涌入上海。鲁迅先生于 1934 年 2 月 3 日在《申报自由谈》发表《"京派"与"海派"》一文,他指出:"北京是明清的帝都,上海乃各国之租界,帝都多官,租界多商,所以文人之在京者近官,没海者近商,近官者在使官得名,近商者在使商获利,而自己也赖以糊口。要而言之,不过'京派'是官的帮闲,'海派'则是商的帮忙而已……而官之鄙商,固亦中国旧习,就更使'海派'在'京派'眼中跌落了。"

案例 3-3

近代上海的绍兴帮钱庄

绍兴商人约在明清之际开始旅沪经商,主要从事柴碳业、锡箔业、豆米业及绍酒业等,后来绍兴帮成为上海钱业的开创者,在近代上海钱业发展中始终具有举足轻重的地位和影响。钱业领袖秦润卿(慈溪人)曾说:"论者谓上海之钱业,自筚路蓝缕,开辟草莱,迄于播种耕耘收获,无时无地莫不由宁绍两帮中人之努力为多。""绍兴帮钱庄足以与票号抗衡,以上海为大本营,伸展于长江南北两岸,其业务随上海贸易渐次发展而逐步扩展。"并说只是"至光绪末叶,有义源善、源丰润等钱庄翘然独出,代理道库县库,遂分绍帮钱庄之势,而称为南帮票号"。可见,晚清时期绍兴帮钱庄在整个长江流域都具有重要影响,而上海是其大本营,在南帮票号兴起前,绍兴帮钱庄几乎垄断了上海传统金融业。[①]

在 19 世纪后半期至 20 世纪初上海钱庄业起伏发展过程中,涌现了一批叱咤风云的绍兴籍钱业领袖人物,如经芳洲(上虞)、胡小松(余姚)、屠云峰(上虞)、陈笙郊(上虞)、谢纶辉(余姚)、王冥生(余姚)、陈一斋(上虞)、刘杏林(上虞)、陈乐庭(绍兴)等。他们是上海钱业界"备受众望"的杰出代表,在上海钱业界具有重要影响。

---

① 陶水木:《近代旅沪绍兴帮钱庄研究》,《绍兴文理学院学报》(哲学社会科学版)2001 年第 1 期,第 2 页。

第二,浙沪文化共融生辉。

海派文化是中国近现代独特的文化现象。海派文化形成之后,出现了一大批文化巨人。海派文化的代表人物主要来自江浙领地,而其中尤以浙江居多。鲁迅、茅盾、任伯年、吴昌硕、叶圣陶、张元济、张静庐等浙江人都是在上海成就大业,成为一代巨匠的。清末以上海为中心的画家群中数浙籍画家最多。从赵之谦始,既有以任熊、任薰、任伯年为代表的"三任",更有吴昌硕等成为海派画坛的中心人物。而当时"海派四杰"中浙江就有任伯年、吴昌硕、蒲华三人。

上海的崛起对整个江南地区而言具有非同寻常的意义。它不仅从根本上改变了江南地区固有的城市格局,而且加速了上海与江南腹地的互动,并以一种新的经济力量,重构江南地区的社会经济秩序和人文秩序。20 世纪初期,就已有人把这种互动中的重构,不无夸张地称为"普遍的'上海化'"。其实"普遍"二字显然是言之过甚,但有一点却是可以确认的,上海对江南地区的辐射力,以及与江南的互动明显增强。以前是上海"城中慕苏、扬余风",现在轮到苏、杭来沐浴"海上洋气"了;以前富庶莫过苏、杭称雄天下,现在是"申江鬼国正通商,繁华富丽压苏、杭"。同时,新的上海文化,包括精明求实的商人观念、宽容趋新的文化观念、独立自主的国民人格和自觉的参与意识也给浙江文化注入了新的元素。

(三)开埠通商与西方文化的传播

19 世纪中叶,随着中国国门的被动开放,西方殖民者首先将目标锁定到了沿海,浙江处于风口浪尖,西方的政治结构、经济模式、立法形式、文化传统或多或少植入了浙江。经过无数次的碰撞之后,浙江终于初步形成了传统文明与西方近代文明的非对抗相融合的历史格局。近现代浙江文化,在继承发扬中国传统文化的同时,创新、改革是其文化发展的主旋律。文化的继承与创新,使浙江在中国近现代文化史上依然保持着强劲的发展势头,形成了一系列新的文化特点。

一是具备了内在自觉的开放心态。浙江传统文化中水作精神山为骨,财富和文脉曾经生生不息,在西方文化影响之下形成的更为开放的环境,影响着人们的生活习惯和文化心态,注定了这一方文化更具有自觉的开放性。尤其到近现代,随着中西文化的交接,其整合力度与密度都可谓史无前例,文化的开放性就更彻底了。

二是超越自我的突破意识。在外来文化的冲击之下,要求浙江既突破地域局限,又突破艺术或学术本身的局限。超越自我的突破意识和敢于否定自我的精神逐渐成为浙江人文化人格的重要特征。浙江的文化轴心是自觉在向着沿海转移的,这是与本地区文化从长江文明时代转向海洋文明时代的历史潮流相一致的。并且可以看到,人类在创造历史的过程中,地理、气候、物产等对历史进程的影响日渐减少,人类创造历史的自由度不断加强。在学术思想领域,从 1840 年到 1949 年的百余年中,浙江思想文化界异常活跃,涌现了一代又一代革命家、思想家和著名学者,如杭州的林启,余杭的章太炎,绍兴的蔡元培、陶成章,瑞安的孙诒让,以及鲁迅、陈望道、郑振铎等。他们学识渊博,学术造诣深厚,富有爱国主义、民主主义思想,并致力于兴学育人,启迪民智。鲁迅于 1918 年在《新青年》上发表了中国第一篇白话小说《狂人日记》,茅盾以《春蚕》《林家铺子》《子夜》三部小说,奏响了反帝反封建的时代主旋律。

三是市民文化和精英文化的崛起。商品经济的发展和市民阶层的较早形成,使本地域的文化精英分子更接近于市民大众,更注重个人意识的发挥,在文化语汇的表达方式上也更具有平民风度。这种平民风度在后世演化为两极,一极直接发展成为市民文化,其中以民间歌曲和小说为主要载体;另一极则发展为带有平民特色的文化,它同时具备了精雅绝伦的文化外形与朴素简约的审美取向,成为一种具有高度“诗性”特征的文化,引领中华文化的发展与进步。在文学领域,作为中国新文化运动主将的鲁迅,1921 年与沈雁冰等发起成立文学研究会,提倡艺术为人生的现实主义。郁达夫建立创造社,主张艺术表现自我,他写的《沉沦》,是五四新文化运动以来出版的中国第一部小说集。仅 20 世纪 20 年代,浙江就涌现了一大批不同风格流派的新诗人和散文家。如 1922 年在杭州创办的中国最早的新诗社团“湖畔诗社”,以徐志摩为代表的“新月诗”,以戴望舒为代表的现代派诗,以殷夫为代表的红色鼓动诗等,以及以朱自清、夏丏尊为代表的“白马湖”散文创作群体等。

在此背景下,浙江孕育了一大批文化巨匠。其中俞樾、孙诒让是清乾隆以后国学的一代宗师,章太炎是中国近现代著名的思想家,蔡元培是中国现代著名的教育家,而鲁迅则是中国新文化运动的旗手和中国文化革命的主将。另外,毕生倾注于文化教育和出版事业的张元济,被誉为当代理学大师的马一浮,"一代词宗"夏承焘,以及历史学家吴晗、范文澜等,也都出生或长期生活在浙江。他们在中国近现代史上占有重要的地位。

四、浙江文化传统与浙江精神的形成

(一)浙学文化根基与浙江精神

"浙学"有狭义、中义与广义之分。狭义的"浙学"概念是指发端于北宋、形成于南宋永嘉、永康地区的以陈傅良、叶适、陈亮为代表的浙东事功之学。中义的"浙学"概念是指渊源于东汉、酝酿形成于两宋、转型于明代、发扬光大于清代的浙东经史之学,包括东汉会稽王充的"实事疾妄"之学、两宋金华之学、永嘉之学、永康之学、四明之学以及明代王阳明心学、刘蕺山慎独之学和清代以黄宗羲、万斯同、全祖望为代表的浙东经史之学。广义的"浙学"概念即"大浙学"概念,指的是渊源于古越、兴盛于宋元明清而绵延于当代的浙江学术思想传统与人文精神传统。这个"大浙学",是狭义"浙学"与中义"浙学"概念的外延,不仅包括人文社会科学传统,甚至在一定意义上涵盖了有浙江特色的自然科学传统。

在广义的"浙学"发展过程中,浙江的思想先驱逐渐积累和提炼出能代表整个浙江文化特色的学术文化精神——"浙学精神",其可概括为"求实、批判、兼容、创新"。"浙学精神"主要是指一种学术文化精神,而"浙江精神"则主要属于政治文明范畴,两者虽有内在联系,但不能等同视之,尤其不能将历史上的"浙学精神"等同于现代浙江人民的奋斗创业精神。所以,我们还应在研究"浙学精神"的基础上,结合当今的时代背景和浙江社会现代化的实践,来具体探讨属于政治文明的"浙江精神"。

浙江传统文化熔铸着浙江精神。习近平同志在总结浙江精神和浙江文化的关系时,有一段全面和华美的阐述:"在漫长的历史实践过程中,从大禹的因势利导、敬业治水,到勾践的卧薪尝胆、励精图治;从钱氏的保境安民、纳土归宋,到胡则的为官一任、造福一方;从岳飞、于谦的精忠报国、清白一生,到方孝孺、张苍水的刚正不阿、以身殉国;从沈括的博学多识、精研深究,到竺可桢的科学救国、求是一生;无论是陈亮、叶适的经世致用,还是黄宗羲的工商皆本;无论是王充、王阳明的批判、自觉,还是龚自珍、蔡元培的开明、开放;无论是百年老店胡庆余堂的戒欺、诚信,还是宁波、湖州商人的勤勉、善举,等等,都给浙江精神奠定了深厚的文化底蕴。浙江精神从而提炼成了以人为本、注重民生的观念,求真务实、主体自觉的理性,兼容并蓄、创业创新的胸襟,人我共生、天人合一的情怀,讲义守信、义利并举的品行,刚健正直、坚贞不屈的气节和卧薪尝胆、发愤图强的志向。"①浙江精神是浙江人在传统文化基础上创造性活动的文化总结,是改革开放以来浙江传统文化与现代实践有机结合中产生的现代新文化精神。浙江精神传承了浙江文化传统中的优秀因子,是浙江区域文化从传统到现代转型的文化结晶。

（二）外来文化影响与浙江精神

第一,士族精神与书生气质。

钱穆在《国史大纲》中说:"东晋南渡,长江流域遂正式代表着传统的中国。"中州士族文化的大规模进入,给浙江传统文化注入了士族社会的风气和精神内涵,浙江的文化精神也逐步从粗放中略显可爱的气质走向正统;同时,改变了传统浙江文化的审美取向,诞生出以"士族精神,书生气质"为核心的审美取向和阴柔的特质,清秀、温婉、柔弱、恬静遂成为时尚和追求。有学者认为:"吴越文化之所以不同于一般的中国区域文化,在于它本质上是以诗性文化为根本特征的。"②以齐鲁礼乐文化为代表的北方文化本质上是一种伦理人文,而江南文化则是一种审美文化,并且它将这种中国式的审美推到最高境界——诗性的层面。这是中国人文精神的最高代表。并将吴越文化最本质特征概括为"诗性中包容责任",就是说诗性的同时具有另一面个性——责任意识,当然也包含了承担这种责任的能力。顾炎武的"天下兴亡,匹夫有责",就集中体现了其中所包容的责任意识。

第二,南北交融的江南特色。

宋室南渡后,浙江文化与靖康末年奢华萎靡的习气相融合,愈加精致,并向这一极致发展下去。加上工商业的高度发达,使这一趋势愈加明显,使得浙江文化除精细特征以外,又加上了消费和实用的特征。柳诒徵

---

① 习近平:《与时俱进的浙江精神》,《哲学研究》2006 年第 4 期。
② 刘士林:《江南都市文化的历史源流及现代阐释论纲》,《学术月刊》2005 年第 8 期。

举过一个例子:"古人行路多乘车,从马牛曳之。自晋以来,始有肩舆。唐宋大臣年老或有疾者,始乘肩舆,余多乘马。宋室内渡,仕宦皆乘肩舆,无复骑马者。居处行动,皆求安适,人之文弱,盖缘于此矣。"[①]骑马还是坐轿子是日常细节,但反映的却是文化的变迁。

明朝中期至清朝中期浙江文化的辉煌几乎不用细说,此时的杭州几乎与"繁华"是对等的名词了。明代江南苏、松、常、嘉、湖五府交纳给中央财政的税粮之和,已经占全国总和的五分之一,而苏州一府居然占到将近十分之一。清朝康熙、乾隆两朝的下江南,是吴越文化达到成熟的标志。那时的苏州、杭州、扬州就是人们心目中的天堂。仅从文化界而言,在此期间不论是学术、艺术,甚至工艺美术等方面都形成了各大流派,而且都成为当时中国最主要的流派,其影响甚至延续至今。

第三,中西贯通的商业理性。

随着全国经济中心和南方文化中心从杭州和苏州逐步转移到上海,中西文化蕴含的精神在时间之流中积淀下来,并像雪球一样滚动发展,在一定程度上也影响了近代浙江文化和浙江精神。

一是宽容意识。"和气生财""和为贵""君子动口不动手"是浙江一般民众的集体无意识,"得理即让人"成为群众共识。在这些社会表象背后,所能体会到的一种文化潜意识,即是宽容。

二是实利意识。接纳西方文化的浙江人在文化中融入了商品经济的价值规律和等价交换原则。这种实利意识往往无孔不入地渗入社会生活的各个角落。"亲兄弟,明算账""合算"与"门槛"这些上海方言中极普遍的专有词汇,逐渐在浙江流传并广泛使用。

三是契约意识。因为工商业的快速发展,兴起了广大职员阶层,而敬业精神正是职员素质的核心。职员素质的形成与经济活动中的契约关系紧密相关。契约关系的合理性,使"敬业"精神得以催发与沉淀下来。及至今日,浙江人的契约意识仍好于多数沿海地区。

四是求新意识。上海开埠之后,工商业最大的商帮就是来自浙江的宁(波)绍(兴)商帮,他们积极向新式商业及近代工矿、金融、航运等各业发展,迅速取代前近代时期鼎盛的徽商、晋商,成为近代中国最具实力和影响力的区域商人群体。这些被称为"大王""大亨"的民族企业家具有传

---

① 柳诒徵:《中国文化史》,岳麓书社 2010 年版,第 494－495 页。

奇色彩的冒险经历,表现出了一种敢打天下、敢闯世界的胆略和气度,其中所折射的正是"求新意识"。他们的文化精神必然会衍化、渗透到普通民众生活方式和人格的塑造之中,从而被扩散到全社会。

思考讨论题

1.如何理解传统文化与浙江精神的关系?

2.试述浙东学派的主要特征及其对浙江经济社会发展的影响。

3.请联系实际讨论浙江文化传统在新的经济社会发展要求下如何与时俱进。

第四章　浙江人的品格与浙江精神

有人说,哪里有中国人,哪里就有浙江人;如果那里只有一个中国人,那么,这个人准是浙江人。也有人说,哪里有市场,哪里就有浙江人;哪里没有市场,哪里将会有浙江人去开辟市场。或许这些话说得过于绝对,但我们所见事实是,从通都大邑到穷乡僻壤,乃至在世界各国城市,到处都有操浙江口音的投资者和生意人,到处都有以"浙江村""温州街""义乌城"命名的地方。浙江人到底是怎样的人,他们呈现的是一种什么样的浙江风貌和浙江精神呢?

一、浙江人口的变迁与流动

(一)浙江人口的变迁

浙江远古人类最早可追溯到距今约 5 万年前旧石器时代的"建德人",他们在浙江西部山区繁衍生息。其后是新石器时代创造的河姆渡、马家浜、良渚文化的原始人类,他们已经在条件优越的山间盆地与河谷平原地带过起了刀耕火种的生活,燃起了稻作农业文明的点点星火。夏代以后,绍兴会稽山区的"于越"人冉冉兴起。他们不仅参加了公元前 11 世纪周朝廷的朝聘活动,而且在大约公元前 6、7 世纪时,于钱塘江东南岸建立了位于浙江境内的第一个国家——越国。春秋时期称霸中原的越国,估计有四五十万人口。战国时期,越为楚所灭,越人流散,遍布浙江、江西、福建等地,成为秦汉时期"百越"族的祖先。

秦汉时期,朝廷在吴越旧地设置会稽郡,其中 18 个县属于今浙江北部和中部的范围。加上属于丹阳郡的故鄣、淤潜两个县,到西汉元始二年(公元2年),这20个县的总人口(不包括东瓯国)为76.68万余人。这是浙江有文字记载的最早人口统计。

东汉至唐,浙江相继增郡置县。到唐朝后半叶(756—907年),浙江省有10郡53县。至此,浙江省的行政区划基本定型。迄清朝的嘉庆末年(1820年),浙江共设立了杭州、嘉兴、湖州、宁波、绍兴、台州、金华、衢州、严州、温州、处州11个府。郡守县治的设立,以一定数量的人口为基础,是经济开发到一定程度后政府管理需要的反映。

从人口的绝对数来看,公元2年至19世纪中叶的1850年,浙江人口呈阶梯式的增长态势。历经两汉、两晋、南北朝,江南逐渐得到开发,在公元2年到464年的460多年中,浙江人口突破百万大关,达到122万人。唐宋时期,江南得以大开发,中国经济重心南移,人口迅猛增长。南宋年间,浙江人口突破千万大关。元明以迄清初,大致保持了南宋以来的人口规模。清康熙"滋生人丁,永不加赋"的政策,及雍正的"摊丁入亩"制度,改变了中国传统的以丁为主的赋役制度,不仅消除了百姓申报户口的顾虑,而且把过去所忽视的游民、船民、乐户、惰民等编入户册之中,加上此一时期经济发展,社会安定,因而清中期以后,浙江与全国一样,人口暴增。道光末年(1850年),浙江人口一举突破3000万大关。19世纪50年代,浙江人口大致保持了这一规模。

第二次鸦片战争以后的近代90年间,浙江人口先是锐减,然后缓慢回升。1861年,太平军入浙,浙江不幸沦为战场。战争、瘟疫与天灾,使得浙江人口锐减。十几年间,浙江人口从以前的3000万人的高峰锐减至1874年的1084万人的低谷。此后,浙江人口缓慢复苏。整个19世纪末,浙江人口保持在1100多万人的规模。民国年间,大多数年份浙江人口在2100万人左右徘徊。人口缓慢发展的态势,与近代以来的战争、政局动荡、赋税沉重、经济凋敝与天灾等,是密切相关的。

新中国成立以后,由于政局稳定、生产发展、生活和医疗卫生条件改善,浙江人口总量快速增长。1949年浙江总人口为2083万人,1966年再次突破3000万人,1985年突破4000万人大关;2012年浙江总人口为5600万人,居全国第10位。[①] 2019年年末,浙江常住人口5850万人。浙江先后

---

① 1985年以前的数据为户籍统计数,1990年及其以后为年末常住人口数据,下同。

出现了两个人口增长高峰期:一是 1952 年至 1958 年;二是 1962 年至 1970 年,每年人口自然增长率都在 20‰以上。两个高峰期之间的 1959 年至 1961 年,是三年困难时期,生育率相对较低,人口增长较慢。通常情况下,高人口自然增长率实际上是高人口出生率的直接反映。上述两个人口增长高峰期,实际上就是新中国成立以来的两个人口生育高峰期。1971 年以后,尤其是党的十一届三中全会以后,计划生育工作逐渐上升为国家工程,人口出生率和自然增长率大为下降。自 21 世纪以来,浙江人口出生率控制在 10‰左右,人口自然增长率在 5‰以下。

随着人口增长,浙江人口密度越来越大。两汉时期,人口密度高的地区,如会稽郡,每平方千米有 12 人,低的地区,如丹阳郡,每平方千米仅 7 人;唐代中期增长到每平方千米 31 人;元初每平方米为 91 人,人口密度居全国之首;明初每平方米为 114 人(1393 年)。1933 年每平方千米为 201 人,仅次于江苏,居全国第 2 位。1949 年每平方千米为 205 人,1978 年为 368 人,1990 年为 407 人,2004 年为 450 人,2010 年为 534 人。

浙江人口占全国总人数的比重,经历了一个从低到高、再从高到低的变化轨迹。两汉时期,浙江地广人稀,浙江人口占全国总人口的比重在 2%左右。唐宋以后,浙江逐渐成为中国经济中心之一,以至于元初浙江人口约占全国总人口的 17%以上,创历史最高纪录。清代的浙江为江南富庶之地,人口密集,占全国人口比重仍然较高,约为 7%。民国时期,人口比重持续下降,1912 年为 4.76%,1928 年为 4.35%,1949 年降为 3.85%。新中国成立以来进行了 6 次人口普查,在这 6 次普查中浙江人口占全国总人数的比重均在 4%左右。2019 年年末全省常住人口 5850 万人。

总之,有数据记载的浙江两千多年的人口发展历史,呈现出人口绝对数增长、人口密度越来越大的变迁轨迹;清代以来,其占全国人口的比重,则呈现出持续下降的趋势。尽管如此,近代以来,浙江以占全国国土面积仅 1.06%的比例,养活了全国 4%左右的人口,浙江对全国的贡献可见一斑。

(二)浙江人口的流动

第一,战乱导致的人口变动。

战乱导致的人口变动首先表现为人口损亡。东晋孙恩、卢循领导的农民起义,是较早较大的一次人口流动。起义军队伍达"数十万众",他们转战浙江各地,后兵败而终,死亡人数达 20 余万人,其中绝大多数是浙江人。类似的还有隋末刘元进发动绍兴、湖州逃避兵役、徭役的数万群众起义,唐初睦州(淳安)妇女陈硕真组织的农民起义,唐末裘甫领导的台州农民起义,北宋末年方腊领导的农民起义等,起义失败后,都有万余或数万农民被杀。尤其是方腊领导的农民起义,队伍发展到近百万人,浙江 6 州 52 县被卷入其中,兵败被杀者 7 万多人,被"招安"的老幼有 40 余万人。

战乱也导致人口的大规模迁移。西晋末年,中原发生"八王之乱",北方少数民族乘机入侵,晋元帝将都城由洛阳迁往南京,建立东晋。大批士族连同其家兵、宾客,以及普通老百姓等,随同南迁至南京、扬州、镇江等苏南各地,史称永嘉南渡,其中也有部分人口迁移到浙北。南宋时期,宋室南迁,杭州成为都城,北方流民大批迁入,"云集两浙,百倍常时"。有关地方志记载,百余年中,浙江各州府人口增加在一倍左右。15 世纪,倭寇猖獗,杀人越货,浙江沿海居民不堪其扰,纷迁内地定居。1949 年前后,随着国民党败退台湾,随同国民党去台的浙江人在 17 万人以上,其中以舟山群岛和大陈岛的居民为多。

第二,开发建设、移民戍边或加强治理导致的政策性移民。

春秋时期,为发展经济、积蓄国力,继位不久的越王勾践发动了一次大规模的人口迁移运动,把于越部落活动中心从崎岖狭隘的山区,迁移到北面的山麓开阔平原,并加强了对沼泽平原的改造利用,此举为越国社会经济的发展创造了有利条件。秦始皇统一六国以后,在公元前 210 年东游会稽郡,下令浙东越人迁移到浙西的乌程、余杭等地。西汉时期有两次大规模的政策性移民,一次是汉武帝将地处温、台一带的东瓯国,举国迁往安徽西部的江淮地带,总数约 4 万人,此举使"东越地遂空",浙南一带人口大减。另一次也是汉武帝,迁关东贫民充实陇西和会稽 5 郡,总数达 72.5 万人,平均约有 14.5 万人迁入浙江。三国时期的孙吴,曾用武力驱赶浙皖交界山区的山越人到附近平原地区生活,范文澜《中国通史》估计,总数 20 余万人,其中有 10 万人左右在浙江境内。另外,清军攻占浙江后,为加强其统治,许多满族官员统率旗兵(包括蒙古兵)屯驻浙江各地,大部分成为浙江的永久居民。这些旗兵加上家眷,估计有 20 万人。与此类似,1949 年前后,南下的革命干部和解放军部队,至少有万人在浙江工作和定居下来。

新中国成立后的集体化时期,由于实行计划经济和城乡二元治理模式,与前后历史相比,人口几乎不流动是这一时期最显著的特点。尽管如此,政策性移民仍然大量存在,构成了这一时期人口流动的主流。其中,主要是城乡间的迁流。"大跃进"时期,全省招收了 120 多万农村人口进城。随后,由于国民经济困难,1961 年至 1966 年,不得不精减 101 万城镇职工和居民,让他们下乡,其中包括部分知识青年。1968 年,开始动员知识青年下乡落户,到 1980 年,陆续动员 57 万人下乡。其中,省内安置近 50 万人,宁夏、黑龙江、吉林、内蒙古等边远省份安置 7 万多人。"文化大革命"结束以后到 20 世纪 80 年代初,按照国家政策,约有 80% 的下乡知识青年又陆续返回城镇。

地区间的人口迁流则有支援宁夏建设移民和库区移民。1958 年,中央决定动员内地青年支援边疆和少数民族地区社会主义建设。随后两年,浙江先后动员两批近 10 万青年及部分家属迁往边疆和少数民族地区。20 世纪 50 年代末,为了修建新安江和富春江水库等大型水利工程,全省先后将 32.8 万人迁往浙西、浙南山区。由于思念故土、水土不服、生活困难、安置不妥善等原因,不少移民流回库区,好在江西省帮助安置了 10.8 万水库移民。另外,各有万余移民分别流往江西和皖南,解决生计。

第三,商品经济发展形成的人口自由流动。

人口向城镇集中是一种主要表现形式。唐宋以来,江南地区逐渐成为中国的经济重心,市镇数量越来越多。宋朝时期一般县仅一两个镇,清朝时期大都增至 10 余个,多的甚至有 30 多个。市镇数量的增多意味着居民数量越来越多,尤其是杭州、宁波、温州等大城镇,明清以来不仅是省内的大都市,而且是海外贸易的重要口岸,人口聚集效应明显。其中,杭州最为典型。唐朝初期杭州人口有 15 万之众;北宋初年,户口增加一倍有余;南宋建都于此,人口达百万人以上,府城在 20 万人左右。此后战乱加迭遭大火,人口一度减少到数万人。进入 20 世纪以后,杭州城市人口迭增,1927 年达 38 万余人,1949 年达 62 万余人,1990 年达 236 万人,2010 年达 637 万人,2018 年达 980 万人。

人口城镇化比率可以直观地说明人口流动的现状和趋势。清朝的宁波府鄞县,市民数约占全县人口总数的 7.2%。这一数据大致反映了清朝沿海城市的人口城镇化水平。新中国成立后的前 30 年中,人口城镇化在低水平徘徊,在 15.0% 以下。改革开放以来,城镇化水平突飞猛进,人口城镇化率从 1982 年的 15.0％增长到 2010 年的 61.6％。

人口跨县、跨省流动是另一种主要表现形式。例如,原居住在福建、广东等地的畲族,从 18 世纪开始陆续迁入浙江的温州、处州山区等地,到清朝末年,人数达 10 万人左右。蔚为壮观的是 20 世纪 80 年代尤其是 21 世纪以来,改革开放大潮带来的人口流动洪峰。据人口普查资料,2000 年,省内跨县(市、区)流动的人口为 173.74 万人,流出省外的为 207.31 万人,省外流入的为 368.89 万人;2010 年,浙江流出省外人口为 284 万人,流入人口则为 1182.40 万人。

上述数据说明了改革开放以来,浙江人口三个变化趋势或特点:一是浙江人口流动的规模越来越大,人口流动的数量从 20 世纪 80 年代的以万计、数十万计到 20 世纪 90 年代的以数百万计,再到 21 世纪的以数千万计。二是作为全国经济发达地区,浙江承接了来自全国的大量流动人口,已经成为了人口的净流入区。三是浙江人口流出、流入量均居全国前列,是全国少数几个巨量人口流出、流入的省份之一。

二、浙江人的品格与浙江精神的形成

(一)求真务实的理性品格

所谓人的品格,通常是指人后天养成的,在思维方式、行为习惯和为人处世方面所表现出来的固有个性。浙江人民求真务实、脚踏实地的理性品格,是浙江人的品格的首要体现。由于艰苦的自然条件和环境的塑造,浙江人为了求生存,从不好高骛远、凌空蹈虚,而是面对现实,脚踏实地,埋头苦干。

浙江人求真务实、脚踏实地的传统,不仅体现在浙江先民的生产实践中,而且集中体现在浙江学人的学术思想和实践中。从东汉的王充到南宋的浙东学派,从明代王守仁的阳明心学到明清之际黄宗羲的经史之学,乃至近代的龚自珍、章太炎、鲁迅等,他们都对现实社会有着强烈的关怀意识,奉行知行合一、与时俱进,主张修实政、行实德、建实功,反对因循守旧、墨守成规。"求真务实"是浙江学人一以贯之的文化基因。这种求真务实的学术传统,源自浙江先民的生产实践和理性思维,深深影响了后世浙江人。

浙江的崇商传统就是浙江人从本地区实际情况出发做出的现实理性选择。几千年的中国传统社会,一直奉行重农抑商的政策,向来有轻视商业、鄙视商人的顽固传统。但浙江地区却自古就有较浓厚的商业氛围,浙江人有较强烈的商品意识,因为"商业为末"的儒家说教并不能帮助浙江人民解决生存和温饱问题。土地不足、资源匮乏、台风和洪涝灾害肆虐等劣势自然条件迫使一批批浙江人不得不背离"以土地为生"的习惯,转而通过商业活动和市场交换来获取基本的生活资料。如果离开了商业活动,浙江人就吃不饱饭,就要饿肚子,这是最现实的道理,是不言自明的道理。正是在这样的社会现实下,浙江出现了提倡事功之学的永嘉学派,出现了提倡"工商皆本"的思想家,他们强调经世致用,为工商正名,主张发展商品经济,重视功利。

这种求真务实的思想传统又进一步强化了浙江人的务实精神。在浙江人的眼里,行业本身无贵贱之分,能否赚钱才是最重要的。在浙江人的眼里,皮肉之苦不算苦,最苦的是人格之苦。为了赚钱,什么苦都可以吃,他们可以通过"千辛万苦、千言万语、千山万水、千方百计"去做别人做不成的事情,去做别人做不来的生意。"白天做老板,晚上睡地板"就是浙江人的生动写照。这种"务实"精神构成了浙江人工作价值观的重要特征。有些时候,浙江人吃苦耐劳的程度简直不可想象,令人感叹。

浙江人正是凭着这样一种面对现实、脚踏实地、勤奋学习、少说多做的求真务实精神,走向社会、走向市场,最终成就了自己的事业。他们往往就是某些行业和工种的行家里手。中药店伙计的"一手撮"、布店店员的"一尺准"、肉店师傅的"一刀准"、账房先生的"铁算盘"等,其精良的手艺、内行的业务使得他们在经营管理上有主动权,这正是其事业成功的坚实基础。宁波的很多商人是从学徒做起,从易而难,慢慢发展成为大富商。

浙商就是这样一批面对现实、脚踏实地,通过实干、苦干、硬干成长起来的浙江人的代表。有人做过统计调查,大约 90% 的浙江民营企业精英,均出身贫寒,他们的出身是农民,是苦力,或是裁缝、修鞋匠、打铁匠等小手工业者。万向集团董事局主席鲁冠球是打铁匠出身,正泰集团董事长南存辉曾是修鞋匠,横店集团董事长徐文荣是农民出身,雅戈尔集团董事长李如成也是农民出身,德力西集团董事长胡成中曾是裁缝,奥克斯集团董事长郑坚江曾是汽车修理工,娃哈哈集团董事长宗庆后曾是打工仔,新光饰品公司董事长周晓光曾经是农民,正大青春宝集团董事长冯根生最初是胡庆余堂的小学徒,华立集团董事长汪力成曾是临时工,万丰奥特集团董事长陈爱莲开过拖拉机,美特斯邦威集团董事长周成建摆过地摊,奥康集团董事长王振滔做过木匠。

　　求真务实、脚踏实地的精神品格在来自草根的浙商企业家身上体现得淋漓尽致。求真务实、脚踏实地的传统让浙商们最终修成正果,也让浙江人受益无穷。

案例 4-1

改革开放 40 年杭商发展之经典

　　2019 年 5 月,改革开放 40 年杭商发展经典案例名单重磅发布。18 个案例,是杭商艰苦创业的浓缩,这里展现其中一部分:

　　乡镇企业"异军突起"逐新路——万向集团从农机厂发展成国际汽车配件的中国"领头羊"企业,西子联合集团从造电梯迈向造大飞机部件的跨越式发展,万事利由一家乡镇小厂成长为迈向国际的高端时尚品牌……在企业创造、市场完善、政策支持等条件上实现了有机结合。

　　国企改革"凤凰涅槃"获新生——从 20 世纪 80 年代初开始,一轮轮国企改革"攻坚战"为杭州国企"涅槃"打下坚实基础。杭叉股份有限公司、王星记扇厂等企业的发展历程,是杭州乃至全国国企改革的一个缩影。

　　娃哈哈、吉利兼并实现新飞跃——1991 年杭州娃哈哈营养食品厂兼并杭州罐头食品厂,并在 3 个月后实现新增利润 200 余万元。2010 年,吉利收购沃尔沃,被认为是中国民营企业最成功的海外并购样本。以"小鱼吃大鱼"为特征的娃哈哈以及以"蛇吞象"为代表的吉利集团等一大批杭企,在中国民营经济发展史上留下重要一笔。

桐庐现象演绎快递行业传奇——诞生在桐庐的申通、韵达、圆通、中通，占据全国快递行业近60％的市场份额，带动就业人数100余万人。在资本市场上，"三通一达"积极完成股份制改革，相继在证券交易所公开发行股票挂牌上市募集资金，市值近2500亿元。

阿里巴巴一家企业改变一座城市——杭州的宽松政策环境、优良的创业基因和开放包容的城市特质为阿里巴巴的诞生、成长提供了沃土。阿里巴巴的迅速发展与壮大也提升了杭州的国际知名度，让杭州拥有向具有全球影响力的"互联网＋"创新创业中心进发的原动力。

从"天堂硅谷"到"硅谷天堂"的全国数字经济第一城——21世纪初，杭州市委作出了"实施一号工程，建设天堂硅谷"的战略部署。如今，电子商务、移动互联网、数字金融、软件与信息服务、云计算与大数据领航产业发展，阿里巴巴的云计算、网络设备供应商华三通信、智慧安防海康威视等一批顶尖企业不断涌现，杭州已被称为"硅谷天堂"。

杭商大会开启"杭商"品牌的十年之路——杭商是杭州最宝贵的财富，是杭州和谐创业发展模式的典范，是中国经济崛起的样本。2009年首届杭商大会在杭召开，提出要打响"杭商"品牌。随着品质杭商评选、杭商论坛、世界杭商大会的启动以及杭商研究会、杭商研究中心的相继成立，围绕杭商研究和服务的成果不断涌现。

西湖论剑到云栖大会助力杭商创新辉煌——从地方网站峰会到阿里开发者大会、云栖大会，它是杭州"数字经济"发展的缩影。银泰百货的"银泰网"通过上云保证客户的顺畅体验；世纪联华落地第一家智慧商超；在ET工业大脑的加持下，中策橡胶密炼工序的良品率最高提升了5％……数字经济的发展，推动着杭商转型升级。

——摘自《杭州日报》2019-05-16

（二）兼容并蓄的开放创新品格

海纳百川、兼容并蓄的开放性，以及破旧立新、引领潮流的创新性是浙江人的主要品格之一。开放创新的品格根植于独特的地理环境和人文历史传统。

浙江地处欧亚大陆的东南角，东临东海，有着漫长的海岸线和众多的岛屿，与日本、韩国隔海相望；南邻福建、台湾；西接江西、安徽；北连江苏、上海。背靠腹地和内陆、身处沿海和面向海洋的地理区位，使浙江不仅便于与国际市场、海外文化息息相通，而且便于与国内市场、内陆文化紧密相连；不仅携手中国沿海发达地区共同开拓，而且有祖国广大腹地作为坚强后盾。从这个意义上讲，浙江人是开放的，是不排外的，是兼容并包的。

独特的人文历史传统赋予了浙江人更多兼容并蓄、开放创新的性格。秦汉以来，杭州、宁波、温州等沿海地区的人们通过出海、航海，不仅到过沿海其他省份，以及日本、菲律宾、马来西亚等许多国家，而且与其建立了密切的商业往来关系。这种海内外交流并不因明清的海禁政策而完全中止，浙江的海洋经济依然持续发展、海洋文化持续繁荣。浙江与内陆文化的交流更多地得益于历史上多次的人口迁入。汉武帝时十多万关东贫民政策性入迁绍兴，西晋末年的永嘉南渡、唐末政局动荡导致大规模中原人口南迁，以及北宋灭亡、南宋定都杭州前后北方移民再次涌入；多次大规模人口的迁入，不仅改变了浙江的人口结构，而且为浙江带来了先进的外来文化、先进的生产方式。千百年来，依赖山隘、河流和山间密如蛛网的古道，越文化与中原文化、闽文化、赣文化、楚文化等其他地域文化进行了频繁而密切的交流。

浙江人以博大的胸怀，与各种外来文化展开交流与激荡，取人之长，补己之短，海纳百川，不断地充实自身。在此过程中，浙江人不但变得更加开放和兼容并蓄，而且学会了与强者共舞，最终实现了自我激励与自我创新。

浙江人的开放创新在思想方面表现得尤为突出。历史上的几次大移民潮带来了大量的外来文化和思想，但浙江学者不迷信权威和经典，而是借鉴比较，独立思考，结合生活现实提出自己的观点。从个性鲜明的浙东学派到知行合一的阳明心学，从民主思想启蒙的黄宗羲到"不拘一格降人才"的龚自珍,无不如此。这些思想家的言行、著述和思想,充分彰显了浙江学人一以贯之的学术创新精神。他们的思想和思维方式,孕育于民间,又作用于民间,潜移默化地影响了浙江人,为改革开放以后的浙江人尤其是浙商突破政策藩篱、摆脱一元价值观困扰奠定了思想基础。

浙江人发展经济,没有现成的榜样可以学习,没有现成的教科书可供参照,更没有红头文件指路,一切都是依靠自己的探索与尝试。这些貌不惊人的浙江人,开创了改革开放后经济领域的诸多全国第一。他们思想解放,勇于开拓,敢冒风险,会做生意。他们不会外语也敢出国创业,走遍世界。全球到处都有操浙江口音的生意人,到处都有以"浙江村""温州街""义乌城"命名的地方。这背后体现的无一不是浙江人开放创新的品格和精神。正是这种敢为天下先的精神,支撑着浙江人一步一步走向成功,走向财富之路。

(三)诚信智巧与顺势应变的品格

中国商人的鼻祖陶朱公范蠡原为越国的大臣,他从商致富最重要的秘诀就是"诚信""无欺"和"公平"。在杭州北高峰的财神庙里,至今仍供奉着这位"浙商"始祖的"致富秘籍"。可见,"诚信"作为浙江人的经商之道由来已久,并被历代浙商奉为从业价值观。

龙游商人历来坚守"财自道生,利缘义取"的品格,在市场中获得了良好信誉。大纸商傅立宗生产销售的纸张,质优价廉,其纸品统一加印"西山傅立宗"字号,以示信用和质量保证。南浔大丝商刘墉在合作伙伴去世后,依然诚信仁义地对待其后人,公正地分割资产;在商品买卖上,注意从大处着眼,不计较小利得失,提出"于钱财出入,寸宜宽,尺宜紧"。宁波商人开设的钱庄更是以信誉闻名于世,所出汇票通行上海,西方人也乐意接受。

诚信是浙江人的内在品格,不是外在的表象。近代上海滩"五金大王"叶澄衷发迹之前就是这样一位表里如一的诚信浙江人。叶澄衷早年在黄浦江摇舢板卖食品罐头和日用杂货。一天,他受一位英国洋行经理所雇,从小东门摆渡到浦东杨家渡。船靠岸后,洋人因事急心慌,将一只装有贵重物品的公文包遗失在舢板上。叶澄衷发现后没有据为己有,而是在原处等候失主归返。直至傍晚，那位洋人在到处寻包不见后懊恼地返回，没想到包就在舢板上，更没想到船工一直在等着他。一个中国苦力竟有如此品德，令洋人十分感动，他拉着叶澄衷到自己的公司，诚恳地邀请他一起做五金生意。从此，叶澄衷走上商途，通过诚实经营成为"五金大王"。

叶澄衷从一个普通的浙江人到著名的浙商，依靠的是以诚待人、诚信致富的品质。新时代的浙商更是深深懂得，诚信是保证市场经济发展的道德基石。诚信可以使资源得到优化配置和充分合理利用，可以提高效率、降低交易成本，从而实现利润和效用的最大化。

奥康集团董事长王振滔就是这样一位注重信誉、讲究诚信的新时代浙商。他对产品问题从来不手下留情。在一批正待装运出口的高档皮鞋中，他得知有 180 双鞋的商标贴歪了，于是毫不犹豫地操起剪刀将鞋全部剪毁，他说："对于奥康来说，最值钱的是消费者的信任，决不能干杀鸡取卵的事。"在另一笔意大利客商的订单中，投产时发现每双皮鞋最少要亏 1 美元，王振滔还是严格履行了协议的承诺。他说："既然签了合同，就是亏本了也要做，奥康多赚 1 美元少赚 1 美元并不重要，重要的是要恪守信用。"

阿里巴巴创始人马云认为，"财富并不只是金钱，诚信才是世界上最大的财富"。他不仅是诚信的信奉者和践行者，而且是电子商务诚信体系的构建者。2002 年，阿里巴巴全面推行"诚信通"；2003 年淘宝网创建以后，又推出了"支付宝"。这两项举措突破了长期困扰中国电子商务发展的诚信、支付、物流三大瓶颈，被誉为"电子商务发展的一个里程碑"。马云的诚信体系构建，不仅使淘宝网的销售额成几何级数增长，而且将浙江人的诚信品质转化为对所有网店、网友的要求，促成了广大网店、网友诚信品质的养成。

浙江人讲究诚信，是对市场规则和法治社会的尊重。除此之外，他们还具有智巧的优秀品质。俗话说："绍兴师爷湖南将。"绍兴自古以出足智多谋、灵活圆通的谋士而闻名天下。实际上，绍兴师爷不过是浙江人智巧的代表而已。浙江各地人无不以头脑灵活、长于交际、善于经营、富于机变而给人以深刻印象。

浙江人的智巧表现在生活的方方面面，尤其表现在经商创业上，浙商因而被人们称为"智商"。他们目光精准，对市场有着敏锐的洞察力和超前的眼光，常常引领市场投资潮流。在传统经营活动中，宁波等地商人就灵活地采用了招徕术、红票、红圈奖和归工等独特的经营之道。近代历史上,在票号、典当、银楼、钱庄等传统金融业出现衰落的苗头时,浙商及时转向投资新式银行业,从而避免了像晋商与徽商那样衰落的命运,顺利实现自我转型。当欧元问世之后,细心的浙商发现欧元纸钞尺寸稍大,原来的钱夹不好放,于是迅速设计并生产了新的欧元皮夹,满足了市场需求,现在欧洲市场到处都是浙商设计的欧元皮夹。21 世纪初,中国南方等地频现"电荒",浙商敏锐地察觉水电是一个有利可图的投资领域。在不到一年的时间中,浙江惠明能源投资公司、浙江广厦集团、宋城集团、凯利达集团等浙江民营企业相继投资西部水电,资本多达数百亿元。

浙江人最会"无中生有"。浙江桐乡不出羊毛,却有全国最大的羊毛衫市场;浙江余姚不产塑料,却有全国最大的塑料市场;浙江海宁不产皮革,却有全国最大的皮革市场;浙江湖州没有大片森林,却有全国最大的木业加工市场;浙江东阳产竹不多,却有全国最大的竹席加工基地。

浙江人具有远见卓识,能适应时代潮流,不失时机地调整经营业务。民国时期,虞洽卿预料上海的繁荣地段必将扩展到苏州河以北,于是事先在人稀地偏的宝山路顺福里和海宁路东唐家弄等处购置大片地产,同行中人对此大为不解。可时隔不久,这一带地价猛涨。1947 年,宁波商人王宽诚刚到香港时,香港经济落后,地价很低。王宽诚预见几年后香港必定繁荣,于是果断在新界购进大片土地,建造高层住宅,因经济萧条,建筑商抢着薄利承包。1949 年,大批达官巨商蜂拥香港。王宽诚以极高的价格售出房屋。21 世纪以来,浙商发现新型干法水泥产业在国外迅猛发展,预料到国内水泥业即将发生生产方式的革命,于是筹资约百亿元加盟这一领域,率先引进新型干法水泥生产方式,形成了足迹遍布全国 26 个省(自治区、直辖市)的投资格局,催化了全国水泥产业的裂变。凭借着审时度势、富于机变的品格,浙江人在商界立于不败之地。

视频 4-1

顺势应变:风云浙商潘阿祥和他的阿祥集团产业
(视频来源:浙江经视)

案例 4-2

书店开上天安门

有一年,温州人范鸣强带着妻子和孩子登上了向往已久的天安门城楼。

站在天安门城楼上,四周雄伟壮丽的景色让范鸣强激动不已。但当他在城楼上走完一圈后,他感觉城楼上有些空空荡荡的,仿佛少了一些什么。突然,一个大胆的念头浮现在他脑海里:为什么不能在城楼上开一家"马列书店"呢?店内以红黄的"国旗色"为主色调,墙壁上高挂伟人的画像,店里所卖书籍都是伟人的经典著作。

当时,天安门广场以及天安门城楼规定:一不准做广告,二不准做生意。所以,当范鸣强把他的想法告诉周围的朋友时,朋友都用嘲笑的口吻对他说:"别开玩笑了,那种地方会让你开书店吗?"可范鸣强却始终认为自己的眼光肯定没错。

刚好 1999 年是新中国成立 50 周年,也是马克思主义传入中国 100 周年,我国正计划举行大规模的庆祝活动。范鸣强感觉机会来了,于是,他毅然带着自己的策划方案,敲开了天安门城楼管理处的大门。

管理处的人看了范鸣强的策划书以后,当即拍板,同意了他开书店的要求。同时,为了表示有关部门对"马列书店"的支持,天安门城楼管理处还免去了范鸣强的租金。就这样,范鸣强把书店开到了天安门城楼上,也从那时起,天安门城楼上有了营业性的商业网点。

范鸣强用实际行动告诉我们,敢想就要敢做,同时还要顺时应变,将"不可能"的事情通过自己的努力变为可能。

三、浙商及其特色

（一）历史上的浙商

自古以来，浙江是中国商品经济发达地区之一，有着悠久的商业传统。中国商人的鼻祖——陶朱公范蠡，诞生于春秋战国时期的越国。东吴时期的杭州湾，常有商人活动。隋唐时期，已有商船出海贸易，民间贩夫走卒活跃各地。两宋时期，杭州为东南第一都会，杭州、宁波、温州等诸多海港，商旅往来不绝，商路四通八达。明清时期，作为我国资本主义萌芽最早和最为繁荣地区之一的浙江，其地域性商业群体——龙游商帮、宁波商帮、杭州商帮、绍兴商帮和婺州商帮等众多的浙商竞相崛起。到了近代，以宁波商帮为代表的浙商，逐渐成长为中国经济发展的排头兵和领军群体。历史上的浙商，不但创造了中国古代商业文明的持续繁荣，而且彰显了地域商业文明的非凡活力，谱写了越地商业文明的辉煌篇章。

第一，龙游商帮。

龙游商帮是指以龙游县商人为中坚，包括衢州府所辖常山、江山等各县商人的衢商集团。

南宋时期，龙游商人大多从事本地土特产的买卖，涌现了一批经营本地纸张、木材、丝绸外销的纸商、木商和丝绸商。明清时期的龙游商人蜚声全国，有几个显著特征：一是人数众多，全县出现"经商热"，最多时商人竟然占了全县人口的一半以上。二是经商足迹遍天下，无论是在京津湖广等通商大埠，还是在西北西南等偏远省份，都有龙游商人的经商足迹，故有"无远弗届，遍地龙游"的说法。三是经营行业广泛，龙游商人以从事纸张业等文化产业和珠宝业为主，也从事土特产的贩卖，还涉及药业、采矿业和海外贸易等，是名副其实的"百货商"。

鸦片战争以后，由于中国近代经济区位、交通大格局等的变迁，以及龙游商人本身的一些缺陷，光绪以后龙游商帮趋于衰败。清末至民国时期，龙游本地的商业也大都落入外地商人之手，"遍地龙游"之说成为绝唱。

第二,宁波商帮。

与龙游商帮并起的是宁波商帮。宁波为浙东海上门户、天然良港,商业传统历史悠久,秦汉时期就有海外贸易,唐宋时期的市舶商船可通达日本、朝鲜、柬埔寨等海外各国,是我国著名的"海上丝绸之路"的起点之一。明清时期的宁波人,掀起了此起彼伏的反海禁斗争,海上私人贸易规模空前,声势浩大。

海外走私贸易毕竟是违法危险的事,随着时间的推移,在国内各地合法行商逐渐成为很多甬商的自愿选择。明末清初,宁波商帮的主要活动区域在北京,此后进一步扩展到天津、营口、汉口、上海等商业重镇。宁波商帮经营的行业十分广泛,但以经营钱庄、药堂、缝纫店闻名于世。北京的恒兴、恒利、恒和、恒源四大钱庄,均有 200 余年的历史,经纪均为甬商;中国现存的 81 家中华百年老药铺中,甬商创办的有 13 家,包括宁波乐氏家族的北京同仁堂。凡有宁波商帮的地方,几乎都建有会馆。他们利用会馆,结帮经商,互通信息,相互扶持,以至于实力渐增,影响日隆。

第三,近代浙商。

视频 4-2

浙商的精神家园
——透过浙商博物馆看到的浙商世界
(视频来源:浙商博物馆)

到了近代,浙商逐渐成长为中国经济发展的排头兵和领军群体。以宁波商帮为核心的浙商,在世界的东方明珠,中国近代的贸易、工业、金融等中心——上海,抢滩设点,叱咤风云,大显身手,创下了百年伟业,为上海乃至中国的经济现代化作出了杰出贡献。

在上海最初的"商业革命"中,浙商不但是洋布业、五金业、煤炭业、西药业、颜料业、煤油业、丝业和茶业等进出口贸易行业的最早经营者,而且是这些行业的领头者。浙商也是上海"工业革命"的核心实施者。据有关资料,清末至 1930 年,航运、水泥、仪表、灯泡、钟表、印刷、烟草、西服等 35 种民营行业的"沪上第一",均由浙商首先开办。它们的资本或产销额绝大部分占上海整个行业的 20%～50%,居于行业垄断地位。此外,浙商还是上海金融业的开拓者,是银行、保险、证券等新兴金融业的执牛耳者。

最具影响的同业组织上海总商会、上海钱业公会和上海银行公会,均由浙商发起或参与筹备创办,其实权主要掌握在浙商手中。这些商会和公会,以及以宁波帮"四明公所"为代表的浙江各地旅沪同乡会等,共同构成了一个有机的协调系统。20 世纪上半叶,这个系统一度成长为显赫的江浙财团。它创办并经营着大部分上海的工商产业,几乎控制了上海的经济命脉,对中国近代政治、经济、社会、文教卫、城市建设与慈善事业等产生了广泛而深远的影响。

(二)当代新浙商

历经传统社会主义的艰难探索以后,20 世纪 80 年代,中国开启了中国特色社会主义建设的新里程。秉持商业传统和精神的浙江人,再次迸发出极大的创业激情。改革开放 40 多年后的今天,浙江省已经成为我国民营经济的大省和强省,在其背后起支撑作用的,则是当代的新浙商群体。

最初的当代新浙商大多来自进城务工谋生的农村手艺人。在市场的诱发下,他们依托地方传统逐渐成长为办厂经商的创业者,并自发培育出具有浓郁地方特色的产业集群。义乌人发扬"鸡毛换糖"的货郎担精神,将家乡建设成全球最大的小商品交易市场;温州人利用"其货纤靡、其人善贾"的特点,逐步形成了皮鞋、低压电器、打火机、眼镜等有鲜明特色的产业群;永康人利用"百工之乡"的优势,发展出了专事小五金生产的企业群体,成为全国最大的五金产业集群;绍兴人借"日出华舍万丈绸"的传统经济资源,建成了闻名全国的中国轻纺城;宁波人依托"奉帮裁缝"的传统技艺,大力发展服装产业。在这片神奇的土地上,出现了中国甚至全球规模最大的专业市场群体和最具竞争力的产业集群。

如果将当代新浙商按照代际划分,大致可分为老、中、青三代。第一代以冯根生、宗庆后、鲁冠球等为代表,他们大部分出生在 20 世纪四五十年代,凭借"闯劲加机遇",依靠传统产业白手起家,是名副其实的"草根浙商"。第二代以陈天桥、马云等为代表,他们大多出生在 20 世纪六七十年代,改革开放时正好处于青年时期,他们在新时代依靠互联网等新兴产业而崛起为财富新贵。第三代是指出生于改革开放启动前后的年轻浙商,他们深受互联网和知识经济熏陶,正在生机无限的市场经济中打拼自己的事业。

浙商创办和经营的民营经济是浙江经济的主干,占了浙江省国内生产总值(GDP)的75%左右,在全国各省、自治区、直辖市中是最高的。截至2012年年底,浙江省私营企业总数达到78万户,其中,杭州、宁波、温州是私营企业发展的重要基地。浙江省在个体私营经济总产值、销售总额、社会消费品零售额、出口创汇额、全国民营企业"500强"企业户数等多项指标上,多年来连续位居全国第一。中国民营企业"500强"中,浙江省入选企业数量连续多年稳居榜首,2000年度,浙江入选企业171家;2007年度,浙江以203家入选企业遥遥领先;2011年度,浙江入选企业144家,占所有入选企业总数的29%。2018年,全国工商联公布的民营企业"500强"榜单上,浙江省进入榜单的企业有93家,占比18.6%,连续20年位列全国第一。浙江已毋庸置疑地成为中国民营经济最为活跃、资本实力最为雄厚的地区。

浙商是国内外最活跃的投资群体之一,浙江是中国最大的内资输出地。浙籍民营企业在国内很多省份的投资总额、企业总数和资产总额等多项指标,均居所在省(市)之首。浙商是我国边境贸易的开拓者和重要的经营主体,是我国兴边富民不可或缺的重要力量,据估算,其总数为10万多人。抢占国际商机,参与国际竞争,是很多浙商的新选择。初出国门的浙商主要是设立贸易公司或建设商品专业市场,推销中国的商品;后来发展为并购国外企业、开办工厂或建立工业园区。参与资源产业开发、在国外"圈地"发展现代农业,则成为浙商近年的投资新热点,主要集中在农林矿等产业。

哪里有市场,哪里就有浙商;哪里有财富热点,哪里就有浙江民间资本的影子。改革开放40多年来,浙商由少到多,浙商群体由小到大。最新数据显示,全国除西藏以外,省一级的浙江商会有30家,浙商总数大约有600万人,他们在省外设立了80多万家公司、企业等,投资总额超过1万亿元;全国4940个亿元市场中,浙江仅省内就有700个,位居全国第一;截至2011年10月底,浙商在境外创办了各类企业5031家,累计投资105.69亿美元,覆盖了全球138个国家和地区,位居全国第一;在海外经商创业的浙江人,达到了150万人。当代新浙商"人数最多,分布最广,实力最强,影响最大",已成为名副其实的"天下第一商帮"。

2011 年 10 月,首届世界浙商大会在杭州召开,来自世界各地的浙商精英、著名专家,包括全球 500 强总部、世界名企、央企等单位负责人一同共议浙商发展,共谋浙江未来。2011 年 10 月 25 日,与会浙商联名发布了《首届世界浙商大会宣言》,其内容集中体现了浙商的现代企业家精神。

案例 4-3

首届世界浙商大会宣言

商圣之地,事功之学,浙商之脉,源远流长。改革开放,春风化雨,万千草根,创业创新。七千年文明哺育,三十载改革洗礼,浙商有幸成为响亮名号,我们有幸成为浙商一员。天下浙商,值此盛会,倍感自豪,倍觉责任,感慨系之,特以宣言。

一、我们当秉承浙江精神。身为浙商,我们继承了浙江的文化基因、传承着浙江的人文精神。以创业创新为核心的浙江精神,是浙商精神所系、动力之源。我们当铭记自强不息、坚韧不拔、勇于创新、讲求实效的精神,铭记求真务实、诚信和谐、开放图强的精神,铭记创业富民、创新强省的精神,做浙江精神的实践者、推动者、发展者。

二、我们当立足创业自强。万业有道,勤勉得之。身为浙商,我们深知创业之艰难。我们起于草根,走遍千山万水,道尽千言万语,想尽千方百计,尝尽千辛万苦,终于从小到大、积微成著。我们曾困于险阻,但谨记不气馁、不等靠,白天做老板、晚上睡地板,筚路蓝缕、披荆斩棘,终于脚踏实地走出一条条新路。我们也曾喜于成功,但谨记不张扬、不虚夸、不浮躁、不自大,始终埋头苦干、注重实干。发展无止境,创业无穷途。今日浙商,又走到再次创业的关口。我们当坚守实业之心、创业之志。我们当以协助他人创业为己任,让创业成为风尚,以创业造福一方。

三、我们当着力自主创新。自主方能自强,创新才有进步。体制创新、科技创新、管理创新、文化创新,都是我们前行的动力和立于不败之地的法宝。我们要敢为人先,任时敏行,乐学求进,提升素质,把科技作为第一生产力,把人才作为第一资源,把品牌作为第一形象,把提升民族自主创新能力作为第一追求,让浙商成为真正的第一商帮。

四、我们当坚持科学发展。纵览世情国情省情,审视经济社会文化,我们深感转型升级正当其时。天下浙商都应深思,在全球竞争及环境约束加剧中如何把主业做精做细做实,把企业做大做强做久。我们当紧抓战略机遇期,深悟科学发展观,节约资源,实业兴邦,开辟浙商科学发展新境界。

五、我们当恪守诚信之本。诚为安身立命之本,信为鼎立事业之基。身为浙商,我们深知诚信的宝贵。正是手持诚信的金钥匙,浙商才打开了一扇扇通往财富与成功的大门。戒欺戒诈,浙商所传承;不诚不信,浙商所不容。无论艰困之际,无论成功之时,无论业内业外,无论待人待己,浙商务必恪守诚信,慎言慎行,自重自律。

六、我们当勇担社会责任。商之大者,为国为民。浙商岂能忘记,是时代造就了浙商,亦是政府作为激励和支持了浙商。浙商岂能忘记,力量来自于民众,财富来自于社会。天下浙商,无论大小,都当感恩社会,谨记富而思源、富而思进、富而思报。天下浙商,无论何方,都当谨记祖训,为祖国统一、民族振兴、国家富强、人民安康恪尽寸心、献其绵薄。

七、我们当谨记义行天下。财无姓氏,义有名归。浙商四海为家、四海为业,正是靠义行天下。我们当以抱团互助的传统,合心合力,众志成城,推动天下浙商携手并进。我们当以兼容并包的理念,博采众长,与人为善,与天下人谋合作、共成长。我们当以开明开放的姿态,热心参与国家各区域的开发建设,走出去而走进去,闯天下而立天下。

八、我们当合力回报家乡。家乡永远是我们的精神家园、情感归宿。天下浙商,反哺家乡,义不容辞。今日浙江正处于科学发展、统筹发展、转型发展、和谐发展的关键时期,家乡期待着所有浙江儿女的再奋斗再突破。天下浙商当不辱使命、奋发有为,情牵故土、造福桑梓,建立起外地与浙江的桥梁,建立起浙江人经济与浙江经济的纽带,建立起产业回归、智力回归、资源回归、财富回归、爱心回归的通道,构筑和谐劳动关系,为家乡的繁荣进步续写新的光荣和梦想。

沧海横流,九万里风鹏正举。全球浙商朋友们,创业创新只有起点没有终点,让我们以一颗赤诚之心回应祖国的呼唤、时代的厚爱、家乡的重托,再写传奇,再创辉煌。愿全球浙商——创业创新闻天下,合心合力强浙江!

首届世界浙商大会全体与会浙商
2011 年 10 月 25 日

(三)比较视野下的浙商特色

历史上并没有用"浙商"指称浙江商人群体的说法。浙商最初是对改革开放以来浙江籍经营商业和创办实业群体的特定称呼,后来也泛指历史上的浙江商人群体。

从整体上看,浙商有一些共同特点,如认乡谊、重人情、肯合作,视野开阔、开放创新、诚信智巧、求真务实等。但从浙江内部看,由于地理环境、交通区位、地方传统和政策环境等的不同,各地浙商还是个性鲜明的。像温州商人吃苦耐劳,勇于闯荡,灵活变通,曾以"温州模式"开中国经济改革开放之先声;台州商人踏实肯干,敢打敢拼,富有灵气,把"温州模式"逐渐演化为"温台模式";宁波商人毅力非凡,继往开来,吐故纳新,成功实现由传统向现代商帮的转型;金华商人勤耕苦读,精思巧为,海纳百川;杭州商人温文尔雅,厚积薄发,立意高远;绍兴商人刚柔相济,外圆内方,行事低调……

浙商与国内其他商人群体相比较,有一些共同点。历史上大多数商帮通常诞生于区位优越、交通便利、商品经济发达之所,或者诞生在山稠田狭、人多地少等自然条件恶劣的地区,因而不得不"舍本逐末"以养家糊口。在中国传统文化熏陶和市场历练下,所有商帮都秉承了一些共同的价值观和经营理念,如诚实守信、敬业勤劳、群体精神、勇于创新、灵活经营等。此外,几乎所有商帮都主张"君子爱财,取之有道";在物质生活方面,都崇尚勤俭持家,劳动致富,反对骄奢淫逸,铺张浪费。

然而,无论在古代、近代还是当代,浙商都有着自身显著的特点。

第一,明清时兴起的中国十大商帮,龙游商、宁波商、徽商和洞庭商以小地名命名,其他晋商、陕商、鲁商、闽商、粤商、江右商(赣商)等六大商帮都是以省级行政区域命名。十大商帮中,浙江一省占了两席,这或许与江浙地区悠久的商业传统和发达的商品经济有关。

第二,浙商是从传统到现代成功转型的独特商帮。明清十大商帮中,绝大多数都随着历史的变迁、政局的动荡在近代走向衰落。晋商如此,徽商也是如此。唯有宁波商帮,抓住并适应了近代时世变化,在大上海博采众长,引领潮流,实现了从传统商人到新式商人和实业家的华丽转身。20世纪40年代末,大批宁波人移居我国港澳台地区创业,后又扩散到美洲、大洋洲和西欧,形成了海外"新宁波帮"。到今天,作为全国重点侨乡,全省有150多万华侨华人,分布在170多个国家和地区。有趣的是,浙江中小民营企业的境外投资,99%分布在这些国家和地区。旧商帮与新浙商完成了无缝承继,国内浙商与海外浙商实现了完美对接。

第三,明清以来,浙商逐渐走向全国市场舞台的中心,成为最活跃的主角。毋庸讳言,明清时期全国市场舞台上唱主角的,不是浙商,而是晋商和徽商。到了近代,随着以宁波帮为核心的浙商在上海的风生水起,以及江浙财团的形成,浙商才成为中国商人群体的杰出代表。改革开放以来,浙商不仅以其草根出身创造了经济领域的诸多全国第一,而且以其活跃身姿出没于全世界。浙商无论是个体私营企业户数、创办企业数量,还是亿元市场数量、投资总额等,都居全国榜首。当代新浙商是名副其实的"天下第一商帮"。

第四,浙商具有极强的抱团意识,对"熟人经济"有强烈偏好,但并不封闭。遍布全国全球的"浙江村""温州街""义乌城"就是这样聚集起来的。在社区内部,彼此联系多,相知程度高,形成了所谓的"熟人经济"圈。这种抱团意识还演变成具有公信力的商会组织。温州商人是最好的例子,全世界只要有温州人的地方就一定会有温州商会。从某种程度上讲,基于血缘、地缘认同而建立起来的抱团意识是所有商帮的偏好。相较而言,浙商抱团却不封闭,也不排外,能与时俱进。

第五,浙商的本质是"民商",来自于草根,根植于草根。明清徽商、晋商和当代苏商本质上都是官商,他们的思维定式是"商而优则仕",和政治权力关系密切,最终随着政治集团的浮沉而兴衰。以浙商经济为主体的浙江经济是民本经济,是私营经济,从民出发,利归于民。因此,只有到了市场经济时代,"民商"即浙商才能也必然能成为主角。从某种程度上说,这正是当前浙江经济充满活力和无限生机的原因。

四、当代"浙商回归"工程

浙商是浙江经济发展的主力军。2012 年,浙江省人民政府将"浙商回归"作为"头号工程"提出来,希望通过此举能度过艰难的产业转型升级期,并为浙江经济转型注入新的活力。2012 年年初,浙江出台了《关于支持浙商创业创新促进浙江发展的若干意见》,为浙商回归企业制定了税收、土地等方面的优惠政策,还启动对 11 个市、20 个省级相关部门以及 29 个省外浙江商会的目标责任制考核,成立"回归引进"领导小组办公室。浙商回归工程正式启动,2012 年,浙江认真落实支持浙商创业创新政策,民间投资同比上年增长 22.5％,浙商回归引进项目到位资金就达到 1298 亿元,同比上年增长 43.0％。

视频 4-3

贯彻省委全会精神　打赢浙商回归硬仗
(视频来源:浙江卫视)

2015 年 3 月,为进一步贯彻落实关于支持浙商创业创新、促进浙江发展的决策部署,进一步拓展浙商回归领域,不断提升回归项目质量,充分发挥省外浙商支持浙江经济转型升级的作用,浙江省人民政府办公厅再次发布《关于引导浙商总部回归和资本回归的实施意见》(以下简称《意见》)。《意见》指出,浙商总部回归是指引导省外浙商在我省境内新设立综合性总部、地区总部和功能性机构。浙商资本回归是指引导省外浙商将自我积累或联系集聚的资金,以股权、债权形式直接投资,或通过各类金融、投资机构参与省内实体企业、金融机构的新设或增资扩股、基础设施项目融资等。引导浙商总部回归和资本回归有利于拓展浙商回归的范围和领域,有利于破解我省资源要素制约,助推总部、金融等现代服务业发展,加快我省产业结构调整和经济转型升级。坚持以"政府引导、市场运作、做大增量、示范带动"为原则,以省外浙商需求为导向,以市县为实施主体,统一认定标准,创新路径模式,完善政策措施,强化组织保障,力争 2015—2017 年,新引进浙商总部回归企业 500 家、浙商资本回归 2000 亿元。

2016 年 6 月 25 日,全省浙商回归工作现场推进会在湖州召开,时任浙江省委书记夏宝龙在会上强调,全省各级各部门必须进一步增强责任意识和担当意识,狠抓各项工作落实,努力创造浙商回归一流环境,以虎口夺食的豪迈气概,推动浙商回归更加突飞猛进。要努力创造浙商回归一流环境,全省各级各部门要善待浙商,当好"店小二",不断优化服务,形成亲商、护商的良好氛围,让广大浙商感到家乡的美丽、舒适和柔情,感到浙江是他们发展的基础、强大的靠山,是他们美丽的家园、心灵的归宿,以真情实意引起浙商对家乡的深深眷恋。要着力构筑"亲""清"新型政商关系,相处"亲密"而恪守"分寸",推动民营经济健康发展。要抓实各项工作,努力做到声势更大、发力更准、数字更实、成效更好。

思考讨论题

1. 浙江的人口经历了怎样的变迁与流动?
2. 浙江人的品格是如何形成的?
3. 比较分析浙商精神以及浙商与国内其他商帮的异同。

第五章 浙江精神与浙江经济发展

浙江人的文化基因,为浙江经济发展提供了深厚的内在动力,推动了浙江从古代到近代经济的不断发展。改革开放以后,这种深厚的文化积淀,在党的富民政策影响下更是被全面激活,成为继续探索中国特色社会主义道路、推进浙江经济社会高速发展的强大动力。浙江省如今不仅成为一个经济社会发展速度、发展水平、发展活力都居于全国前列的省份,也是一个"经济大省""市场大省"和"数据强省",具有明显的发展特色,浙江取得的成绩也反过来进一步印证了浙江精神的力量。

一、浙江经济发展的历程

(一)浙江近代的经济发展

首先,晚清时期(1840—1911 年)浙江经济发展。

第一,宁波开埠与宁波帮的兴起。

浙江经济发展具有悠久的历史,特别是从南宋以后,浙江经济一直处在全国的领先地位,是全国经济的中心之一。1840 年鸦片战争之后,中国开始变为延续了百余年的半殖民地半封建社会。在这一大背景下,浙江社会也处于屈辱沉沦与抗争自救的反复较量之中。鸦片战争使中国传统的社会经济结构面临严峻的挑战,突破封建主义经济坚冰首先是从近代各通商口岸的城市开始的。1844 年 1 月 1 日,宁波正式宣告开埠,它成为近代中国第一批对外开放的通商口岸之一和浙江省的第一个口岸。英国等西方国家的领事、商人、传教士、盗匪等纷纷来到浙江。面对这种局面,宁波地方和杭州省城的清朝官员们一时难以应付,对于外国人的种种要求只能屈从和默认,甚至国家的一些主权也在慢慢地被蚕食。近代浙江的半殖民地化,首先是从宁波开始的。

宁波被辟为通商口岸,英、法、美等国相继派驻领事或副领事,并划江北岸作为外国人居住地,设立洋行。这时,宁波商人擅长对外贸易的优势得到发挥,并出现买办商人。宁波籍买办最早并不出现在宁波,而是在上海。宁波帮迅速崛起,跻身于全国著名商帮之列。五口通商并没有造就五个新的商业中心,而是使贸易由广州移到上海,并使上海成为近代中国最大的贸易中心。当时上海的商帮有闽、粤、洞庭、徽各帮,而宁波帮力压群雄,成为上海诸商帮的巨擘,逐渐控制了上海的金融、交通、工业,势力大大超出了商业的范围。

第二,农工商业的变化。

随着五口通商和资本主义经济势力的侵入,浙江社会经济的半殖民地化也就开始了。自然经济的逐渐瓦解,商品经济的发展逐渐服从于对外贸易的需要,原有资本主义萌芽的成长道路也被扭曲。1861年,太平军大举入浙,占领了浙江的大部分地区,这些地区成为太平天国最后几年的主要基地。在其统治期间,虽然推出多项经济发展政策,但难改衰败之路。经过多年的战乱,浙江大地上出现了一片自清康熙以来200多年所未见的悲凉景象。在太平天国运动失败后的十多年间,浙江的农工商业及对外贸易在不同程度上恢复起来,商品经济的发展和自然经济的分解也在继续,但社会经济的缓慢复苏和局部发展都十分艰难。

城镇的手工业和商业,相对于农业来说恢复发展得比较快些,主要是由于城镇的人口和财富比较集中,又处水路交通要道,社会需求比较广泛和多样,有利于商品经济活跃起来。省城杭州、各府府治和不少县治以及一些专业性经济市镇的手工业、商业,在不同程度上得以恢复和发展。商业经营中除纯商业店号外,大量的是商工合一、前店后场、自产自销的店号,如最有名的杭州胡庆余堂国药号。

第三,钱庄业与买办经济的发展。

浙江商人经营钱庄业的历史悠久,浙江是我国钱庄的发祥地,清乾嘉年间出现了"票号"和"钱庄"。经营钱庄最成功的是宁波商人,他们始创了一种过账制度(或称划账制度、转账制度)。浙江钱庄的资本在上海要占到钱业总资本额的60%~80%。上海开埠后,钱庄业充当了外商银行的附庸。随着社会经济的发展,钱庄业积极地向银行业转化或渗透。1897 年,中国自办的第一家银行——中国通商银行成立,由盛宣怀奏请核准,筹备时严信厚就以他所设钱庄、银号为基础组建,后来以商股形式加入进去。在大清银行改组为中国银行时,最主要的上海分行,一直由浙籍金融家胡睦卿任掌实权的首席副理。1912 年,李馥荪创建了浙江实业银行,使之成为浙江主要的金融机构。属于浙江系金融业重要人物的还有宋汉章、钱新之、傅筱庵、虞洽卿、盛炳纪等。这些大金融家左右着上海乃至全国的经济局势,构成了江浙财团的中枢或骨干。

为了扩大洋货在中国的销路,收购廉价的原材料,外商找到一条用中国人与中国人做生意的途径,那就是大力培植为他们推销商品、采购原材料的经纪人——买办。大量具有钱业从业经历的浙江人便首先进入了外商的视野,受雇于洋行买办。所以近代许多浙籍买办都为银行买办,如虞洽卿、杨信之、傅筱庵、徐庆云等。19 世纪 70 年代,上海的买办仍是"半皆粤人为之"①。后随着大量的浙江人迁入上海,到 1911 年前,在上海的浙江人仅宁波籍就达 30 万之巨②,在上海的各行各业中浙江人的占比都很大。浙籍买办以通商口岸为中心,形成了一个以上海、天津、武汉等为中心的买办圈,进而辐射到全国市镇直至穷乡僻壤。他们在担任外商行号买办期间,在极短的时间内积聚了大量的财富,从而成为近代中国炙手可热的人物。

其次,民国时期(1912—1949 年)浙江经济发展。

第一,辛亥革命后民族资本主义的迅速发展。

进入 20 世纪后,中国出现了一股巨大的变革潮流,在救国强国的急切呼号下,浙江社会形成了一股发展民族资本主义的热潮。短短的十年间,近代工业、矿业在浙江各地纷纷出现。近代交通、通信业也得到迅速发展。辛亥革命以后,浙江与全国一样,振兴实业、发展经济的呼声日益高涨。1912 年 6 月,省城工商业率先组织起来,成立了新的杭州总商会。接着,劝业会、农业试验场、织业试验场、商品陈列所等事业团体和场所接连成立,各种工业学校、商业学校、职业学校等纷纷举办,推进了浙江经济的发展。孙中山于 1912 年 11 月、12 月和 1916 年 8 月三次来浙江考察,就浙江兴办实业、修筑道路、建设港口、整顿市政、繁荣商业等问题提出了

---

① 王韬:《瀛壖杂志》(卷 1),上海古籍出版社 1989 年版,第 8 页。
② 陈伯熙:《老上海》(中册),上海泰东图书局 1919 年版,第 69 页。

一系列见解,对浙江经济的发展产生了重要影响。第一次世界大战期间,浙江人民的抵制洋货和提倡国货运动,有力地支持了浙江民族工业的发展。在辛亥革命后的 16 年间,浙江民族资本主义经济得到了迅速发展,这一时期被誉为"黄金时期",出现了像"宁波帮"这样的工商业家群体,还形成了像"江浙财团"这样的金融资本、工商航运资本相互渗透、相互融合的资本集团。浙籍资本家在江浙财团中居支配地位,所以也有人称之为"浙江财团"或"浙江财阀"。

第二,国民党统治下的浙江经济。

在国民党统治的最初 10 年,浙江经济建设曾受到一定程度的重视,工商运输业均有一定程度的发展,近代化的进程有所加快。国民政府对浙江经济的控制突出地表现在金融领域。国民政府的四大银行均在浙江建立了分支机构。其中,中国银行的实力最强,在浙江地方经济发展中起着重要作用。在其他经济领域,民营经济仍然占主导地位。电力工业的发展超过此前任何一个时期,交通运输业在 10 年内也成就突出,铁路贯通了浙赣全线,修建了大型铁路、公路两用的钱塘江大桥。公路营运采取了省营、商营和省筑公路租商营运等多种形式,形成了以杭州为中心的省内外运输网络。浙江城市建设在国民党统治初期也有一些起色。1927年,杭州设市并作为浙江省的省会城市开始了一些市政建设,1929 年还举办了闻名于世的西湖博览会。

1937 年 12 月下旬,浙江的杭州、嘉兴、湖州等地陷入敌手,日本侵略者开始对沦陷区工商业进行野蛮的掠夺与摧残,使钱塘江以北地区的工商业几乎遭到毁灭性的打击。日军侵占浙江 8 年,浙江先后有 1 市 69 县沦陷,财产损失巨大,战争使得浙江战前所建立的各项基本建设受到重大的破坏,浙江区域经济发展遭遇了重创。

抗战胜利初期,浙江大批因战争而内迁的工商企业和浙江人回到浙江,市场需求旺盛,工商业特别是民营工商业一度得到了较快的恢复。但好景不长,随着战后美国货在浙江市场的份额不断扩大,浙江本地工商业受到了很大冲击。国民党的各级政府又不断加重对工商业的盘剥。更为严重的是,国民党实行了通货膨胀的政策,物价上涨,原料昂贵,工商业又很快陷入困境。1949 年 4 月,浙江各地的中共地下组织纷纷起来领导护厂护校运动,杭州人民重点保护钱塘江大桥和铁路机车,温州人民重点保护普华电厂。这些斗争直接配合了解放军的南下,为解放军完整地接管城市、迅速恢复生产起到了重要作用。

(二)新中国成立后浙江经济的曲折发展

浙江解放时,由于连年的战争,农村凋敝、工厂歇业、物资匮乏、物价飞涨、匪特猖獗、民不聊生,经济濒临崩溃的边缘。当时,全省国民生产总值14.98 亿元,人均 73 元;国民收入 13.55 亿元,人均 66 元。中共浙江省委面对严峻的形势,带领全省人民迅速医治战争创伤,恢复和发展国民经济。在农村,通过剿匪反霸、减租征粮等,巩固了政权;实行土地改革,变封建地主土地所有制为农民土地所有制,调动了农民的生产积极性,农业生产得以较快恢复。在城市,没收官僚资本,建立社会主义国有经济,打击投机资本,稳定市场物价,合理调整工商业,进行最急需的工业建设。在中共浙江省委的领导下,全省取得了新民主主义革命的胜利、实现了全省财政经济状况的根本好转,使国民经济得到了恢复和发展。到 1952 年,全省国民生产总值达到 24.53 亿元,比 1949 年增长 63.75%;工农业总产值达到30.05 亿元,比 1949 年增长 67%。与之相适应,国民收入较快增长,城乡人民生活有了一定改善。

在顺利完成国民经济恢复任务后,中共中央提出了党在过渡时期的总路线,从 1953 年开始,浙江进入大规模地开展社会主义改造和有计划地进行社会主义建设的阶段。到 1956 年年底,全省对农业、手工业和资本主义工商业的社会主义改造基本完成,以此为标志,社会主义经济制度开始在浙江初步确立。与此同时,浙江在全省范围内开始进行有计划的经济建设。中共浙江省委确定浙江经济发展的重点是农业和为省内服务的地方工业,主要是增加日用品生产和农业生产资料生产,强调地方工业要为农业和人民生活服务。这一时期,浙江的轻重工业都得到了发展,新建和扩建了杭州丝绸印染联合厂、杭州肉类加工厂、杭州第一棉纺厂、华丰造纸厂等重点企业和一大批中小型企业。浙江农村则依靠能工巧匠凭借原始积累发展各类加工作坊及家庭工业,他们亦工亦农,主要以本乡本地的农民为服务对象。到 1957 年,全省已有"五匠"(竹、木、铁、泥、漆)和以土纺土织为主体的作坊 4 万多个。从区域来看,杭嘉湖、宁绍地区纺织业盛行;浙中地区,特别是金华、永康及义乌一带,"五金"和小五金加工企业较多;裁缝、鞋匠则以宁波、温州、台州居多。改革开放后浙江块状经济的发展源头也在于此。在农业方面,中共浙江省委重点抓了粮、棉、猪的生产,通过推广先进技术、改变耕作制度(发展多熟制、推广种植连作稻),改良土地红壤低产田,依靠农业合作化后集体的力量兴修农田水利建设,浙江的粮食产量得到了较大提高,于1955年摘掉了缺粮省的帽子。

随着社会主义改造和"一五"计划的顺利推进,浙江生产力进一步得到解放。从1952年到1956年,全省农业总产值从20.11亿元增加到24.56亿元;农民人均纯收入从78元增加到84元;工业总产值从10.39亿元增加到18.50亿元;全民所有制工业企业从736个增加到3180个。

在社会主义建设新高潮中,中共浙江省委充分利用浙江的矿产和水电资源,大力发展机械、冶金、采掘等基础工业,为浙江的工业现代化建设奠定了基础。1957年11月,浙江第一座高炉炼出第一炉铁水,标志着浙江现代冶金工业的诞生。同年,浙江第一座大型化工联合企业衢州化工厂动工兴建,填补了浙江省有机化工和化肥工业的空白。这一年我国第一座自己设计、自己建造的新安江水电站,为江南地区社会主义建设增添了新的动力源。与此同时,以铁路为重点的浙江交通运输网骨架初具雏形。在农业方面,中共浙江省委除投入资金继续兴建大中型水库等各种水利工程、提高农业抵御洪涝旱灾的能力外,在领导农民发展粮棉生产的同时,还鼓励发展多种经营。永嘉等地还对农业生产责任制进行了探索。浙江的社会主义建设有了一个良好的开端。

但党在探索经济发展的过程中也有过挫折,犯过错误。1957年开始,由于"左"倾错误思想在政治思想领域和经济建设领域逐渐强化,浙江政治经济工作的正常秩序被扰乱,且从1959年开始,全省经济社会和人民生活发生严重困难。虽然1961年开始经过三年调整,整个国民经济重新走上了稳定发展的道路。但"左"的指导思想在不断发展,最终导致了"文化大革命"这种全局性错误的发生。十年"文化大革命"期间,全省生产总值年均仅递增4.2%,工农业总产值有5年出现倒退情况,财政有7年赤字,国民经济比例严重失调。

(三)改革开放以来的浙江经济发展

首先,改革探索和解决温饱阶段(1978—1991年)。

改革首先从农村起步。1979年下半年,浙江省长兴县长城公社几乎与安徽省小岗村同时开始实施了家庭联产承包责任制。到 1984 年,全省实行联产承包责任制的生产队达到 99％以上。在全面推行和完善家庭联产承包责任制的基础上,接着又开展了以改变农产品统购派购制度为主要内容的第二步改革。同时,各级党委、政府坚持不争论、不压制、不张扬,尊重和保护群众的首创精神,乡镇企业、个体私营经济及股份合作制经济都获得了较大的发展。非国有经济的发展,推动了农村商品经济的发展。浙江培育了一大批活跃的市场主体,初步形成了"建一个市场,带一批产业,活一方经济,富一方百姓,兴一座城镇"的发展格局,涌现了许多"全国第一"。到 1991 年,全省乡镇企业总产值突破 1000 亿元大关,乡镇工业产值占到全部工业的 51.4％,浙江成为全国乡镇企业发展最快的省份之一。全省集贸市场发展到 3802 个,年成交额达到 200 多亿元,市场大省初步形成。浙江"小商品、大市场"模式受到全国关注。多种经济成分共同发展,市场蓬勃兴起,成为浙江农村改革的主要特色。

在农村改革风生水起之时,浙江开始对国有企业进行全面整顿,并以扩大企业自主权、试行经济责任制、利改税和改革流通体制为重点,探索城市经济体制改革。经济体制改革在城市的推行,使全省形成了所有制结构从单一的公有制发展成为以公有制为主体、多种经济成分共同发展的格局,至 1991 年年底,个体工商户猛增到 100 余万户,私营企业发展到 10907 家,这为后来民营经济的大发展赢得了先机。与此同时,浙江的企业股份制和企业集团也进入初创期。

伴随着城乡改革的全面深入,浙江的对外开放也逐步向全方位、多领域拓展。继 1979 年宁波港正式对外开放后,浙江不断扩大对外开放的范围,完成了从沿海向内地的推进。到 1991 年年底,浙江的经济实力大大增强,全省经济总量在全国的位次不断攀升,从全国第 12 位上升到第 7 位;三次产业结构从 38.0∶43.3∶18.7 转变为 22.5∶45.4∶32.1,实现了从农业省向工业省的跨越。继 1985 年前后全省人民基本解决温饱问题后,到 1991 年,欠发达地区人民生活加快改善,部分发达地区开始向小康迈进。

其次,改革深化和总体实现小康阶段(1992—2001 年)。

党的十四大明确了建立社会主义市场经济体制的目标,这为浙江的改革开放和社会主义现代化建设事业带来了新契机。中共浙江省委以改革企业产权制度为突破口,通过建立现代企业制度,使企业改革走上制度创新之路,适应社会主义市场经济的工业运行机制进一步形成。以市场为导向,以农业产业化经营为方向,通过发展优质、高产、高效农业,在全国率先开始了粮食购销市场化改革,农业和农村现代化建设蓬勃发展,有效地促进了农业增效、农民增收、农村繁荣。在政策的支持与鼓励下,个体私营经济开始实现从量的发展到质的提高的转变,以公有制为主体、多种所有制经济共同发展的所有制格局不断完善。市场建设在与"块状经济"的相互促进中,量增质强,逐步向省外甚至国外发展,形成了一批规模大、档次高、辐射力强的专业批发市场,"市场大省"声誉鹊起。对外对内开放取得重大突破。浙江以外贸两轮承包经营和省级开发区设立为契机,在外经贸工作中提出了"四上、三抓、二转"的发展思路,到1996年,在全国率先实现了"县县有外贸"的目标。20世纪90年代后期,面对亚洲金融危机,实施"四个多元化"和"两个推动"战略,外经贸逆势上扬,浙江"外贸现象"引起了全国关注。在对内开放方面,实施"东扩西进"战略,抓住上海浦东开发开放的机遇,加快推进以长三角地区为重点的合作与交流。通过"引进来"和"走出去"战略,多形式开展对外经济合作,推动广大企业进入国际市场。通过这一阶段的迅速发展,浙江形成了富有活力的区域特色经济格局,基本建立起社会主义市场经济体制,县域经济发达成为浙江经济发展的重要特色。1999年,浙江提前实现总体小康。

再次,改革攻坚和全面建成小康阶段(2002年至今)。

2002年以来,浙江根据党的十六大关于建立完善社会主义市场经济体制的战略部署和全面建设小康社会的战略目标,深入贯彻落实科学发展观,按照"干在实处,走在前列"的要求,提出并全面实施"八八战略"和"创业富民,创新强省"总战略。浙江以"腾笼换鸟、凤凰涅槃"的理念调整结构,转变经济发展方式,推进国有经济布局战略性调整,推进民营经济实现新飞跃,充分利用"倒逼"机制,实施建设创新型省份和品牌大省,加快先进制造业基地和大平台、大产业、大项目、大企业建设,大力发展高效生态农业和现代服务业。浙江以"跳出浙江发展浙江"的思路拓展发展空间。深入实施"走出去"战略,外贸出口高速增长,招商引资方式和利用外资规模不断突破,对外经济技术合作与交流的范围更广更深。在对内开放方面,浙江主动接轨上海,推动长三角一体化发展,全面落实国家区域发展总体战略,认真做好对口支援和对口帮扶工作,形成了影响力巨大的浙商群体。2004年,浙江成为全国第四个经济总量突破"万亿元"的省份。2005年,浙江人均GDP一举突破3000美元,进入了新的历史性发展阶段。

2007 年,为抑制经济增长过热,全国宏观经济政策出现较大调整,货币政策趋紧,全国经济增长开始回落。2008 年年底,由美国次贷危机引发的全球性金融危机突然袭来,海外市场需求大幅萎缩,浙江出口贸易受到巨大冲击,出现了负增长,外贸依存度超过 50% 的浙江经济遭遇严峻挑战。

在严峻的形势下,浙江人民同心同德,以"凤凰涅槃、浴火重生"的精神,推进经济发展方式转变、促进产业转型升级,交出了一份亮丽的答卷。浙江经济保持稳定快速增长,2011 年其地区生产总值突破 32000 亿元,为 2006 年的 2.04 倍,年均经济增长率接近 11%;人均生产总值超过 58000 元,突破 9000 美元大关,地区生产总值和人均生产总值分别居全国第 4 位和第 5 位。浙江成为突破工业化中期保持经济高增长的极为鲜见的经济体。2008 年浙江 GDP 突破 20000 亿元,2011 年突破 30000 亿元,成为全国第 4 个突破 30000 亿元的省区。2008 年,浙江省城镇居民年人均可支配收入突破 30000 元大关,达到 30900 元,农村居民年人均纯收入达到 13071 元,两者均居全国第 3 位,分别连续 11 年和连续 27 年居全国省区第 1 位;城市化率达到 62.3%。2009 年,浙江全面建设小康社会综合评价指数达 93.5%,在全国率先基本实现全面小康,尤其是经济发展方面全面小康实现度达到 98.1%。2012 年,全省生产总值达到 34606 亿元,人均生产总值 63266 元,首次突破人均 10000 美元大关。到 2018 年,全省生产总值达到 56197 亿元,人均生产总值 98643 元(按年平均汇率折算约为 14907 美元)。

2011—2012 年,《浙江海洋经济发展示范区规划》《浙江舟山群岛新区发展规划》《浙江省义乌市国际贸易综合改革试点总体方案》和《浙江省温州市金融综合改革试验区总体方案》等四大国家战略先后获国务院批准。浙江正在以四大国家战略为平台,推进新一轮体制机制创新,推进优势产业发展,进一步增强经济发展的内在活力,开启了浙江经济发展新征程。2013 年 1 月,浙江省十二届人大一次会议提出了浙江省 2013 年的任务是:"全力推进产业转型升级和经济持续健康较快发展,扎实落实'四大国家战略举措',全面推进'美丽浙江'建设,大力促进民生改善和社会和谐。"[1]

2017 年 6 月,浙江省委书记车俊在浙江省第十四次党代会上提出:

---

[1] 《省十二届人大一次会议隆重开幕》,《杭州日报》2013 年 1 月 26 日。

"确保到 2020 年高水平全面建成小康社会,并在此基础上,高水平推进社会主义现代化建设,以'两个高水平'的优异成绩谱写实现'两个一百年'奋斗目标在浙江的崭新篇章。"并第一次提出了建设"富强浙江"的具体目标和要求。

二、"数据强省"实现"互联网十"先行示范

2016 年 9 月 3 日,习近平总书记在二十国集团(G20)工商峰会上说:"杭州是创新活力之城,电子商务蓬勃发展,在杭州点击鼠标,联通的是整个世界。"这是习近平总书记对浙江扎实推进互联网健康发展、创新发展的充分肯定。2016 年 10 月 13 日,杭州云栖大会迎来 4 万多名 IT 精英、数千家互联网企业的代表,共同探讨云计算、人工智能、大数据等最新科技。2018 年 11 月 7 日,第五届世界互联网大会在浙江乌镇成功举办,浙江再度与世界连线。

视频 5-1

首届世界互联网大会在乌镇召开
(视频来源:浙江卫视)

(一)浙江长期以来重视互联网经济的发展

2013 年年底召开的全省经济工作会议提出,大力发展信息经济。

2014 年 1 月召开的浙江省第十二届人民代表大会第二次会议上,省政府工作报告中将以"互联网十"为核心的信息经济列为支撑浙江未来发展的 7 大万亿产业之首。省政府随后制定出台《关于加快发展信息经济的指导意见》(以下简称《指导意见》),浙江成为全国最早将信息经济作为战略行动的省份。《指导意见》首次提出打造"七中心一示范区",即到 2020 年,基本建成国际电子商务中心、全国物联网产业中心、全国云计算产业中心、全国大数据产业中心、全国互联网金融创新中心、全国智慧物流中心、全国数字内容产业中心,以及信息化和工业化深度融合国家示范区。

2015 年 9 月,省政府又推动成立浙江省数据管理中心,在全国率先推出政府数据统一开放平台,引导部门和企业"用数据决策、用数据管理、用数据服务",在新一轮竞争中弯道超车,抢占先机。其间,浙江还加快全国云计算和大数据产业中心建设,先后成立国内首个工业大数据应用和交易平台、浙江大数据交易中心,全力打造"云上浙江""数据强省"。

2016 年 1 月,省政府印发的《浙江省"互联网＋"行动计划》提出,2017 年浙江实现全国"互联网＋"先行示范区目标;2020 年,浙江成为全国互联网时代推进治理体系和治理能力现代化的引领示范,力争成为具有全球影响力的互联网技术与应用中心。

2016 年 8 月,省政府发布《加快推进"一转四创"建设"互联网＋"世界科技创新高地行动计划》,提出力争到 2020 年,全省"互联网＋"企业达 100 万家,建成一批具有国际领先水平的"互联网＋"基础设施,形成一批产值超百亿元的"互联网＋"示范基地;工业机器人超过 10 万台。2016 年 10 月,杭州宣布打造全国首个"城市数据大脑",开启城市数据运用与思考的探索。

浙江以互联网为核心的信息经济,领跑连接一切的智慧世界。从鸡毛换糖、来料加工到信息经济、数字浙江,这场不亚于工业革命的变革彻底改变了浙江的样貌,"互联网＋"成为浙江的代名词。作为全国首个国家信息经济示范区,浙江崛起了阿里巴巴、海康威视、新华三等一大批行业领军企业,同时还兴建了之江实验室、达摩院、西湖大学等新型的研究机构,为将来数字中国提供了可复制、可借鉴的模板。2018 年,浙江数字经济核心产业增加值 5548 亿元,比上年增长 13.1%;到 2022 年,全省数字经济总量预计达到 4 万亿元以上,占地区生产总值的 55% 以上。数字产业化与产业数字化"双轮驱动"成为浙江经济发展的主旋律,而杭州作为浙江数字经济发展的先行之地,数字经济对全市经济增长的贡献率超过了 50%。

(二)浙江具备了打造"数据强省"的条件

改革开放以来,凭借浙江人"敢为人先、特别能创业"的精神,浙江从资源小省发展成为市场大省、经济大省。人是浙江最丰富、最宝贵的资源。现在,经济大省已经沉淀了很多数据优势,浙江具备了打造"数据强省"的条件:一是数据资源丰富。浙江信息化水平在全国排在前三位,电子商务、智能制造、智慧城市、互联网金融等产业启动早、基础好,浙江拥有全国最大的 B2B(Business to Business)、B2C(Business to Customer)、C2C(Customer to Customer)交易平台,全国行业网站百强相当一部分在浙江,拥有 4400 多个实体商品交易市场,已经积累了大量的商务数据。二是应用前景广阔。当前浙江经济社会加速转型,包括城乡居民网络信息消费扩大、企业装备投资消费升级、城市公共环保与安全消费扩容、政府公共服务消费转型,这些都为大数据应用提供市场需求。三是产业优势明显。浙江信息技术产业发达,特别是"中国软件名城"杭州,云集了阿里巴巴、网易、海康威视、华三通信等行业龙头,形成了全国大数据产业集聚优势。其中,以阿里云为代表的浙江云计算企业是全国云计算产业的引领者,并在公共云、交通云、媒体云、健康云、光伏云等领域具有优势。

视频 5-2

马云演讲宣传阿里巴巴

(视频来源:阿里巴巴集团宣传片)

(三)"互联网＋"先行示范的影响

第一,建设"云上浙江""数据强省",已成为浙江经济转型升级的有效路径。以关键技术创新和应用模式创新为引领,全面推进新一代信息技术与三次产业的融合创新,充分运用"互联网＋"促进新技术、新产品、新业态和新模式的发展,为全省加快推进经济社会转型升级提供强大动力。"互联网＋"不断激发新动能,创造美好的未来,如"互联网＋医疗""互联网＋旅游""互联网＋教育与文化""互联网＋商务""互联网＋农业""互联网＋交通""互联网＋社会治理""互联网＋政务"。

第二,互联网成了浙江经济新的基因。这两年,浙江因为互联网引来很多人的关注。不仅仅因为阿里巴巴上市,也不仅仅因为世界互联网大会永久落户乌镇,还因为大批致力于互联网创业的年轻人正涌向梦想小镇、云栖小镇等特色小镇,大批天使创投机构入驻杭州,浙江正迅速成为中国互联网创业创新的一块热土。以互联网为核心的信息经济,已经成为浙江经济发展的新亮点、新动力,互联网成为浙江经济新的基因。其中,许多人才、团队、资本都是冲着大数据时代的浙江机遇而来的。

第三,"云上浙江"还迎来全球人才到浙江创业创新。在云栖小镇,"创新牧场"为草根创新小企业提供了全链服务,阿里巴巴和富士康联手打造的"淘富成真",让创客点子与市场需求实现快速对接,研发产品并迅速占领市场。可以说,云栖小镇不仅仅是浙江新长出的一个众创空间和特色小镇,而且已经形成了一个大数据、云计算产业的良好生态圈。除了云栖小镇,浙江还在同时打造 100 个特色小镇,包括为互联网创业者服务的余杭梦想小镇、集聚顶尖私募基金的山南基金小镇,它们将会成为浙江新经济的发动机。

案例 5-1

云栖小镇崛起"云"产业和"云"中心

2016 年 10 月 13 日,2016 杭州·云栖大会正式开幕,吸引了全世界上百家高新技术企业参展,包括阿里巴巴、英特尔、思科、HTC 等行业巨头。

科技盛宴越办越大的背后,是杭州云计算和大数据产业的蓬勃发展。在本届云栖大会的举办地云栖小镇,这片面积不到 4 平方千米的土地上,集聚了 433 家企业,其中光涉云企业就有 321 家,包括阿里云、数梦工场、政采云等一大批全国一流的信息经济企业。目前,云栖小镇已明确了以云计算产业为支柱产业的经济形态。2016 年 1 月至 8 月,云栖小镇财政总收入 2.45 亿元,同比增长 108.18%。2016 年前三季度,杭州云计算与大数据产业营业收入同比增幅达 28%。

从阿里巴巴的"阿里云",到华数集团的"华数云"、华三通信的"华三云"、海康威视的"萤石云"、恒生电子的"金融云"……杭州的云计算与大数据产业,已从一枝独秀发展到多点开花。

2016 年 9 月,在 G20 杭州峰会上,中国主持起草了首个具有全球意义的数字经济发展合作倡议——《二十国集团数字经济发展与合作倡议》，为数字经济的未来发展指明了方向。杭州市政府负责人说，杭州要树立全球云计算中心新形象，努力吸引更多海外创客以一流环境、一流人才和一流企业支撑一流发展，推动开展云计算与大数据技术创新、应用创新、融合创新和商业模式创新。

2016年12月10日，浙江西湖高等研究院在杭州成立。浙江西湖高等研究院设立生物学、前沿技术、理学、基础医学等4个研究所，施一公、陈十一、潘建伟、饶毅分别担任这些研究所的所长。

落户杭州西湖区云栖小镇的浙江西湖高等研究院是一所新型非营利高端科研机构，它以探索与国际一流科研机构接轨的现代科研体制和创新人才培养模式为使命，致力于前沿基础科学研究和博士研究生培养。目前，浙江西湖高等研究院已完成2次全球招聘，通过聘请顶级科学家、国家"千人计划"专家及其他顶尖人才，组建了生物学、前沿技术、理学、基础医学等4个研究所；同时，进一步加强生物、物理、计算机等学科交叉，促进新兴学科发展，努力打造成为世界一流的科研机构。

——根据2016年10月13日《浙江日报》及
2016年12月10浙江在线报道编写

三、"四换三名"推动浙江经济转型升级

（一）"四换三名"工程的提出

"四换三名"工程是2013年浙江省为了推动经济新发展、加快转型升级、实现浙江制造，所开展的重要创新工程。所谓"四换"，就是推进腾笼换鸟，大力发展高附加值、低能耗、低污染产业；推进机器换人，实现减员增效；推进空间换地，实现节约集约土地；推进电商换市，大力发展电子商务。所谓"三名"，就是着力培养知名企业、知名品牌、知名企业家，打造行业龙头。

"腾笼换鸟",就是积极发展战略性新兴产业、高新技术产业以及能支撑未来发展的大产业,加快淘汰改造高耗能、重污染企业,着力改变过多依赖低端产业的状况。"机器换人",就是加强企业技术改造,利用先进装备替代低端劳动力,着力改变过多依赖低成本劳动力的现状。"空间换地",核心是推进土地节约集约利用,不断提高单位土地、能源、环境容量等要素产出率,着力改变过多依赖资源环境消耗的状况。"电商换市",就是大力发展电子商务,积极推进电子商务向各领域拓展,促进企业商业模式创新,着力改变过多依赖传统市场和传统营销方式的状况。

"培育名企、名品、名家"包含三个层面:企业层面,主要是加快培育百家龙头企业、千家品牌企业、万家高新技术企业;战略层面,主要是全面实施标准强省、质量强省、品牌强省战略;人才层面,主要是积极培育经营管理人才队伍、研发设计队伍和高级技工队伍。"培育名企、名品、名家"的目的是着力改变过多依赖"低小散"企业的状况。

(二)"四换三名"实现了新供给

"四换三名"作为浙江新时期重要的创新工程,取得了重要的影响。①

首先,要素供给实现了高效率。

浙江人多地少,整体土地利用效率不高,存在大量低效用地。2014年以来,浙江启动"空间换地",抓低效用地再开发、抓节约集约用地。"空间换地",鼓励企业以多层厂房替代单层厂房,促进低效用地二次开发利用。杭州、宁波、温州等市通过地下发展,突破了城市发展没有地的瓶颈。宁波市东部新城核心区,规划面积约 8.5 平方千米,地下开发面积达 4 平方千米,建成目前浙江最长的地下共同沟,成为节约集约用地的一个典型。

浙江在全国率先提出"腾笼换鸟",对不符合国家、省有关产业政策,污染物排放、安全生产、能耗指标等不达标且整改无望或整改后仍不达标的企业,坚决实行关停淘汰。"低小散"企业倒闭整合重组,淘汰了一批落后和过剩产能。2015 年,浙江整治"低小散"企业(作坊)2.2 万家,淘汰落后产能涉及企业 2000 多家。同时,浙江在全国率先推行以亩产效益为导

---

① 参见《"四换三名"创造新供给》(《今日浙江》记者马跃明,2016 年 4 月 20 日),来源:人民网—中国共产党新闻网。

向的资源要素市场化配置改革,全省 10 个设区市、75% 的县(市、区)、95% 的工业大县开展企业分类综合评价工作,推行资源要素差别化配置,对不同类别企业实施差别化电价、差别化水价、差别化城镇土地使用税、差别化排污费等。

其次,浙江制造标杆得到新提高。

视频 5-3

全球企业家聚焦浙江制造
(视频来源:浙江电视台公共新闻频道)

通过去库存、去过剩产能,从产品形式、质量,改善供给侧产品,提升劳动生产率和产品附加值,把"浙江制造"打造成"中国制造"的标杆和浙江经济的金字招牌。《中国制造 2025 浙江制造行动纲要》提出,再造传统的制造业创新体系,浙江产业结构调整日趋深入,传统行业份额逐渐下降,高新技术产品份额稳步上升。浙江自 2014 年年底开始实施"名企、名品、名家"的"三名"培育工程后,在全国率先打造首个区域性公共品牌"浙江制造",确定涉及信息、高端装备制造、时尚等产业领域的 33 类"浙江制造"培育重点产品,选择 7 个县、10 个行业和 100 家企业,先行开展试点培育。

再次,探索出了市场融合新模式。

视频 5-4

大数据看产业:电子商务——传统产业"触电"发力
(视频来源:浙江卫视)

通过"电商换市",把电子商务作为变革传统流通格局、创新新型商业模式、提升区域经济竞争力的撬动杠杆,使浙江的市场优势和电子商务优势强强联合,在全球贸易一体化中释放更大能量。目前,线上销售和线下服务带红了传统市场。浙江中国轻纺城网络有限公司的统计数据显示,2015 年网上轻纺城实现交易额 112.72 亿元,日访问量达 230 万次。2015 年,浙江省实现网络零售较同期增长 50% 以上。线上销售和线下服务还促进了传统行业互联网化改造。跨境电商也迅猛发展,2015 年,浙江跨境电商出口 41.2 亿美元,同比增长 33.5%,进出口额约占全国的 20%。

案例 5-2

"四换三名"推进"浙江制造"

新中国阅兵史上首个摩托车礼宾方队,所使用的被工信部誉为"代表国产摩托车最高水平"的春风 CF650G 摩托,来自浙江春风动力股份有限公司。从接到任务到交出样车,春风动力仅花了 4 个月。高效率背后,是春风动力近年来"机器换人"实现从"制造"到"智造"的跨越:智能化改造让人均生产效率提升 30%,库存周转率提升 50%。这成为浙江省实施"四换三名"政策,加快企业转型升级,打造"浙江制造"的一个成功缩影。

随着国际国内宏观环境的变化,浙江出现资源环境承载能力接近上限,企业生产经营成本日益攀升,高消耗、粗放型的发展路子日渐狭窄等现实问题,2013 年以来,浙江省委、省政府审时度势,作出加快推进"四换三名"的重大决策(四换即"腾笼换鸟、机器换人、空间换地、电商换市",三名即"名企、名品、名家")。决策目的是破解浙江经济长期以来过多依赖低端产业、过多依赖低成本劳动力、过多依赖资源要素消耗、过多依赖传统市场和传统商业模式的问题。

近 3 年来,通过"四换三名",全省经济结构进一步优化:2015 年上半年,全省服务业增加值占 GDP 比重首次突破 50%;工业经济转型升级步入"快车道",规模以上工业企业利润增幅、全员劳动生产率增幅均高于增加值增幅;在 2014 年单位 GDP 能耗和单位工业增加值能耗双双创下历年最大降幅的基础上,规模以上工业单位工业增加值能耗同比下降 2.6%,能源利用效率居全国第 3 位;一批大企业的龙头作用增强,38 家省级"三名"培育试点企业利润增幅达 25.2%。

2015 年以来,面对宏观经济下行压力不断加大的严峻环境,浙江经济在加快转型升级的基础上,上半年 GDP 同比增长8.3%,高于去年同期,也高于全国 1.3 个百分点。这标志着浙江经济向"增长中高速、质量中高端"的目标又迈进了一步,稳增长和调结构正在达成新的平衡。

——2015 年 9 月 30 日　浙江省科技厅

四、"特色小镇"建设引领新常态

(一)浙江"特色小镇"建设的基础和优势

视频 5-5

全国"特色小镇"政策汇集
(视频来源:浙江电视台经济生活频道)

第一,民营经济发达。

大众创业、万众创新,是浙江的一大优势。民营经济是浙江经济发展的主体、主力军、发动机和推进器。2004 年 2 月,浙江省委、省政府作出推动民营经济新飞跃的部署,2012 年 1 月,又提出要推动民营经济大发展大提升。截至 2012 年年底,全省有私营企业 78 万家,个体工商户 230万户(全国为 924 万户,约占全国的 24.9%)。据第三次经济普查数据,浙江 2013 年每万人口的法人企业多达 172.6 家(全国每万人口法人企业仅 60.3 家,浙江是全国平均值的2.9 倍)。2012 年,浙江省民营经济创造增加值 22111 亿元,占 GDP 的比重约为 63.8%,其中个体私营经济增加值 20107 亿元,约占 GDP 的 58.0%。个私经济总产值、销售总额、社会消费品零售总额和出口创汇额等四项最能反映民营经济实力的指标,浙江已连续 10 多年居省区市第 1 位。在全国民营企业国际竞争力 50 强中，浙江占了 25 席；在全国民营企业综合竞争力 50 强中，浙江占了 22 席。在全国工商联公布的 2011 年中国民营企业 500 强中，浙江占了 144 席，居省区市首位；到 2018 年，在中国民营企业 500 强中，浙江仍占 93 家，连续 20 年位居全国第一。作为民营经济大省的浙江，日前发布了一份"体检报告"——浙江省统计局最新公布的 2018 年浙江民营经济"体检单"显示，民营企业贡献了 58.1％的税收、63.1％的投资、65.5％的生产总值、78.0％的外贸出口、87.0％的就业岗位、91.2％的企业数量。一连串的数字背后，我们看到的是浙江民营经济保持良好发展态势的努力。

视频 5-6

为私营民企发声——郑宇民与董倩在第八届中国民营企业峰会上的精彩对话

（视频来源：新蓝网）

第二，市场化程度高。

浙江经济腾飞的奥秘之一就在于走出了一条特色路子，这就是依靠市场取向与结构多元推动经济持续快速发展。通过市场取向的范围和内容不断扩充，结构多元的层次和领域不断延伸，从而构建起极富竞争力和成长性的区域增长模型。这一模型可简化为：市场化＋投资主体多元化＋专业化特色产业区。凭此模式，浙江成为全国经济增长最快的省份。浙江由"前店后场"发展为现代化的专业市场，市场化程度比较高。据中国社会科学院发布的 2017 年"中国商品市场百强"榜单，浙江 43 家市场入围，包括 38 家省内市场和 5 家省外浙商市场，成为全国商品市场数量最多、规模最大、交易额份额最高的领先省份。

一项由中国经济体制改革研究基金会、国民经济研究所实施的我国各省市市场化进程比较的研究结果表明：浙江市场化程度达到 8.24 分，仅次于得分最高的广东（8.33 分），名列全国第二。

第三，区域、块状经济发达。

改革开放以来，浙江从农村工业化起步，走出了一条不同于传统工业化模式的发展新路。区域、块状经济即是这一发展新路的亮丽缩影。区域、块状经济的发展，打破了城乡二元结构，促进了城乡之间人口和生产要素的流动和重组,为加快工业化和城市化进程提供了强大推力和产业基础。浙江的区域、块状经济具有独特的动力机制,形成了不易为其他地区所模仿的核心竞争力。生产专业化的中小企业、发达的专业市场、独特的人文环境是块状经济发展的核心要素。因地制宜发展特色经济,特色县、专业镇、专业村十分发达。2009 年,全省年产值超 10 亿元的各类特色产业区块达 312 个,其中,100 亿元以上的有 72 个,超 500 亿元的特色产业区块有 7 个(萧山纺织、绍兴纺织、永康五金、义乌小商品、慈溪家电、萧山汽配、乐清电器)。另外,浙江还拥有国家级经济技术开发区 18 个,数量居省区市第 2 位。全省年产值超过 100 亿元的开发区和园区达到 72 家,其中,宁波经济技术开发区、宁波石化经济技术开发区、杭州经济技术开发区和杭州高新技术产业开发区等 4 家开发区年产总值都超过 1000 亿元。

(二)浙江"特色小镇"的兴起与实施

视频 5-7

打造"特色小镇",助推浙江产业集群升级

(视频来源:东方卫视)

浙江"特色小镇"建设的兴起有一个重要的过程,其实施后产生了重要的影响。[①]

2014 年 10 月 17 日,云计算产业生态小镇——云栖小镇举行了首场阿里云开发者大会,在参观小镇"梦想大道"后,时任浙江省委副书记、省长李强鼓励说:"让杭州多一个美丽的特色小镇,天上多飘几朵创新'彩云'。""特色小镇"首次被提及。

2014 年 10 月 30 日,李强在首届世界互联网大会新闻发布会上说:"小镇故事多,浙江将通过系列小镇建设,打造更有激情的创业生态系统。"此后,在乌镇召开的首届世界互联网大会上,互联网精英们汇聚论

[①]　以下"特色小镇"建设与影响参见《经济转型发展的战略选择——浙江规划建设特色小镇综述》(《今日浙江》记者叶慧,2015 年 8 月 21 日),来源:人民网—中国共产党新闻网。

道,畅想着让古镇在承载厚重的历史文化的同时接轨未来,孕育新经济,并指出"浙江可以有更多这样的小镇"。小镇被各界寄予厚望,让省委、省政府坚定了打造"特色小镇"的信念。

2015 年 1 月,浙江省十二届人大三次会议通过的《政府工作报告》中,"特色小镇"作为关键词被提出:"要加快规划建设一批特色小镇,在全省建设一批聚焦七大产业、兼顾丝绸黄酒等历史经典产业、有独特文化内涵和旅游功能的特色小镇。"小镇被赋予了全新的时代内涵和浙江特色。它不是单纯的行政小镇,也不是传统的工业园区或旅游功能区,更不是简单的"产业园＋风景区＋博物馆或学校"机械叠加,而是"相对独立于市区,具有明确产业定位、文化内涵、旅游和一定社区功能的发展空间平台"。

2015 年 4 月 22 日,浙江省人民政府公布《关于加快特色小镇规划建设的指导意见》,要求入围的"特色小镇"必须符合"7＋1"产业定位范围、规划清晰、产业文化旅游社区功能叠加、投资主体明确、项目具体可行,投资额达到 50 亿元以上。随后,省政府按照申报的各"特色小镇"产业类别,分别组织了 5 个调研组,赴 50 个"特色小镇"进行实地考察调研,确定排序名单。最终,首批 37 个省级"特色小镇"创建名单产生。6 月 24 日,"特色小镇"规划建设工作现场推进会召开,进一步明确了"特色小镇"规划建设工作的目标和主要任务。浙江省提出,三年重点培育 100 个"特色小镇"。

(三)"特色小镇"建设对浙江经济与社会发展的深刻影响

第一,"特色小镇"建设是新常态下浙江经济发展的新引擎。"特色小镇"不是行政区划的特质概念,也不是一般的园区概念,而是一个具有明确产业定位、同时兼具文化旅游功能的项目组合。在 2015 年全省"两会"上,《政府工作报告》明确阐述了"特色小镇"——"按照企业主体、资源整合、项目组合、产业融合原则,在全省建设一批聚焦七大产业、兼顾丝绸与黄酒等历史经典产业、具有独特文化内涵和旅游功能的'特色小镇',以新理念、新机制、新载体推进产业集聚、产业创新和产业升级"。"特色小镇"为浙江经济发展提供了新的创业土壤。

第二,"特色小镇"成为实现可持续发展的最好选择。首先,企业参与,小镇兴旺。在首批 37 个"特色小镇"建设中,企业绝对是小镇建设的主力军、最活跃的创新力量。比如嘉善县大云镇,一个从巧克力工厂衍生出的巧克力小镇,能让你赶赴一趟香甜的旅程,品尝工厂的"甜蜜"。小镇的发起人就是嘉善本土企业家莫国平、莫雪峰父子俩。他们受美国好时巧克力小镇的启发,想做一个产业与旅游融合的中国版巧克力小镇。其次,浙江各地积极引入龙头企业,发挥龙头企业在规划建设中的主体作用。龙头企业市场力量强大、资金实力雄厚,既有能力建设大项目,又有能力布局产业链,具有主导制造类小镇的天然优势。比如路桥沃尔沃小镇由吉利集团主导建设;龙游红木小镇由浙江年年红家具集团一手创建;常山赏石小镇由世纪龙腾控股集团谋划推进;越城黄酒小镇邀约绍兴多家大牌黄酒企业进驻,进一步集聚产业,合力做大做强黄酒品牌……再次,政府做引导,企业唱主角。企业,不仅是小镇的投资主体,更是激情澎湃的"创业居民"。他们在"特色小镇"的众创生态系统里,共同创造出不同凡响的小镇经济。比如由阿里巴巴集团与西湖区转塘科技经济园区联手打造的云栖小镇,重点发展云计算等信息技术。

　　一个个产业特色鲜明、体制机制灵活、人文气息浓厚、生态环境优美、多种功能叠加的美丽"特色小镇",正深刻地改变着浙江的经济结构和社会版图。

视频 5-8

"特色小镇"——供给侧改革的一条浙江路径
(视频来源:浙江卫视)

案例 5-3

浙江"特色小镇"个个有个性

　　"无特色,不小镇。"找准特色、凸显特色、放大特色,是浙江"特色小镇"建设的特色。

　　杭州玉皇山南基金小镇,原本是一块 2000 亩的杂乱地块,旧厂房、旧仓库、旧民居凌乱布局,废弃的火车轨道横卧而过。如今,旧仓库变身为一幢幢中式小楼和中式庭院。风格素雅的屋舍,与玉皇山脚的流水交映成辉。

"它是一座园林,又是一个小镇。"

目前基金小镇已入驻各类金融投资机构 160 家,包括中信证券、永安期货、浙江赛伯乐、敦和资产、联创投资等行业龙头,总资产规模超 1000 亿元,吸引政府各类产业母基金 500 亿元以上。

距离基金小镇 30 千米外,余杭区的艺尚小镇正努力成为文脉传承与国际时尚的最佳范例。作为时尚产业"特色小镇",艺尚小镇依托杭州"四季青"等周边成熟产业集群,聚焦时尚时装和珠宝配饰产业。三年内,将投资 60 亿元,建成时尚产业总部集群。

海盐核电小镇,是打造高端装备制造的"特色小镇"之一。依托秦山核电基地,海盐成为核能新兴产业集聚的高地,吸引了法国阿海珐集团、法国施耐德电气集团以及中国核建集团等涉核企业进驻,核电培训、研发、检修和设备制造基地呼之欲出。逐渐成形的核电小镇,正在成为区域发展的强劲"发电机"。

富春江畔,大奇山脚,桐庐健康小镇三面环山一面临江,地形宛如一把太师椅,是得天独厚的养生福地。在这里,健康产业初具雏形:百年老字号桐君堂医药馆年销售额 6 亿多元,杭州蜂之语公司年销售额破亿元;投资 16 亿元的颐居养生园建成酒店式养生度假综合体;瑞金·富春山居医疗养生基地将是集高端医疗和第三方检测中心、体检中心、护理中心、中草药种植等为一体的养生综合体。

在丝绸、青瓷、中药材、黄酒等小镇建设热潮中,浙江的经典传统产业也遇到了发展良机,它们以小镇为新载体,聚合资源,传承文化,提升产业。

湖州的丝绸文化与丝绸产业已经有 4700 多年历史。接轨小镇建设中,湖州将"丝绸小镇"落户在 1800 亩的西山漾湿地景区。

梦想小镇、动力小镇、袜艺小镇、石雕小镇、时尚制造小镇、智能模具小镇、地理信息小镇……这些差异定位、错位发展的小镇,或雏形初具,或蔚为大观,正在为打造支撑浙江未来发展的新产业贡献力量。

——摘自 2015 年 8 月《今日浙江》 叶慧文

五、开放构建经济新格局

长期以来,浙江充分利用国际、国内两个资源和两种市场,走"两头在外"的发展路子。近年来,浙江全力参与"一带一路"建设,发展更高层次的开放型经济。截至 2017 年年底,浙江实际利用外资已达 179 亿美元,"走出去"的投资总额超过 4600 亿元,境外投资总额,设立机构数连续多年位居全国前列。

创新、开放、包容是浙江经济发展的重要特点。致力于构建全方位开放合作新格局的浙江,正以 2016 年 G20 杭州峰会召开为契机,敞开怀抱,向世界展示海纳百川的开放胸襟和人文底蕴。随着宁波、舟山口岸开发开放水平的不断提高,义乌市国际贸易综合改革走向深入,杭州、宁波跨境电子商务综合试验区快速推进,浙江全力打造的一个个重大开放平台逐渐成型,丰富了浙江的开放内涵,提升了全球配置资源能力。

视频 5-9

习近平主席在 G20 杭州峰会上的开幕辞
(视频来源:中央电视台第 13 套)

杭州跨境电子商务综合试验区创新构建以信息共享、金融服务、智能物流、电商信用、统计监测、风险防控和线上单一窗口、线下综合园区为核心的"六体系两平台"制度体系,建立以跨境 B2B 为主导的产业体系,逐步形成线上线下深度融合的跨境电商生态圈,加快建成跨境电商创业创新、大数据和服务中心,在跨境电子商务领域取得了阶段性成效。2016年上半年,杭州跨境电商综试区出口 22.5 亿元,同比增长 5.7 倍,保税进口 19.3 亿元,同比增长 4 倍,为杭州市进、出口均实现两位数增长作出了巨大贡献,"网上丝绸之路的战略枢纽"底气十足。"坐在家里买全球卖全球"的浙江跨境电商,正以平均年增一倍的井喷之势,改变着进出口的贸易格局,有力促进了全省传统外贸和制造企业通过"互联网+外贸"的优进优出。

视频 5-10

认识中国(杭州)跨境电子商务综合试验区

(视频来源:中国(杭州)跨境电子商务综合试验区)

义乌市加快搭建口岸开放大平台,深化大通关体系建设,主动参与"义甬舟"开放大通道建设,推进"义新欧"班列增点拓线、提效。"义新欧"班列常态化,义乌航空口岸获批对外开放,铁路口岸获批临时开放,国际邮件互换局和交换站正式启用,公路、铁路、空路、海路、丝路、邮路以及"义新欧"国际班列、"义甬舟"开放大通道全面发展的物流"八路军"初步成型,一个功能完善的国际商贸中心和集出口、进口、转口于一体的国际陆港城市呼之欲出。2016 年上半年,义乌出口额达 989.52亿元,为浙货行销天下提供了有力支撑。

党的十八大以来,党中央、国务院高瞻远瞩,相继提出了"一带一路"倡议、长江经济带等。在这些机遇面前,浙江以"排头兵"的姿态,开始在更大范围、更高层次的开放合作平台上扮演越来越重要的角色。《2016中国浙江投资报告》显示,内外资企业对投资浙江的整体满意度稳中有升。坚持"引进来"和"走出去"相结合的基本战略,浙江的开放型经济发展水平和发展质量,上升到了新高度,形成了新优势。

六、浙江精神在浙江经济发展中的作用

浙江精神对浙江经济建设起到重要的推动和支撑作用。

第一,求真务实是浙江经济发展的前提。

浙江传统文化精神有较多的务实倾向,经常看到人们不停地为各种具体计划与目标谋划奔忙。相比于为某个未来的幻景激动与癫狂,他们更倾心于当下的生活,更关心实实在在的福利和与效用增减相关的眼下的事件。

大量考察和调查均表明,浙江人从不"以利小而不为",务实是浙江人的一个基本的经商置业精神和理念。早在改革开放之初,一般人看不起、不愿干的修鞋、弹棉花等"本小利薄"的营生,浙江人都能看得上、拿得起、做得来,并最终成为他们发家致富路上的一个起点。从纽扣、

标牌到编织袋、打火机，无数本来不起眼的小商品生产，最终都让浙江人做成了辐射全球的大产业。这种蚂蚁搬家、小中见大的务实精神，在浙江民营经济运行发展过程中体现得特别明显。浙江人的务实性格还表现在另一个很重要的方面，即慎于言而敏于行，喜欢做而不说，多做少说，信奉"临渊羡鱼，不如退而结网"的格言。尊重实践，不图虚名，崇尚脚踏实地。对于符合本地实际、能带来实效的发展路子，无论外界有什么议论、疑问和压力，都能坚定地走下去，面对指责，不争论辩解，自有主心骨。面对成绩，不自大张扬，不断超越自我，一个目标接着一个目标，踏踏实实地干下去，最终形成了"真富、民富、不露富"的可喜局面。

第二，开放兼容是浙江经济发展的动力。

浙江人的文化性格和行为方式并不是总能被当地人理解和认同，甚至往往给人"只知赚钱"或"过于势利"的直面印象。但浙江文化在任何一个不同的、陌生的甚至非常排外的文化圈中，都保持着很强的生存能力；都能够在弱势条件下，不改变自身的文化品格，同时与其他文化维持一种互有差异而又非对抗性的共存关系。浙江人的文化性格没有明显的外向攻击性，是一种防守型性格，不会对其他文化形成直接的威胁。同时，浙江人对外部环境和不同文化的压力又有很强的包容和忍耐力。浙江人行商遍走四海，无论到哪里，无论当地人群的文化性格、风俗传统属于哪种类型，浙江人都能够与其和谐共处。在中国甚至世界几乎每一个角落都能看到浙江商人的身影。上述特征的存在，使浙江文化具有广泛的可通约性，能够与各种不同文化沟通、交流、对话。

树立开放理念和兼容胸怀，不断增强海纳百川、兼容并蓄的思维方式和行为能力，洞察世界风云，把握国内市场变化，虚心吸收他人的优点和长处，浙江人有"跳出浙江、发展浙江"的大手笔，有积极参与全球化合作与竞争的勇气和胆略，在更大范围、更广领域、更高层次参与国内外的经济技术合作和竞争，在更广阔的背景中来观察、认识和思考，在更大的范围、更高的层次上找到座次、定坐标。20世纪70年代，浙江温州人就开始在传统经济体制禁锢下尝试发展民营经济。20世纪80年代以后，浙江人在从旧的计划经济体制向现代市场经济体制转型变迁的过程中，又始终善于吸纳、总结、践行各种新的制度知识，大力发展民营企业和市场组织。在日常生活、劳作和经商的操作细节上，浙江人更是善于学习模仿、博采众长。一种好的产品、好的技艺,常常会在浙江人群中迅速传播。巴黎时装的最新款式,不出半个月就会出现在温州企业家的服装生产线上。在义乌小商品货摊上,可以很容易发现欧美最流行的各种玩具、手提包、钥匙串的款式。如今,义乌小商品市场成为名副其实的"买全球货,卖全球货"的国际商贸城。改革开放以来,浙江充分利用国内外两个市场、两种资源,大力实施"引进来"和"走出去"战略,注重优化政策、法制和服务等投资环境,注重开发区、出口加工区、保税区等功能性载体建设,重视整体上优化开放环境,推动开放经济发展,提升浙江国际竞争力。

第三,创业创新是浙江经济发展的灵魂。

浙江精神中最基本、最朴实、最本质的内核就是创业创新。

浙江人勤于创业、敢于创业。浙江人宁可苦干、不愿苦熬,他们历经千辛万苦、说尽千言万语、走遍千山万水、想尽千万百计,终于成为成功的创业者。为了创业,浙江人四海为家,什么苦都能吃,什么脏活、累活都能干。数百万连普通话都不会讲、讲不好的浙江农民足迹遍布天南海北、长城内外甚至漂洋过海,从事各种艰苦行当。难能可贵的是,浙江人不仅在事业初创阶段能吃苦,而且在拥有资本财富、掌握文化技术后仍然甘愿吃苦。浙江人还有一股志在必得、不达目的誓不休的韧劲。失败了,不怨天,不尤人,放下包袱,从头再来。破产了,不灰心,不丧气,打工赚钱,另起炉灶。没有放不下的架子,没有抹不开的面子,有的是一股越挫越勇的韧劲。一个办法行不通,就换一种思路,一个地方没有发展余地,就换个地方接着干。自强不息,坚韧不拔,其本质内涵只有一个,就是坚持不懈地投身创业、坚定不移地走创业之路。

改革创新是时代精神的核心,也是浙江精神的突出特点。浙江人民具有敢为人先、勇于创新的气魄和智慧。浙江人敢闯敢干,敢为天下先,具有钱江弄潮儿的无畏气概和争喝"头口水"的超前意识。更重要的是,浙江人以务实的态度致力于创新,不做表面文章,不热衷于评功论好,不图虚名。面对指责,不屑于争论;面对成绩,也不愿意炫耀。浙江人特别善于捕捉商机,找不到国有企业的铁饭碗,就自己找一个泥饭碗;拿不到国家的投资项目,就寻找市场适销产品。科索沃战争的硝烟未散,浙江人就冒着炮火把生意做到了南联盟;美国的战机尚在阿富汗上空盘旋,浙江人就把集装箱运到了喀布尔;新欧元刚面世,浙江人就为欧洲人做好了新的钱包。这种强烈的创新意识和能力,给浙江大地注入了勃勃生机,成为浙江经济社会又好又快发展的动力源泉。浙江人坚持"三个有利于"标准,敢于冲破各种僵化观念和陈规陋习的束缚,创造性地贯彻党的改革开放政策,率先进行市场取向的改革,培育充满生机活力的市场主体,形成了体制机制上的先发优势。坚持"两个毫不动摇",形成了以公有制为主体、多种所有制经济共同发展的相得益彰的格局,提升了浙江经济的竞争力。正是凭借敢闯敢冒、勇于创新的精神,浙江人创造了第一批个体工商户、第一批私营企业、第一批专业市场、第一座农民城等许多可以载入改革史册的"全国第一",成为改革开放的开路先锋,在发展社会主义市场经济的过程中抓住了一个个机遇,赢得了发展的时间和速度。

案例 5-4

马云创业语录:一些激励人心的思想

"要有梦想且要真实。"

马云说,很多人创业的目的不同,他创业的目的就是让自己的生活有所改变。"当年我的领导对我说:'马云,好好儿干。再过一年你就有煤气瓶可以发了,再过两三年你就可能有房子了,再过五年你就能评副教授了。'于是我在他身上看见了我以后的样子——每天骑着自行车,去拿牛奶,买菜。我当然不是说这种生活不好,只是希望换一种方式。等到在创业的路上越走越远的时候,我发现自己的梦想越来越大,也越来越现实。每个人都有梦想,梦想未必要很大,但一定要真实。"

"身边的人才是榜样。"

"在创业之路上,每个人都会有很多的老师,但我其实不是大家的老师。我经常说,我很多年以前把比尔·盖茨当成榜样,当成自己的老师。后来我发现比尔·盖茨做不了我的榜样,因为我不知道该怎么向他学习。但是隔壁开店的老张、老王可以作为我的榜样。"马云觉得学习身边的人比信仰那些遥不可及的榜样更可靠。他说,每个创业者都要学会学习身边的人,欣赏身边的人。

"悲观的人不可能创业成功。"

"有人说,马云你创业的时候环境和机会比我们好,你运气好,所以你成功了,但我们没机会了。我说那不可能,这世界永远是机会。"马云在谈创业的机遇时说,"当初微软做起来的时候,人们都说没人能超越微软,后来出现了雅虎;人们说没人能超越雅虎,后来又出现了 eBay;人们觉得 eBay 已经很了不起了,又出现了谷歌;当人们觉得谷歌已经'像太阳一样无法被超越了',现在又出现了 Facebook。""一个创业者身上最优秀的素质,那就是永远乐观。乐观不仅是自己安慰自己,左手温暖右手,还要把自己的快乐分享给别人。唯有这样,人生的路才会走得长远。"

"伟人的巨大魅力来自他的平凡。"

"看待任何人需要客观。我认识很多的成功人士,很多伟人的巨大魅力来自他的平凡。而只有你和他全用平凡的心看待对方的时候,你才会学到和欣赏到真实的东西。等我年纪大了的时候,我特别想写一本《阿里巴巴 1001 个错误》和大家分享。"

"只要不放弃就会有机会。"

"我永远相信只要永不放弃,我们还是有机会的。最后,我们还是要坚信一点,这世界上只要有梦想,只要不断努力,只要不断学习,不管你长得如何,不管是这样还是那样,男人的长相往往和他的才华成反比。今天很残酷,明天更残酷,后天很美好,但绝大部分人是死在明天晚上,所以每个人不要轻言放弃。"

第四,诚信和谐是浙江经济发展的方向。

"诚信"精神就是把诚信作为现代文明之基,使现代诚信意识深入人心,成为自觉的行为规范;把诚信建设作为企业文化的基石,使企业信誉兴业转化为实实在在的竞争力和"金名片"。从一定意义上说,市场经济本身就是信用经济。由这种信用关系所规定的市场秩序,只能是"守信"。对信用的恪守,对契约的严格执行,除了受法律的约束外,便是受守信精神的约束。当前,在浙江提倡"诚实守信"的精神显得尤为重要。这是因为浙江的经济除了要从低小散走向高大优外,还要建立现代企业制度并完善市场经济体制。而同时由无信所引发的市场秩序的混乱,在浙江当前所处的体制转轨时期极易发生。经济体制转轨使浙江省社会生活处于激烈的变革之中,与市场经济相适应的,以"诚实守信"为特征的市场秩序和规范尚未形成,因而必然会助长一部分人既不讲法也不守信用的越轨行为。在浙江现实生活中一定程度上存在的商业欺诈、假冒伪劣、背信毁约、欠债赖账等现象,都是无信行为的具体体现。在此情况下,大力提倡"诚信和谐"精神,无疑具有十分突出的意义。

思考讨论题

1.浙江经济发展的特点及其形成的原因是什么?

2.试述浙江"特色小镇"建设的特点及其对浙江经济社会发展的影响。

3.试述浙江互联网经济在全国先行示范的原因、表现及其对我们进一步推进创业创新的启示。

4.结合浙江精神与浙江经济发展的内在关系,分析马云创业成功的原因和启示。

第六章　浙江精神与浙江政治建设

在近代中国反帝反封建斗争中,浙江精神推进着以爱国、民主为主题的进步潮流不断发展。在中国共产党领导下,浙江人民为民族独立和人民解放作出了重要贡献,在浙江建立了社会主义基本制度。在改革开放新时期,浙江人民从实际出发,适应社会主义市场经济的发展,把加强和改善党的领导、发扬人民民主和建设法治浙江紧密结合起来,全面提高党的建设科学化水平,不断发展和完善社会主义基本政治制度和民主法治建设,努力扩大人民群众的有序政治参与,切实推进行政管理体制机制改革,使浙江精神在政治建设中焕发出新的光彩。

一、浙江政治建设的历程

(一)浙江近代政治的变迁

在鸦片战争中的定海保卫战中,葛云飞、王锡朋、郑国鸿三位总兵同所部 5000 余将士与侵略者英勇战斗,大部阵亡,揭开了近代浙江人民反帝爱国斗争的序幕。此后,浙江人民反对帝国主义侵略控制的斗争此起彼伏,维新思潮不断发展,办学校、立商会、设警局和工商机构,新的行政机构框架开始形成。

辛亥革命中,浙江革命势力乘势而起,于 1911 年 11 月 7 日宣告成立浙江军政府并设立都督府为行政机关、浙江省议会为立法机关、省法院为司法机关。1912 年 1 月,浙江省临时议会制定了《中华民国浙江省约法》。这是浙江第一部按照资产阶级宪法精神设立的最高地方立法。浙江军政府的成立和《中华民国浙江省约法》的制定,是辛亥革命的重大成就,标志着封建王朝的地方政治制度和政治体制在浙江彻底崩溃,一种新的地方民主共和政权开始在浙江建立。

辛亥革命后,以鲁迅为代表的浙江籍学者在新文化运动中发挥了重要作用。五四运动中,浙江学生、工人、市民和各界人士群起响应,全省出现了罢课、罢工、罢市的"三罢"斗争和抵制日货运动。邵力子等浙江籍知识分子开始介绍十月革命和马克思列宁主义,浙江出现了《浙江新潮》等宣传和介绍马克思主义的刊物。浙江省立第一师范学校(简称"一师")成为当时浙江宣传新思潮的中心。1920年,因抗议浙江当局免去浙江新文化运动的先驱经亨颐的一师校长职务,杭州爆发了震惊全国的"一师风潮"。

1921年7月,中国共产党第一次全国代表大会在上海召开后又转移到嘉兴南湖,在一艘游船上讨论通过了党的第一个纲领和决议,宣告了中国共产党的成立。1921年9月,萧山衙前农民协会成立,领导农民开展抗租减租斗争,成为中国共产党领导的最早的农民运动。在轰轰烈烈的大革命中,浙江工农运动蓬勃开展,各地普遍成立了行业工会和农民协会,开展罢工和减租减息、反对苛捐杂税的斗争,配合北伐军向浙江进军。

1927年"四一二"和"七一五"反革命政变后,中国共产党在浙江的革命活动一天也没有停止过。1930年5月,活动在永嘉、温岭、永康一带的红军游击队成立了中国工农红军第十三军。这是被中央军委列入正式序列的全国14支红军之一。1931年至1932年,方志敏领导的红军第十军向浙西发展,在江山、常山、开化、遂安等地建立党组织和苏维埃政权,创建了闽浙赣革命根据地。1935年,红军挺进师进入浙江开展游击战争,在松阳、龙泉一带建立了浙西南游击根据地,并向闽浙边界和浙东发展,建立革命政权,领导农民群众进行土地革命。

浙江是中国人民抗日战争的主要战场之一。1937年8月14日,中国空军飞行大队长高志航率部出击,在杭州上空击落日机1架,首开中国空军对日参战和击落日机纪录。为此,国民政府后来把8月14日定为"空军节"。粟裕等人率领闽浙边抗日游击总队赴皖南编入新四军后,成为新四军的一支劲旅。1942年7月28日,以谭启龙为书记的浙东区党委成立,统一领导浙东抗日斗争,成为当时中共领导的19个根据地之一。浙东根据地和后来创建的苏浙皖边抗日根据地按照"三三制"(在政府工作人员中,共产党员、非党左派人士和中间派各占三分之一)的原则,大力推进民主政治建设,在施政纲领中提出要厉行廉洁政治,严惩贪污行为,有力地推进了浙江的民主政治建设。

解放战争期间,浙江各地反饥饿、反内战、反迫害的学生运动、市民和工人罢工此起彼伏,一浪高过一浪。1947 年 10 月,浙江大学学生自治会主席于子三由于组织学生与国民党进行斗争,被国民党特务杀害,激起了浙江大学广大师生的强烈愤慨,由此引发的反迫害运动从杭州迅速发展到上海、北京、南京和武汉等地,掀起了一个全国性的反迫害、争自由、求生存的民主运动。在中国共产党领导下,浙江人民的革命斗争为人民民主专政的政治建设在浙江的实践开辟了道路,奠定了基础。

(二)新中国成立后浙江的政治建设

1949 年 5 月 6 日,随着人民解放军的胜利进军,以谭震林为书记、谭启龙为副书记的新的中共浙江省委宣布建立。随后,中共杭州、宁波市委和 10 个地委(包括所属各市委、县委)也相继建立,浙江人民有了自己坚强的领导核心。浙江党的各级领导机构建立后,设立了军事管制委员会对全省进行接管工作。不久,又成立了中国共产党领导的杭州市以及各地区、县、区、乡各级人民政权。1949 年 7 月 29 日,浙江省人民政府正式成立,谭震林为主席。

1949 年 8 月,杭州市第一次各界人民代表会议召开,工人、农民、青年、妇女、工商、文教、民主人士、宗教慈善团体、党政军、自由职业者等各界代表 290 人参加了会议。随后,宁波、温州、绍兴和嘉兴等城市以及绝大多数的县也召开了各界人民代表会议。广大农村则围绕民主建政和农村的主要工作,召开乡农民代表会议。1950 年 8 月,浙江省第一届各界人民代表大会召开。会议代行浙江省人民代表大会的部分职权,选举成立浙江省第一届各界人民代表会议协商委员会作为省各界人民代表会议在休会期间的常设机构。1952 年,浙江省委、省政府又开始在市、县进行代行人民代表大会职权的各界人民代表会议的试点工作,为在普选的基础上建立各级人民代表大会制度做了必要的准备。中国民主同盟(简称"民盟")、中国农工民主党(简称"农工党")、中国民主建国会(简称"民建")、中国国民党革命委员会(简称"民革")和中国民主促进会(简称"民进")等民主党派也都在浙江建立了地方组织。全省大多数市、县和万人以上的城镇相继成立了工商联筹委会。浙江省委还要求在少数民族聚居区进行乡村建政时,要按少数民族所占比例决定正副村委会主任和乡长的任职。

　　按照中央人民政府的统一部署,以 1953 年 6 月 30 日 24 时为截止的标准时间,浙江进行了第一次人口普查。全省当时人口总数为 22865757 人。结合人口普查进行的选民登记中,浙江登记选民总数为 12910393 人。在基层单位通过选举建立人民代表大会制度的基础上,1954 年 8 月 13 日,浙江省第一届人民代表大会第一次会议在杭州开幕。人民代表大会制度在浙江的建立,标志着浙江的政治建设进入了一个新的阶段。

　　1955 年 2 月 22—26 日,中国人民政治协商会议第一届浙江省委员会第一次会议在杭州隆重举行。出席会议的 155 名委员代表着中国共产党和在浙江的各民主党派及社会各界等 23 个方面。会议选举产生了政协第一届浙江省委员会领导机构,浙江政协工作和统一战线工作从此进入了一个新的阶段。

　　1956 年三大改造完成后,社会主义制度在浙江得到确立。为了正确处理社会主义条件下的各种矛盾,浙江省委根据毛泽东关于正确处理人民内部矛盾的讲话精神,把正确处理人民内部矛盾作为政治生活的主题,对如何解决社会主义时期的社会矛盾进行了新的探索。

　　"文化大革命"开始后,浙江党的各级领导机关受到冲击,社会主义法制遭到破坏,人民群众的民主权利得不到保护。在极端困难的情况下,许多党员、领导干部和人民群众以各种方式对"文化大革命"的错误进行了抵制。因此,尽管经历了这一场浩劫,但社会主义的基本制度没有改变,社会性质没有改变。党一度因"造反"冲击无法正常开展工作,并且也受到"文化大革命"错误的影响,但党的领导地位没有动摇,党的基层组织和绝大多数党员在很困难的情况下带领群众开展工作,促进了工农业生产的发展,保证了人民群众的基本生活水平并有所提高。

案例 6-1

"枫桥经验"——浙江政治建设和社会管理的典范

　　"枫桥经验"诞生于 20 世纪 60 年代。1962 年中共中央八届十中全会以后,浙江在全省城乡开展了社会主义教育运动(又称"四清"运动）。在这次运动中，针对那种片面强调阶级斗争，混淆敌我矛盾的错误思想和做法，浙江省委根据中央关于对坏人坏事"也要有分析""必须以教育为主，以惩办为辅"①的指示精神，强调运动中要注意掌握政策。省委社教工作队在诸暨枫桥区指导社教运动时，根据四类分子（即地主、富农、反革命、坏分子）的表现区别对待，对守法的鼓励；对基本守法的既肯定好的一面，也指出不足；对有违法行为的严厉批评；对有严重破坏行为的交群众批判斗争。最后，枫桥区没有逮捕一人，创造了"发动和依靠群众，坚持矛盾不上交，就地解决，实现捕人少，治安好"的"枫桥经验"。"枫桥经验"得到了党中央和毛泽东的充分肯定，被推广到全国。"枫桥经验"是 20 世纪 60 年代初浙江从实际出发处理政治问题，做好社会管理工作的一次生动实践。

改革开放以来，浙江省诸暨市枫桥镇始终把发展作为第一要务，把以人为本作为核心内容，把化解矛盾作为主要任务，把强化基层作为关键环节，把专群结合作为最大优势，致力于关注民情、改善民生、发展民主、维护民安、促进民和，创造了"立足基层组织，整合力量资源，就地化解矛盾，保障民生民安"的新经验，建立了"治安联防、矛盾联调、问题联治、事件联处、平安联创"的新机制，形成了"党政动手、依靠群众，源头预防、依法治理，减少矛盾、促进和谐"的新格局，体现了"枫桥经验"的地方特色和时代特点。"枫桥经验"的基本内涵和精神实质就是发挥政治优势，相信依靠群众，加强基层基础，就地解决问题，减少消极因素，实现和谐平安。

（三）改革开放以来浙江的政治建设

第一，社会主义基本政治制度不断完善和发展。

1976 年 10 月，粉碎"四人帮"以后，浙江省委按照中共中央的部署，深入开展了揭露和批判"四人帮"，彻底查清与"四人帮"阴谋活动有牵连的人和事，摧毁"四人帮"帮派体系的斗争。为了纠正"左"倾错误的影响，

---

① 中共中央文献研究室：《建国以来重要文献选编》（第十六册），中央文献出版社 1997 年版，第 294 页。

落实党的各项政策,浙江还开始了平反冤假错案的工作,使一些受到错误批判和打击的同志恢复了名誉,人大、政协和各人民团体的正常工作开始恢复,民主氛围大大改善。1978 年 6 月,真理标准的讨论在浙江广泛开展,浙江省委和党的各级组织、理论工作者以及广大人民群众,旗帜鲜明地拥护"实践是检验真理的唯一标准"。浙江人民解放思想,在政治建设的各个方面开始拨乱反正,为十一届三中全会后的改革开放开辟了道路。

1977 年 12 月 18—22 日,浙江省第五届人民代表大会第一次会议召开。从浙江省第五届人民代表大会到 2015 年 1 月浙江省第十二届人民代表大会第三次会议,浙江人民通过普遍、平等的民主选举,产生自己的代表,组成各级人民代表大会,依法行使立法权、监督权、人事任免权和重大事项决定权。各级人民代表大会对人民负责、受人民监督,有力地保证了人民依法实行民主决策、民主管理、民主监督,享有宪法和法律规定的广泛的民主、自由和权利。

1977 年 12 月 16—24 日,中断十年之久的政协浙江省第四届委员会第一次全体会议在杭州召开。各民主党派在浙江的地方组织和工、青、妇各人民团体也先后恢复了活动,进行正常工作。各级政协委员来自社会的方方面面,新的社会阶层代表人士被及时吸收进入各级政协组织,有的还担任了政协主要领导职务。2013 年 1 月召开的政协第十一届浙江省委员会有 32 个界别,充分体现了人民政协组织上的广泛代表性和政治上的巨大包容性特点,保证了不同阶层、不同界别、不同群体的利益诉求能够在政协组织中得到及时充分的表达。

畲族是我国民族大家庭的一员。1984 年 6 月 30 日,国务院批准在浙江丽水地区建立景宁畲族自治县。1985 年 4 月 22 日,这一天是畲族传统的"三月三"节,景宁畲族自治县人民政府在驻地鹤溪镇举行盛会,庆祝我国第一个畲族自治县正式成立。

改革开放以来,浙江稳步推进并不断完善基层群众自治制度。在农村不断推进和深化以"民主选举、民主决策、民主管理、民主监督"为原则的村民自治制度。在城市建立了城市居民自治制度,在加强居民委员会建设的基础上进行社区体制改革,通过直接选举进行换届的社区居委会不断增加,社区居民(成员)代表会议、居务公开、民主决策、民主管理、民主监督等各项制度不断建立和完善,形成了以社区党组织为核心,社区居委会、居民代表会议、议事协商会议等共同组成的社区居民自治组织体系。在企事业单位,广泛实行了以职工代表大会为基本形式的企事业单位民主管理制度。

第二,社会主义民主法治不断发展。

社会主义基本政治制度不断完善和发展的基本内容,是社会主义民主和法制的不断发展。1979 年 12 月,浙江省第五届人大常委会第一次会议通过了浙江第一个地方性法规《浙江省县以下各级人民代表大会代表选举试行细则》。随着改革开放的不断深入,浙江的法治建设不断前进,立法、执法、普法等工作深入开展,运用法律手段管理经济和社会事务的能力不断增强。1996 年 4 月,中共浙江省委发出《关于进一步做好地方立法工作的意见》,提出支持和保证省人大及其常委会充分行使立法权,要求各级党组织都要在宪法和法律范围内开展活动,支持人大依法加强执法监督,支持政府依法行政,推动和保证国家法律、法规包括地方性法规的实施。1996 年 11 月,浙江省八届人大常委会通过了《关于实行依法治省的决议》。2000 年,中共浙江省委作出《关于进一步推进依法治省工作的决定》。2006 年 4 月,中共浙江省委进一步提出要建设"法治浙江",深化和发展依法治省。2014 年 12 月,根据党的十八届四中全会精神,《中共浙江省委关于全面深化法治浙江建设的决定》提出,要全面推进依法治国,到 2020 年,要力争在六个方面走在建设社会主义法治国家进程的前列,即:紧紧围绕依宪执政、依法执政,在社会主义民主政治建设规章方面走在前列;紧紧围绕科学立法,在健全地方法规规章方面走在前列;紧紧围绕严格执法,在建设法治政府方面走在前列;紧紧围绕公正司法,在推进司法体制机制改革方面走在前列;紧紧围绕全民守法,在提升全民法治意识和法律素养方面走在前列;紧紧围绕法治人才保障,在打造一支政治强、业务精、作风正、敢担当的社会主义法治工作队伍方面走在前列。

在基层民主法治建设方面,浙江也走在全国前列。2003 年,浙江在全国率先开展"民主法治村(社区)"创建。在示范带领下,浙江 90% 以上的村庄制定了村民自治章程或村规民约,建立民主理财、村务管理等制度;95%的村已达到民主管理规范化建设标准。"参与式预算制度""实事工程代表票决制""基层便民服务公共平台""外来人口三级议政议事平台"等创新做法也在浙江各地逐步推开,"法治浙江"的基层基础建设不断夯实。

第三,行政体制改革逐步深化。

为了推进以市场为导向的经济体制改革,发展社会主义市场经济,

1979 年,浙江从"放权让利"开始推动行政体制改革。1984 年,浙江省委、省政府肯定了海盐衬衫厂厂长步鑫生在企业经营管理上的改革,在全国引起很大反响,在国企改革中首开厂长负责制改革之先河。此后,浙江又相继在财税、金融、外贸、外汇管理和投资等方面采取了一系列重大的体制改革措施,开展了行政审批、国有资产管理、公共财政与规划等方面的改革,增强了宏观调控和管理能力,在建立社会主义市场经济体制方面走在了全国前列。2013 年 1 月,浙江省十二届人大一次会议提出深化行政审批制度改革,"力争成为审批事项最少、速度最快的省份"①。到 2014 年 2 月,浙江省级层面的行政许可从 706 项减少到 424 项。2014 年 6 月,浙江政务服务网正式上线,浙江 42 个省级部门权力清单上的 4236 项行政权力首次在网上公布,以后行政权力只能在清单基础上减少,不再增加。2014 年 10 月,浙江省、市、县三级政府的行政权力清单都在网上公布,实现清单之外再无权力。浙江由此成为全国首个在网上完整晒出省级部门权力清单的省份。

为适应城市化的发展,浙江以经济发达的城市为中心,陆续撤销了原来的地区,实行市领导县的体制。一些经济比较发达的县也相继改为市(县级)或市辖区。1983 年、1994 年和 1999 年,浙江还进行了 3 次比较大的政府机构改革,根据经济社会发展的需要,撤并和新设了一些机构,核定了人员编制。1999 年机构改革后不再保留工业经济管理部门和行政性公司,基本解除政府部门与所办经济实体的行政隶属关系,把政府机关的一些辅助性、技术性和服务性事务交给事业单位,强化了综合经济管理和监督、公共服务、社会管理的部门职能,使得政府职能逐步转变到"经济调节、市场监管、社会管理、公共服务"上来。

为实现政府职能的转变,浙江省强化地方立法,陆续制定了许多与市场经济相适应的地方性法规,全面推进依法行政,实现了由过去政府直接参与经济活动的微观活动向间接的宏观调控转变,由过去以行政手段为主向以经济和法律手段为主转变,使行政审批事项大幅度减少,行政效能进一步提高。为了使企业在市场竞争中有一个良好的发展环境,浙江省政府提出建设"信用浙江",要求围绕政府、企业、个人三大信用主体,加强法规、道德、监督三大体系,维护良好的市场竞争秩序。浙江不仅率先在全国建立运行容量最大、覆盖面最广、内容最全面的企业征信数据库"浙

---

① 《政府工作报告解读》,《都市快报》2013 年 1 月 26 日。

江企业信用网"和浙江省个人信用信息系统,率先建立了第一个跨区域的"信用长三角"信息共享平台,而且率先为信用立法,出台了《浙江省企业信用信息征集和发布管理办法》《浙江省企业信用信息查询办法》和《浙江省信用服务机构暂行管理办法》等一系列政策法规。通过"信用浙江"建设,提高了政府市场监管、公共服务的水平。

为发挥政府对经济的调节功能,浙江省各级政府还通过制定规划、产业政策,进行财政投入等方式,加快转变经济发展方式,促进科技进步和产业升级改造,强化政府统筹区域和城乡发展与公共服务职能。

第四,党的建设科学化水平全面提高。

浙江各级党组织坚持以中国化的马克思主义为指导,紧紧围绕党的中心任务,致力于加强党的执政能力建设、先进性和纯洁性建设,以改革创新精神全面推进党的思想、组织、作风、反腐倡廉和制度建设,不断提高党的建设科学化水平,为浙江经济社会发展提供有力的保障。

从真理标准问题的大讨论,一直到科学发展观的学习贯彻,浙江省委和党的各级组织不断根据形势发展的需要,坚持把理论武装放在首位。以理论学习中心组、读书会、浙江论坛等形式,带头深入学习马克思主义、中国特色社会主义理论体系等,组织开展了一系列马克思主义教育活动,解放思想、更新观念,不断兴起理论学习新高潮。各级党委普遍建立了中心组学习,全省镇乡建立了基层党校5937所,组织了上万人的宣讲队伍。通过理论武装,科学理论成为广大党员干部的思想之魂、工作之纲,为推进改革开放和现代化建设奠定了坚实的思想理论基础。

1983年,浙江各级党组织按照中央的统一部署开展了以统一思想、整顿作风、加强纪律、纯洁组织为主要任务的整党工作。进入21世纪以后,又对全省广大党员进行了以实践"三个代表"重要思想为主要内容的保持共产党员先进性的教育活动。为了提高干部队伍素质、加强领导班子建设,还先后在党员领导干部中开展了以"讲学习、讲政治、讲正气"为主要内容的党性党风教育、"树立科学的发展观、树立正确的政绩观、树立牢固的群众观,创为民、务实、清廉好班子"的"三树一创"集中教育实践活动和"树新形象、创新业绩"主题实践活动。针对市场经济较快发展给党的建设带来的新问题,浙江省委和党的各级组织始终把制度建设贯穿于党的建设全过程,建立健全了有关规章制度。在不断深化干部人事制度改革方面,逐步走出了一条从干部选拔、考核、管理等单项改革探索到整体推进的路子,重点开展了以提高选人用人公信度为主要内容的综合改革,扩大改革创新的综合效应,使党建工作科学化、制度化不断发展。

近年来,全省各级党组织和党员干部认真贯彻党的十八大精神,把以习近平同志为核心的党中央提出的全面从严治党新思想新要求传达到党员干部群众中,落实到党建工作实践中。各级领导干部带头学习习近平总书记系列重要讲话精神,把《之江新语》《干在实处 走在前列——推进浙江新发展的思考与实践》作为学习的重要内容,在创建学习型党组织中增强理想信念,凝聚发展共识。为深入推进以中国梦为主题的中国特色社会主义宣传教育活动,全省共组建宣讲团 670 多个,宣讲 6.7 万余场。2013年 7 月以来,根据党中央的部署,以"示范点、排头兵"的标准,全省各级党组织分两批开展了党的群众路线教育实践活动。活动紧紧围绕"为民、务实、清廉"主题,贯彻"照镜子、正衣冠、洗洗澡、治治病"总要求,敞开大门查摆"四风"(形式主义、官僚主义、享乐主义和奢靡之风)问题,以整风精神开展批评与自我批评,互帮互找"四风"问题,落实整改措施,明确整改期限,密切了党群干群关系,提振了党员干部的精气神。为有效遏制"四风",搞好党风廉政建设,浙江省委在第一时间制定贯彻落实中央八项规定的"28 条办法"和"六个严禁",连续出台元旦春节"六个严禁"、中秋国庆"五条禁令"和严禁公款购买印制寄送贺年卡等规定。坚持抓实抓小抓具体,严格压缩文山公海、"三公"消费,有效整饬机关工作纪律。坚持明察暗访、正风肃纪,曝光典型、形成震慑。浙江省委还结合创先争优活动在全国率先开展服务型基层党组织建设,使"服务"成为基层党组织和党员队伍建设更为鲜明的主题。一是以"三个指数"为抓手深化基层服务型党组织和党员考评管理,即建立乡镇服务指数,开展"五好"服务型乡镇创建;健全党组织堡垒指数;开展党员先锋指数管理,坚持"严"字当头管好党员队伍。二是以村级组织换届为契机,选出好班子、绘就好蓝图、换出好风气,切实巩固农村基层党组织"红色细胞"的战斗堡垒作用,提升村级组织服务能力。三是"两新"组织发展到哪里,党建工作就跟进到哪里,深化"两新"组织"双强争先(发展强、党建强,共同创先争优)",突出抓好青春党建(党建工作要凝聚"青春之人",进驻文化创意、三产服务、电子商务等新兴领域的"青春之地",要有青春时尚,与时俱进,富有吸引力的"青春之举")。四是做到服务需求在哪里,党员就出现在哪里,全省 60 余万在职党员到社区进行志愿服务。

2017 年 6 月,浙江省委书记车俊在浙江省第十四次党代会上,第一次提出了"在全面从严治党上更进一步、更快一步,努力建设清廉浙江"的要求,进一步深入推进浙江党的建设新的伟大工程。

二、公共服务体制深化改革取得成效

(一)坚持从实际出发积极稳妥地推进政治体制改革

为了适应改革开放后农村生产力发展的要求,早在 1982 年,浙江省政府开始陆续放开农副产品价格,减少工业指令性计划,按照"政府调节市场,市场引导企业"的要求,减少对微观企业的直接干预,向企业、个人和市场下放管理权限。在乡镇企业、个体经营发展起来的情况下,浙江省政府又默许、鼓励和支持农村集市逐步演变成为具有一定专业性的商品交易市场,义乌小商品城、绍兴轻纺城等专业化市场异军突起,使浙江率先成为全国首屈一指的市场大省。

在不断深化行政体制改革中,浙江从自己的实际情况出发,没有照搬照抄别人的模式,在实行市领导县的体制中,不仅坚持实行"省直管县"的财政体制,而且较早地实行了省委直管县党政主要领导的干部管理制度,并先后进行了四轮"强县扩权"的改革,既发挥中心城市(设区市)对县(市)的辐射带动作用,又减少一些中间层次,把管理的重心放在县(市)级。这些措施极大地增强了县(市)级发展的活力,促进了县域经济的发展,使县域经济的发展成为浙江经济社会发展中的亮点。近年来,浙江又在"强县扩权"的基础上进一步实行"强镇扩权",赋予一些经济社会发展比较快的中心镇以更多的管理权限。

自从 1999 年上虞市成立全国首家行政服务中心后,浙江的行政审批制度改革也率先在全国破冰,到 2012 年的 13 年间,浙江完成了三轮审批制度改革。2013 年 1 月,《浙江省深化行政审批制度改革实施方案》《浙江省政府投资项目省级联合审批实施办法》获得审议通过,提出要努力把浙江打造成为审批事项最少、办事效率最高、投资环境最优的省份之一。党的十八大以来,在全面深化新一轮政府自身改革中,浙江力推"四张清单一张网",即政府权力清单、政府责任清单、企业投资负面清单、财政资金分配管理清单和浙江政务服务网;着力于"三个大幅度减少",即大幅度减少政府对资源的直接配置,大幅度减少政府对微观事务的管理和干预,大幅度减少政府对资源要素价格的干预,就是为了推动资源配置依据市场规则、市场价格、市场竞争,实现效益最大化和效率最优化,为了形成企业自主经营、公平竞争,消费者自由选择、自主消费,商品和要素自由流动、平等交换的体制机制,为了建立健全主要由市场决定要素价格的机制,使政府职能的重心真正转移到加强公共服务、加强市场监管、加强社会管理、加强环境保护等职责上来。

针对浙江多种所有制经济发展迅速的特点,浙江十分重视妥善解决市场经济中不同利益群体的矛盾,通过加强基层民主法治建设维护企业和公民的权益,创造了许多个全国"第一"。1986年,全国第一个非公有制企业的工会在温州市平阳毛纺织厂建立。1987年,苍南县包郑照起诉县政府,这是全国第一起"民告官"诉讼。杭州市余杭区塘栖镇唐家埭村以"自荐海选"的方式选出村委会成员,在全国基层民主选举中首开先河;武义县在白洋街道后陈村开展完善村务公开与民主管理试点工作,探索村级民主监督体制与机制,这是驰名全国的"村务监督委员会"的来源。2008年,杭州市余杭区借鉴香港等地的做法,以区级、区级机关部门、乡镇街道、村社区这四个"评估层面",从党风廉政建设、政府行政工作、司法工作、权利救济、社会法治意识程度、市场秩序规范性、监督工作、民主政治参与和社会治安这9方面的法治事务,通过面向老百姓的调查问卷,对2007年余杭法治建设的基本情况形成以数据指标表达的"法治指数"。这是我国内地第一个有客观评价标准、反映了群众意见并公布于众的"法治指数"。

在推进"法治浙江"建设中,浙江提出要以法治促民生,维护群众权益。2011年,浙江省群众安全感满意率达97.35%,继续位居全国前列。为了进一步推进"法治浙江"建设,全省法院从2013年开始推行阳光司法指数评估体系,通过涵盖人民法院审判执行工作所有环节的立案公开、庭审公开、执行公开、听证公开、文书公开、政务公开、工作机制等7项一级指数和26项二级指数,直观反映和客观监测法院司法公开的情况。这在全国属于首创。

视频 6-1

"四张清单一张网"优化政务生态
（视频来源:中央电视台 13 套）

案例 6-2

"四张清单一张网"的政治文明意蕴

"四张清单一张网"体现了现代政治文明的法治精神。

"四张清单一张网"体现了"对公民来说,法无禁止即自由,对政府来说,法无授权不可为"的法治精神,它明确列举了政府及其各职能部门能够行使的权力,明确列举了企业禁入的投资经营事项,明确列举了政府所掌握的专项财政资金的使用范围,并把政府的权力行使描绘成清晰直观的路线图,一目了然。在这种治理结构中,公民对在法律上什么事不可做有明确的、始终如一的判断,能够根据这种判断约束自己的行为,从而使自己的权利行为能够更好地与他人的权利行为相协调,促进人与人之间的和平与社会关系的和谐;而政府也能够清楚地知道自己的职能范围和权力边界,保证自己在范围边界内开展职能活动,防止无意识的越权行政。

"四张清单一张网"体现了现代政治文明的公开透明精神。

公开透明应是现代国家治理的基本价值取向,"四张清单一张网"就充分体现了这种价值取向。它要求将政府的权力、责任公开,将政府办事的依据、流程、结果公开,将政府要求公民在向政府提出权利申请时所必须具备的条件公开,使公共权力自始至终运行于阳光之下,获得日趋规范的行为效果,从而消除权力在不公开状态下常有的任意专断性。此时,政府治理对公民来说是确定的、可预期的,公民完全可以利用这种稳定预期来引导自己的权利行为,于是,政府治理所必然具有的强制性能够在公民心理上降到最低限度。

"四张清单一张网"体现了现代政治文明的责任伦理精神。

责任政治与责任政府的实践产生了责任伦理的道德取向,即政府不再能够仅以自己善的意图来为自己辩护,而必须以自己行为的规范性以及行为后果之于社会公共利益的有益性来体现自己权力行为的道德正当性。责任清单就体现了现代政治文明之责任伦理的精神。它根据权责一致的原则明确了政府各职能部门的责任范围，指出凡属各职能部门责任范围的事项，任何人不得以任何理由推卸，否则构成失职，将受到法律追究。

——摘自 2016 年 10 月 10 日《浙江日报》 徐邦友

（二）深化公共服务体制改革，使群众有"获得感"

近年来，特别是 2016 年，浙江持续发力，纵深推进公共服务体制改革，从群众最期盼的领域改起，从群众意见最集中的地方改起，不断拉高教育保障、医疗卫生和平安建设的标准，让人民群众更有获得感。①

首先，教育方面。浙江省委全面深化改革领导小组 2016 年工作要点提出，推进高标准普及十五年教育保障机制改革，包括选择部分地区开展中小学教师"县管校聘"制度改革、开展中小学校长职级制试点等。同时把推进高等学校分类评价管理改革，作为 2016 年浙江重点突破改革项目。到 2015 年年底，浙江省义务教育的普及率达到了 100%。但针对"普及很高、标准不高"的问题，浙江提出要通过改革补短板，在提高教育质量上下功夫。又比如推动学前教育上等级、新建 251 所义务教育标准化学校、为中小学校配备 2 万套移动学习终端、改造农村中小学教室照明环境、资助中小学校建成 300 个创新实验室、资助山区和海岛县（市、区）引进外聘一批中小学外籍教师等众多"提质"工程。又比如支持应用型本科高校建设，并推出首批 10 所应用型建设试点示范学校，推动高校开展一流学科和优势特色专业建设，加强应用型人才培养，鼓励普通高校和独立学院建立创业学院，筛选若干所高校开展专科"2＋1"、本科"3＋1"、专业硕士"4＋2"等创新创业骨干人才培养试点。

其次，医改方面。浙江以"双下沉、两提升"为突破口，在医疗改革的"深水区"闯新路，如制定出台县乡村卫生一体化管理实施意见。以"科学

① 参见《深化公共服务体制改革 让群众有获得感》（《今日浙江》记者叶慧，2016 年 6 月 6 日），来源：人民网—中国共产党新闻网。

配置医疗资源、构建分级诊疗格局"为主线,浙江让"医学人才下沉、城市医院下沉",向基层医院输出服务、医疗技术、管理,促进县域医疗卫生机构"服务能力提升,群众满意度提升"。同时,浙江全面推进分级诊疗制度建设,让群众能放心选择在家门口就医,实现城市三甲医院门诊就诊比例下降,县域就诊率明显上升。

再次,平安建设方面。近年来浙江建设的重点之一是面向全省,建立云计算平台;立足基层,推进县乡两级社会治理综合指挥平台建设,横向打通部门信息渠道,纵向把县(市、区)到村(社区)的社会治理工作贯通起来。截至 2016 年年底,全省平安建设信息网络建有移动终端 58 万个,覆盖到全省所有县(市、区)、乡镇街道和 90% 以上的村(社区),初步形成了线上线下整体作战的工作体系。为提高数据资源服务平安建设的利用率,浙江利用政务服务网,打破部门间的"数据鸿沟",把首批 13 个省级部门 67 项信息打通,接入平安信息系统,实现信息共享共用,构建起全省社会治理大联动平台。交通管理改革推出 10 项创新举措,稳步实施驾考网上自主预约、省内异地考驾照、机动车省内异地年检等措施,极大方便了群众。为保障群众的舌尖安全,浙江大力度建设食品质量追溯体系。改革户籍制度、完善居住证制度,被列入 2016 年浙江省重点突破改革的项目。

(三)扎实推进基层民主建设

基层民主建设是社会主义民主政治建设的重要组成部分。改革开放以来,浙江在农村不断推进和深化以"民主选举、民主决策、民主管理、民主监督"为原则的村民自治制度。在城市建立了城市居民自治制度,在加强居民委员会建设的基础上进行社区体制改革,通过直接选举进行换届的社区居委会不断增加,社区居民(成员)代表会议、居务公开、民主决策、民主管理、民主监督等各项制度不断建立和完善,形成了以社区党组织为核心,以社区居委会、居民代表会议、议事协商会议等为支撑的社区居民自治组织体系。在企事业单位广泛实行了以职工代表大会为基本形式的企事业单位民主管理制度。

基层民主与人民群众的切身利益紧密相关。浙江在扎实推进基层民主建设中,十分注意把基层民主建设与改善民生结合起来,以民主促民生问题的解决,逐步扩大公民有序政治参与。温岭人长期开展的民主恳谈制度就是其中的代表。为发展基层民主,浙江省积极推行温岭的民主恳谈和舟山市等地创造的"网格化管理、组团式服务"和"村级民主管理程序""村务监督委员会"等基层民主制度,将民主议事、民主听证、民主监督、民情沟通融为一体,有效地推动了基层民主和协商民主的发展。如杭州就通过公民评议政府、市长热线、机关效能建设、人民建议征集、公民参与城市规划等方面在基层民主建设方面进行了创新,形成了以"参与式"为亮点,包括"开放式决策""市民投票""重大工程建设"民主参与等机制的"民主促民生"城市治理模式。浙江在全国率先实现村村都有"监委会",近 3 万个行政村全部设立"村务监督委员会";率先构建社会矛盾纠纷大调解体系,2012 年,全省各类调解组织共排查受理各类矛盾纠纷96.3 万件,调处成功率达 97.4%,群体性事件、信访总量分别比上年下降11.83%、2.6%;率先推进社会稳定风险评估,2011 年全省共评估重大项目 2592 件,停止或暂缓实施 109 件。

案例 6-3

温岭民主恳谈制度

　　1983 年,温岭人创办了全国第一家农村股份合作制企业。随着社会主义市场经济的发展和自主、竞争意识的发展,温岭人民参与基层社会事务的决策和管理事务的意识也在增强,对公开、平等、民主有了新的诉求。1999 年,在全省开展的农业农村现代化教育活动过程中,温岭市松门镇党委、政府为了增强活动的实效,尝试采用一种干部和群众面对面进行交流的形式,召开了主题为"推进村镇建设、改善镇容村貌"的第一期"农业农村现代化教育论坛"。由于给了群众一个表达自己意愿的机会,有150 多名群众自发前来参加并提出了许多问题。镇领导对群众提出的问题现场做了答复解释,有的问题当场予以解决,有的问题则承诺了具体的解决措施和时间。参加会议的群众感慨:"都20 年没有这样说话的机会了!"

1999 年年底,温岭市委及时总结推广了松门镇的做法,各镇(街道)、村出现了形式多样、名目繁多的民主沟通、民主对话活动。2000 年,温岭市委将此前已经在各地开展的"民情恳谈""村民民主日""农民讲台""民情直通车"等活动统一更名为"民主恳谈",并将活动范围由镇(街道)、村两级向非公有制企业、城镇社区、事业单位和市级政府部门延伸。民主恳谈会一期一个议题,内容主要是当地工作中的重点、难点、热点问题以及群众普遍关注的事项。在恳谈会举办的五天前,政府将议题、时间和地点以通告的形式在乡镇的各村居公布,群众自愿参加,自由提问,镇(街道)的领导和有关职能部门当场给予解释、答复、解决和落实。在这种对话型民主恳谈的基础上,民主恳谈进一步制度化、规范化、程序化,成为组织和引导群众广泛参与对公共事务的决策、管理、监督的一种形式和各级政府公共事务决策的必经程序。在试点的基础上,温岭市又将民主恳谈与政府预算改革结合起来,把民主恳谈引入镇人代会的预算审查、监督过程。这不仅强化了民主恳谈自身的制度化,推进了预算民主,而且促进了基层人大更好地依法履行自己的权力。

民主恳谈制度改变了以往由少数领导拍板的决策方式,在各多元利益主体和公众的广泛、平等参与下,促进了决策的民主化、科学化。它丰富了基层民主形式,构建了基层民主管理、民主监督的新平台,成为广大人民群众参与基层社会公共事务的决策和管理的新渠道,提高了人民群众对基层社会事务的知情度、参与度、选择度和监督度。将民主恳谈制度引入政府预算编制,并与人民代表大会制度对接,有利于健全基层人大工作机制,增强人大代表的责任感,促进基层人大和人大代表切实履行自己的职权,使人民代表大会制度能够更好地体现人民当家做主的制度安排。

时任浙江省委书记习近平在视察台州时,对民主恳谈制度予以高度评价,认为这是巩固党的执政地位,加强基层民主政治建设的有效载体。

三、"互联网＋"与公共治理的新变革

（一）大力推进电子政务服务网建设

浙江电子政务建设一直走在全国前列，但是纯粹以技术驱动的电子化，往往导致重复建设，造成割据式、碎片化的信息孤岛，如何变"电子＋政务"为"互联网＋政务"。党的十八大以来，浙江在全国率先启动、大力推进以"四张清单一张网"为重点的政府自身改革，打造审批事项最少、办事效率最高、投资环境最优的省份。这其中的"一张网"指的就是以互联网的方式推动政务服务创新，打造浙江政务服务网。[①]

视频 6-2

"互联网＋政务"浙江打造智慧政府

（视频来源：浙江卫视）

2014 年 6 月，全国首个实现省市县一体化建设与管理，集行政审批、便民服务、政务公开、效能监察、互动交流等功能于一体，省市县统一架构、三级联动的网上公共服务平台"浙江政务服务网"正式上线。这张网构建了全省 101 个市县政府、31 个开发区服务平台和 43 个省级部门服务窗口，逐步实现省市县网上政务服务的"七统一"：统一导航、统一认证、统一申报、统一查询、统一互动、统一支付、统一评价，目标是打造一个方便群众网上办事的"政务淘宝"。

2015 年 9 月，浙江政务服务网推出"数据开放"板块，开放了 68 个省级单位的 1500 多项数据类目，包括 403 项可下载数据资源和 135 个数据接口。这些数据包括身份户籍、社保、婚育、纳税等与群众生活关系紧密的基础信息，企业、组织机构的登记、资质、信用信息，及政府部门在行政执法、社会管理中积累的信息。

---

①　参见《互联网开启现代治理新模式》（《今日浙江》记者马跃明，2016 年 12 月 12 日），来源：人民网—中国共产党新闻网。

(二)形成新型的公共治理模式

浙江通过电子政务建设,形成了新型的公共治理模式。[①]

第一,"互联网＋政务"打造了平安建设信息系统、综治视联网、公共安全视频监控网等"三网"联动的,立体化、信息化的社会治安防控体系。比如,2011 年启动建设的"平安建设信息系统",综治视联网连接着全省 184 万个监控探头,同步联网监控全省 70％以上的重点公共区域,织就了一张严密的"天网"。

第二,"互联网＋政务"打造了廉洁高效服务型政府。政府网站、政务微博、政务微信、政务 APP……近年来,浙江以政务服务网建设作为主要载体,将"互联网＋政务"理念渗透到公共管理、公共服务和公共政策等各个环节的实践,一个支持足不出户、"移动"办事、24 小时"不打烊"的浙江网上服务型政府正成为现实。

第三,"互联网＋政务"实现了公众参与社会共治。浙江始终坚持以"互联网＋"打造政务服务网,因地、因时制宜创设多种载体,为引导公众参与,推进科学治理、现代治理带来了源头活水。以浙江政务服务网为依托,浙江还构建政务服务网综合监测分析平台。其中的行政审批电子监察系统,对省市县的每一个审批办件进行全过程实时监督;财政专项资金管理系统,从省级、市县直至乡镇,力争精确记录每一笔专项资金的流向;地理空间数据管理系统,整合各地、各部门资源,基于统一平台予以集中展现和综合管理。

(三)大力推进"最多跑一次"改革

"最多跑一次"改革是通过"一窗受理、集成服务、一次办结"的服务模式创新,让企业和群众到政府办事实现"最多跑一次"的行政目标。2016 年年底,"最多跑一次"改革在浙江首次被提出。这是一项"刀刃向内"、面向政府自身的自我革命,已然显现出成效。2018 年 1 月,浙江省省长袁家军在浙江省第十三届人民代表大会第一次会议上作的《浙江省政府工作报告》指出,通过全面梳理和规范各类办事事项,优化办事流程,推行

[①] 参见《"互联网＋政务"打造廉洁高效服务型政府》(《今日浙江》马跃明,2015 年 11 月 3 日),来源:人民网—中国共产党新闻网。

"一窗受理、集成服务、一证通办"。积极推进政务服务"一张网"互联互通,省级部门打破信息孤岛取得实质性突破。积极推进事项网上办理、证照快递送达,省、市、县50％以上的事项开通了网上办理。省级"最多跑一次"事项达到665项,设区市本级平均达到755项,县(市、区)平均达到656项,全省"最多跑一次"实现率达到87.9％,办事群众满意率达到94.7％。

"最多跑一次"改革是浙江推动全面深化改革的实践创新。"最多跑一次"改革是浙江在深入学习贯彻习近平总书记全面深化改革重要思想基础上,对照"八八战略"中"进一步发挥浙江的体制机制优势"的要求,创造性提出的一项关乎全局的改革举措。这一改革对准发展所需、基层所盼、民心所向,是浙江落实中央全面深化改革部署的重要创新实践,也是浙江将改革向纵深推进的一块金字招牌。"最多跑一次"改革的成功实践,有力推动了实践基础上的理论创新。

四、法治政府与行政制度体系的完善

近十年来,浙江围绕率先基本建成法治政府的目标任务,依法全面履行政府职能、不断完善依法行政制度体系、严格规范公正文明执法。一个职能科学、权责法定、执法严格、公开公正、廉洁高效、守法诚信的法治政府日渐清晰。[①]

(一)重视法治浙江的建设

2006—2016年,浙江省人大及其常委会共制定(修订)地方性法规110件,修改和废止73件,批准设区的市和景宁畲族自治县报批法规114件,内容涉及经济发展、政权建设、环境保护、社会治理和公民权利保护等各个方面,基本形成了与国家法律相配套,与浙江经济社会发展相适应的比较完备的法规体系。10年间,浙江立法完成了一次重大跨越,为中国特色社会主义法律体系的形成提供了有益经验,成为法治浙江建设进程中的一个耀眼路标。

---

① 本节参见《建设人民满意的法治政府》(《今日浙江》记者岑文华,2016年7月29日),来源:人民网—中国共产党新闻网。

（二）法治浙江建设的成效

第一，依法行政走在全国前列。

浙江以"四张清单一张网"为突破口，大刀阔斧推进简政放权，政府自身改革和依法行政走在全国前列。20 世纪末以来，浙江先后开展了三轮行政审批制度改革，削减了 2/3 以上的审批项目，下放大批审批权限。2013 年，新一届政府启动以"审批事项最少、办事效率最高、投资环境最优"为目标的第四轮审批制度改革，并在国内率先建起行政权力清单、企业投资负面清单、财政资金管理清单、责任清单和浙江政务服务网的"四张清单一张网"，以政府的自我限权，激发市场的无限活力。

"负面清单"积极推进，制订了政府核准投资项目目录，开展企业独立选址投资项目 50 天高效审批改革试点，推进企业"零地"技改项目不再审批改革；权力清单持续"瘦身"，省级部门行政职权由原来的 1.23 万项缩减至 4092 项，同时建立健全清单动态调整机制、考核评价机制、监督检查机制以及与浙江政务服务网的衔接机制等；责任清单进一步"强身"，厘清省级部门主要职责 543 项，市级平均主要职责 496 项，县级平均主要职责 448 项；财政专项资金全过程管理信息网上公开，并将改革与设立产业基金相结合，将总额 200 亿元的省产业基金用于支持 7 大万亿产业以及农业农村发展。

第二，行政决策更为科学。

早在 2005 年，浙江省政府即出台了《关于健全完善科学民主决策制度规定的通知》，提出建立公众参与、专家论证和政府决策相结合的决策机制，健全重大事项决策的规则和程序。2015 年 10 月，《浙江省重大行政决策程序规定》正式实施，将公众参与、专家论证、风险评估、合法性审查、集体讨论决定确定为重大行政决策法定程序。2014 年，浙江率先全面推行法律顾问制度，在制定重大行政决策、推进依法行政中发挥了积极作用。2015 年，浙江省、市、县三级共对 6108 件规范性文件进行了备案审查，发现存在违法或不当内容的文件 196 件，及时予以纠错；组织开展省政府及省政府办公厅行政规范性文件全面清理，宣布失效和废止的文件共 184 件。行政机关合同的合法性审查工作也有序开展，全省各级法制机构共审查各类合同 1592 件，其中省市两级合同标的总额达 3421.40

亿元。

第三,行政执法更为规范。

2015 年 2 月,浙江省政府下发《关于深化行政执法体制改革全面推进综合行政执法的意见》。截至 2016 年年底,全省 11 个设区市均被国家列入全国综合行政执法改革试点。全省、市、县建立综合行政执法局,集中行使 21 个方面法律、法规、规章规定的全部或部分行政处罚及与之相关的行政强制、监督检查权,并向乡镇(街道)和重点开发区派驻执法机构,及时解决百姓身边事。同时,还推出两个配套改革措施:各级政府建设统一、便民、高效的政务咨询投诉举报平台,改变各部门自行受理举报、自己监督执法、自我评价考核的现状;建立健全行政执法协调指挥机制,统一协调有关部门开展行政执法。为公正执法,浙江着力规范行政执法行为,出台《浙江省城市管理相对集中行政处罚权条例》,大力推行行政执法公开,全面落实行政执法责任制,健全完善行政执法过错追究制度和错案追究制度。2015 年 9 月,全国首个行政复议局在义乌成立。

五、“红船精神”的践行与党建创新

(一)“红船精神”的提出与引领

2005 年 6 月 21 日,时任浙江省委书记习近平在《光明日报》发表文章《弘扬“红船精神”　走在时代前列》,首次提出并阐释了“红船精神”及其内涵,那就是:开天辟地、敢为人先的首创精神;坚定理想、百折不挠的奋斗精神;立党为公、忠诚为民的奉献精神。习近平同志指出,这是中国革命精神之源,是中国共产党先进性之源,集中体现了中国共产党的建党精神。2017 年 10 月 31 日,党的十九大闭幕仅一周,习近平总书记带领新一届中共中央政治局常委专程前往上海和浙江嘉兴,瞻仰中共一大会址和嘉兴红船,参观南湖革命纪念馆并发表重要讲话,向全党发出“不忘初心、牢记使命、永远奋斗”的号召。习近平总书记在讲话中再次深刻阐述了“红船精神”的丰富内涵,要求结合时代特点大力弘扬“红船精神”,让“红船精神”永放光芒,这为新时代进一步弘扬“红船精神”指明了方向。

浙江在中国特色社会主义实践中展现了“红船精神”。浙江在中国特色社会主义伟大实践中做到了脚踏实地,干在实处,勇于担当。坚持"八八战略"一张蓝图绘到底,一任接着一任干,咬定"八八战略"不放松,勇于担当。在中国特色社会主义伟大实践中做到了发挥优势,推进创新,走在前列。在"八八战略"宏伟蓝图的指导下,浙江省发挥了体制机制优势、区位优势、块状特色产业优势、生态优势、山海资源优势、环境优势和人文优势,创造性地推进经济转型升级、"法治浙江"建设、"文化大省""文化强省"建设、"平安浙江"建设、"美丽浙江"建设等。同时,在中国特色社会主义伟大实践中做到了尊重科学,扎实奋斗,注重实效。在"八八战略"宏伟蓝图的指导下,浙江注重系统性、规范性、科学性和实效性,扎实推进了一系列发展战略,推进了经济不断发展、社会全面进步、人民生活水平不断提高。

浙江在新时期党的建设全面推进中贯穿了"红船精神"。浙江在新时期党的建设伟大工程中做到了求真务实,与时俱进,开拓创新。以开拓创新的精神与时俱进地推动了浙江省党的思想建设、组织建设、作风建设、反腐倡廉建设、制度建设,使浙江党的建设走在全国前列。在新时期党的建设伟大工程中做到了坚定信念,不畏艰险,艰苦奋斗。在"红船精神"的引领下,浙江始终高举中国特色社会主义伟大旗帜,不为风险所惧,不被干扰所惑,不断增强道路自信、理论自信、制度自信、文化自信。同时,在新时期党的建设伟大工程中做到了立党为公、执政为民、无私奉献。

(二)以改革创新精神全面推进党的建设

政治建设的核心工程是党的建设。近年来,浙江以改革创新精神全面推进党的建设新的伟大工程,扎实开展了学习实践科学发展观活动、"之江先锋"创先争优活动以及"树新形象、创新业绩"主题实践活动,大力弘扬"红船精神"。这些富有时代特征的活动,丰富了党建工作的内容,使党建工作有了新的载体。

为了不断增强用中国化的马克思主义指导新实践的本领、驾驭社会主义市场经济的本领、发展社会主义民主政治的本领、建设社会主义先进文化的本领、构建社会主义和谐社会的本领、总揽全局协调各方的本领、团结带领广大群众干事业的本领、拒腐防变和抵御风险的本领,浙江省委深化理论武装工作,深入推进学习型党组织建设,对进一步加强党的先进性和纯洁性建设作出部署,组织开展了大规模教育培训干部工作,提出要学在深处、谋在新处、干在实处,在真学、真懂、真信、真用上下功夫,使党员干部的素质不断提高。为适应干部个性化学习的需求,2010 年浙江在全国率先开办领导干部网络学院。2012 年,该网络学院可覆盖到全体省管、市管、县管干部和机关、企业、高校有关人员近 10 万人。

为了加强领导班子和干部队伍建设,不断改进领导方式,提高执政水平,深化干部人事制度改革,浙江出台了干部考核评价"一个意见、五个办法"等制度,不再简单地把 GDP、发展速度等作为评价干部实绩的主要依据,而是突出对经济转型升级、生态文明建设、精神文明建设、社会和谐稳定等方面的考核,把改善民生、节能减排、环境保护、文化建设、社会管理等指标纳入考核内容,创新领导班子和干部的评价机制,不断提高选人用人公信度和满意度。在 2011 年开始的各级领导班子换届中,浙江实现了风清气正、平稳有序。经过对 11 个市换届风气的测评,党委换届群众满意度为 97.51 分,人大、政府换届满意度为 98.53 分,政协换届满意度为 97.65 分。2012 年,浙江省组织工作满意度实现新的跨越,从全国第 6 位上升至全国第 2 位。

在基层党组织建设方面,浙江大力开展服务型基层党组织建设,扎实推进非公有制企业和新社会组织党建工作,全面加强各领域党的建设,扎实做好党员发展工作,积极创新党员教育管理机制,建立市、县、乡党委书记履行基层党建工作责任制专项述职制度,着力构建城乡统筹基层党建工作新格局。浙江省坚持民主集中制,完善党的领导和党内生活相关制度,深入推进党代会常任制试点,制定实施党代表任期制五项制度,全面推行基层党务公开,积极推进公推直选,党内民主进一步扩大。全省建成党代表工作室 4072 个;在十八大代表推选中,浙江基层党组织和党员参与率分别达到 99% 和 98% 以上。持续深化作风建设,扎实开展"服务企业、服务基层"和"进村入企"大走访活动,着力转变作风、狠抓落实、提能增效。从 2010 年 4 月开始,全省 17.7 万个基层党组织、330 万名党员干部立足岗位开始了以"学习实践科学发展观、建设服务型基层党组织"为主题的"之江先锋"创先争优活动。浙江创科学发展之先、争社会和谐之优,公开承诺践诺、窗口单位和服务行业"对标创标""闪光言行"展示评选、"双强争先"等活动蓬勃开展。2012 年,全省又扎实推进开展基层组织建设年,掀起了创先争优活动一个又一个的新高潮。

在党风廉政建设方面,认真落实党风廉政建设责任制,坚持教育、制度、监督、改革、纠风、惩治并重,深化体制机制创新,建立防止利益冲突制度,全面推进廉政风险防控机制建设,以规范事权、财权、人事权为目标,以深化重点领域改革为主要内容,以行政服务中心、会计服务中心、招投标中心为主要载体,以效能投诉中心(经济发展环境投诉中心)为保障机制,在腐败现象易发、多发、高发领域,坚持抓大不放小,努力通过制度建设把关口前移,健全权力运行监督制约机制,使具有浙江特点的惩治和预防腐败体系不断完善。党的十八大以来,浙江省委毫不松懈地执行中央八项规定,以抓铁有痕、踏不留印的劲头解决群众反映突出的"四风"问题,出台了"28 条办法"和"六个严禁",从掐"饭点"到刹"两局"(酒局、牌局),始终保持正风肃纪的高压态势。

党的执政能力,党的先进性和纯洁性,归根到底是通过党员的思想水平和实际行动体现出来的。在以改革创新精神全面推进党的建设这一新的伟大工程中,浙江各级党组织始终注意保障党员的主体地位,充分发挥党员的作用,把党的建设各项工作落到实处。为此,浙江结合"创业富民、创新强省"实施了"党员人才工程""先锋工程"和"双带"(带头致富、带领致富)工程,加快党员队伍素质提升和优秀人才向党内聚焦的进程,促进了党员队伍的优化和党员先锋模范作用的发挥,并通过党员"关爱工程",建设党员服务中心,营造关怀党员、服务党员、为党员释疑解惑、排忧解难的温馨的"党员之家",增强了党组织的凝聚力和归属感,促进了党员活动的经常化,加强了流动党员的管理、服务工作。通过保障党员的主体地位,极大地调动了党员的积极性,增强了党组织的创造活力,以党内民主带动了人民民主,使党建工作的成效得以落实在党员素质的提高和经济社会发展的实践中。

作为民营经济大省,非公企业党建一直是浙江党建工作的特色品牌。浙江省委积极创新"两新"组织党建领导体制,在省、市、县三级建立"两新"(新经济组织和新社会组织)工委,强力推进"两新"组织党组织组建工作,广泛开展非公企业"双强争先"活动,积极推进系列"红色行动"。和合文化是浙江较有影响力的传统文化,浙江省许多非公企业较早就开始注意运用和合文化,积极探索融合中国传统文化、体现党的建设和市场经济要求的先进企业文化。通过大力倡导和合文化,发挥党组织政治引领作用,可以推进和谐劳动关系建设,促进"两新"组织与党组织、员工与企业的深度融合、合作共赢。在努力打造和合共同体中不断创新发挥作用的途径,深化"千企联千村、党建助治水"行动,组织开展"走百企解千题"行动,总结推广"公益集市""百名律师联百企"等做法,使"两新"党建更好地服务发展。针对以互联网企业为核心的信息经济已经成为浙江省经济发展的一个新的增长点的情况,积极探索开展网络党建,加强互联网企业党建工作。为了扩大党在青年群体中的影响力和凝聚力,浙江在打造和合共同体中全面深化青春党建工作,扎实推进"青年菁英计划",进一步办好新生代出资人培训班,加强党员出资人教育培训,以"青春之党建"永葆"党建之青春"。在完善"两新"党建工作机制方面,坚持重心下移,加强乡镇(街道)"两新"工委建设,强化乡镇(街道)党委抓"两新"党建的主体责任,推动浙江"两新"党建工作继续走在全国前列。

(三)党建工作的创新

党的建设制度改革,既是全面深化改革的重要内容,也是全面深化改革取得成功的重要保证。2016年,浙江将继续瞄准干部选拔任用制度、党的基层组织建设制度和人才发展体制机制三项改革重点,全方位统筹推进党的建设制度改革,为全省高水平全面建成小康社会开好局起好步提供坚强保证。①

第一,干部选拔任用制度的改革。

近年来,浙江着眼让敢于担当的干部"上得来"、让为官不为的干部"下得去"、从严管出干部精气神,制定实施《关于进一步加强好班长好班子好梯队建设的若干意见》,形成完善的制度体系。"上"的方面,出台《干部选拔任用"五个办法"》,推行《浙江省党政领导干部选拔任用纪实工作实施办法》;"下"的方面,出台《关于激励干部干事创业治理为官不为的若干意见》和《浙江省推进领导干部能上能下实施细则》;"管"的方面,出台《关于浙江省组织人事部门对领导干部进行提醒、函询和诫勉的操作规程》和省直单位非领导职务管理办法,扎实推进县以下机关公务员职务与职级并行制度,出台《关于关心关爱县乡基层干部队伍的若干意见》……"上、下、管"组合拳,有力激发了一大批敢打硬仗、能打胜仗、作风硬朗的

---

① 党建制度改革和创新参见《深化党建制度改革 全面提高党建工作水平》(《今日浙江》记者马跃明,2016年6月6日),来源:人民网—中国共产党新闻网。

干部脱颖而出。

第二,党的基层组织建设制度的改革。

2015 年,中央在浙江召开全国农村基层党建工作座谈会,浙江省委首次以全会形式研究基层党组织和基层政权建设并作出决定。农村基层党建重在整乡推进、整县提升。针对浙江农村基层党建总体水平较高、面上不够平衡问题,加强整体规划,整乡整县联动推进。"两新"党建重在有形覆盖、有效覆盖,深化非公企业"党建强、发展强",推动社会组织"党建强、服务强"。国企高校党建重在强化核心、强化领导:把党的领导和完善公司治理有机结合起来;落实党委领导下的校长负责制,抓好以院系为重点的基层党组织建设,牢牢掌握党对高校工作的领导权、主动权。

第三,人才发展体制机制的改革。

为了把浙江建设成为全面建成小康社会的标杆省份,浙江省委提出,首先要以推进人才发展体制机制改革和政策创新为动力,进一步打造人才生态最优省份,围绕人才资源集聚、人才作用发挥、人才平台提升、人才政策创新和人才创业服务,实施"五位一体"人才生态优化工程,以人才生态的新优势,构筑人才竞争的新优势。为深化人才发展体制机制改革,浙江先后推出了"1+10"人才政策体系,出台了下放职称评审权、改革科技成果处置收益权、"浙江红卡""人才+资本+民企"等政策,人才生态的魅力逐步凸显,创业创新氛围不断浓厚,各类优秀人才纷至沓来,为创新驱动发展注入源源动力。

第四,民主集中制的制度建设。

近年来,浙江不断完善民主集中制各项制度,加快推进党内民主制度建设,促使各项工作法治化。省委先后制定了一系列推进科学民主依法决策的文件,把调查研究、征求意见、决策咨询和集体讨论决定作为党委重大决策的必要程序,不断提高依法执政水平。党的十八大以来,按照中央部署要求,浙江出台了《省委党内法规制定工作五年规划纲要(2013—2017 年)》,制定下发了《省委党内法规制定细则》和《省委党内法规和规范性文件备案细则》,规范和完善我省党内法规工作制度和程序。2015 年,省委共制定出台了《浙江省推进领导干部能上能下实施细则(试行)》等 11 项党内法规,基本形成了省委党内法规制度体系。

为扩大党内民主,保障党员民主权利,浙江还积极深化干部人事制度改革,逐步完善党委决定干部任用的方式。目前,浙江省、市、县(市、区)

三级党委常委会已全面实现干部任用无记名投票表决。同时,浙江还在全国率先试行党代会常任制。

六、浙江精神与浙江政治建设的关系

(一)浙江精神在浙江政治建设中的作用和影响

爱国主义是中华民族精神的核心。爱国主义作为浙江人民千百年来最深厚的思想感情和最基本的政治基因,是浙江精神形成和发展的内在推动力,在浙江的政治发展和政治建设中发挥着巨大的推动作用、凝聚作用和导向作用。在漫长的历史岁月中,浙江人民视中华民族的生存和发展为最高利益,尤其是在风云激荡的近代,浙江人民高举反帝反封建的旗帜,为反抗侵略,维护国家主权,实现民族独立和争取民主进步、人民解放进行了一次又一次可歌可泣的斗争,并在这些斗争中接受了马克思主义,为中国共产党的诞生和发展,为中国新民主主义革命的胜利和社会主义制度的建立作出了卓越的贡献。浙江精神的灵魂是自强不息的奋斗精神,这种奋斗精神从根本上说,来源于浙江人民心中涌动着的那种炽热的爱国主义思想感情。爱国主义思想感情不仅驱使着浙江人民为民族独立和人民解放而英勇奋斗,也赋予了浙江人民一种强烈的责任意识和大局意识,使浙江人民在政治建设中注意维护祖国的统一,坚持社会主义制度,维护中央的集中统一领导。

浙江精神是浙江人主体意识的强烈体现,而这种主体意识在政治建设上则表现为民主意识、民主精神。从近代以来浙江的政治建设中我们可以看到,为民主而斗争,为民主而探索,特别是改革开放以来社会主义民主的不断发展和完善,一直是浙江政治建设的基本目标和主要内容,也是浙江精神闪光的亮点。浙江人民不仅具有强烈的民主诉求,而且在政治建设中讲求实效、实事求是、诚信和谐、勇于创新,注重不断扩大公民有序政治参与,以创新的实践极大地丰富了我国社会主义民主政治建设的内容和形式。

改革开放以来,浙江在基层民主政治建设中也创造过许多个全国"第一"。如1986年,全国第一个非公有制企业的工会在温州市平阳毛纺织厂建立。1987 年,苍南县出现全国第一起"民告官"诉讼。2004
年,新昌县石滋村诞生了全国第一部以加强对村干部权力监督制约的
村民自治典章——《石滋村典章》。还有温岭的"民主恳谈会"、武义县
的"村务监督委员会制度"等的创造。这些"第一",一方面充分说明浙
江人民的主体意识、民主意识在政治建设中所起到的推动作用,另一方
面也充分说明浙江在社会主义民主建设方面具有自己的鲜明特点。在
政治体制改革和社会管理方面,浙江坚持从实际出发,也有许多自己的
创造。如在实行市领导县的行政管理体制中坚持"省管县"的财政管理
体制,并将"强县扩权"逐步扩展到"强镇扩权";1985 年宁波市在全国
率先公开选拔县局级领导干部;1988 年台州市椒江区第一次在全国开
展党代会代表常任制试点以及推广与时俱进的"枫桥经验"等。浙江人
民在政治建设中,发扬浙江精神,不断加强和改进党的领导,坚持和完
善社会主义基本制度,在法治的轨道上不断创新,逐步实现有序的民主
参与、民主发展。

案例 6-4

中国第一部村民自治典章——《石滋村典章》

地处浙东新昌县天姥山麓的儒岙镇石滋村,原先是一个纠
纷、矛盾比较多的村。用村里人的话说:"矛盾已经到了非解决
不可的地步了。"矛盾怎么解决? 很显然,以往的方法已经不适
合了。

2004 年 7 月 16 日,通过村民公决,被誉为全国首部"村民
自治特别法"的《石滋村典章》,带着所有人的希冀问世了。经过
论证,典章在整个儒岙镇开始全面推广。于是,《石滋村典章》又
有了一个更为响亮的名称:《乡村典章》。

村民自治,其根本就在于把村级事务的决策权和处置权交
给村民,即"还权于民"。《乡村典章》的设置,也是"让村民最大
限度地参与村内事务管理"。典章依据《村民委员会组织法》制
定,成为村干部与村民的"刚性规范"。同时也对村干部和村民

形成双向制约,即相互管理、相互监督。典章对村级组织及职责、村务议事及决策、村级财务管理、村务公开制度等内容做了详细的规定,职责明确,最大限度地保障了村民的知情权、参与权、决策权和监督权。

村民们反映,过去村务不规范,村两委矛盾突出,干群关系紧张,村民意见也大。典章推行后,村干部权力小了,阻力少了,压力轻了,动力大了,工作顺了,村民也放心、称心了。

在《乡村典章》的推动下,儒岙镇 40 个行政村中,如今有三星级、四星级民主法治村 33 个,其中南山村已经成为省级五星级民主法治村。

(二)弘扬浙江精神,全面推进浙江政治建设的创新

浙江精神与浙江政治建设相辅相成、相互促进。浙江精神对浙江政治建设发挥了重要作用,而浙江在政治建设方面所取得的成就又使浙江精神得以不断发展并在多方面展开。2012 年 6 月,中国共产党浙江省第十三次代表大会提出,要扎实推进"八八战略"和"创业富民、创新强省"总战略,建设物质富裕、精神富有的社会主义现代化浙江。2012 年 11 月,党的十八大召开后,浙江省委又进一步提出,全省上下要把学习贯彻党的十八大精神作为当前和今后一个时期的首要政治任务,迅速掀起学习贯彻党的十八大精神的高潮,把思想统一到党的十八大精神上来,把力量凝聚到实现党的十八大确定的各项任务上来,在以习近平同志为核心的党中央坚强领导下,努力开创建设物质富裕、精神富有的现代化浙江新局面。

党的十八大以来,党中央从坚持和发展中国特色社会主义全局出发,提出并形成了全面建成小康社会、全面深化改革、全面依法治国、全面从严治党的战略布局。浙江省委认为,浙江贯彻落实"四个全面"战略布局有坚实的基础,浙江省各级党组织要始终按照示范点、排头兵的要求,高起点谋划、高标准推进,以干在实处、走在前列的实际行动推进"四个全面"战略布局在浙江的实践。要更好地发扬浙江精神,坚持以"八八战略"为总纲,围绕全面建成小康社会,咬定干好"一三五"、实现

"四翻番"的目标不动摇,坚定不移打好转型升级组合拳,坚持把创新作为发展的核心驱动力,照着"绿水青山就是金山银山"的路子走下去,以更大的力度统筹城乡区域发展,坚持"群众想什么,我们就干什么",坚持一手抓"经济报表",一手抓"平安报表"。要围绕全面深化改革,坚持问题导向、围绕全局指向、强化市场取向、尊重群众意向、纠正利益偏向,切实抓好各项改革举措的落实,努力再创体制机制新优势。要围绕全面依法治国,增强运用法治思维和法治方式的能力水平,紧紧抓住领导干部这个"关键少数",加快建设法治政府,加强和改进政法工作,发挥好人大、政协在法治建设中的"一线"作为,围绕重点工作拓展法治实践平台,努力在法治建设上继续走在前列。要努力健全社会主义协商民主制度,完善基层民主制度,推行民主恳谈会、民主听证会、民主议事会和民情沟通制度,深化"五议两公开"①工作,加强企事业单位民主管理工作,不断完善基层党组织领导的充满活力的基层群众自治制度。要围绕全面从严治党,把守纪律、守规矩摆在更加重要的位置,深入学习习近平总书记系列重要讲话精神,深入开展"三严三实"专题教育活动,进一步营造干事创业的良好政治生态,激励全省党员干部敢担当、重实干、有作为,不断提升党员干部的精气神,从严从实改作风、正作风,为改革发展各项工作提供根本保证。

思考讨论题

1."枫桥经验"是怎么形成的,它的基本内涵和精神实质是什么?

2.试述在浙江公共服务体制改革中创造"四张清单一张网"做法的价值和意义。

3.结合温岭民主恳谈经验,谈谈为什么说民主恳谈是巩固党的执政地位,加强基层民主政治建设的有效载体。

4.如何在坚持走中国特色社会主义政治发展道路中发挥浙江精神?

---

① 这是浙江对村级重大事务决策提出的要求,即按照"党员群众建议、村党组织提议、村务联席会议商议、党员大会审议、村民(代表)会议决议,表决结果公开、实施情况公开"的步骤进行决策。

第七章　浙江精神与浙江文化繁荣

近代以来,浙江文化变迁历经盛衰起伏,既有光彩夺目,也曾踯躅蹒跚,犹如近代中国民族国家演进的缩影。改革开放以来,尤其是进入21世纪,浙江文化迎来新的机遇,呈现出前所未有的繁荣景象,在诸多领域走在了全国前列。在党的十八大建设社会主义文化强国目标的指引下,在浙江省文化强省和"两富"浙江建设的要求下,浙江文化发展正走向新的辉煌。这其中,浙江精神不仅是浙江文化建设的自身体现,也是浙江文化发展的力量源泉和浙江文化软实力提升的精神动力。

一、浙江文化发展的历程

(一)浙江近代的文化发展

在古代中国,浙江就是一个文化之邦。历史进入近代,自嘉庆道光时期以后,中国学术界出现一股由虚浮向求实方向转变的新风气,"经世致用""通经致用"成为当时学术潮流。鸦片战争前,正是杭州人龚自珍以犀利的文笔对清朝末世的种种问题进行无情的揭露,提倡经世致用,开启了中国近代启蒙文化思潮的先声。

甲午中日战争前后,亡国灭种的危机日益严重。汤震、汪康年、章炳麟、陈虬、宋恕等一批浙江维新志士引领维新思潮。他们纷纷著书立学,宣传维新变法思想,针对清末社会种种弊病进行了无情的揭露,同时提出设议院、兴商务、筑铁路、办企业等改革主张。

兴办新式学堂是清末浙江变革自强的重要内容之一。维新时期出现了求是书院、蚕学馆、养正书塾、算学书院、利济医院、新字学堂、储才学堂、中西学堂、崇实学堂等一批新式学堂。清末新政时期，不仅维新期间创办的几所学堂得以复苏，各地还创办了一大批新式学堂。据统计，截至1911 年，全省共有新式学堂 2523 所。① 伴随着传统书院——敷文书院、崇文书院、紫阳书院和诂经精舍在近代政治变动和军事动乱中的逐渐消失或被取代，浙江开始努力建立一个从小学、中学到高等专科和大学的近代教育体系。

新式教育的崛起和西学新知的养成，加速了知识分子革命化进程。浙江不仅出现了蔡元培、鲁迅这样的新文化运动的先驱，还涌现了邵飘萍、经亨颐、刘大白、施存统、陈望道、夏丏尊、冯雪峰、沈雁冰等一大批革命文化名人。在五四新文化运动中，浙江精英积极投身于启蒙文化潮流中，成为文化变革的中坚力量。

在求新求变和富国图强的驱动下，从事自然科学研究和社会科学研究的浙江士人进一步背离义理说教，不再停留于幽探冥索和考经据典，转而趋向于"融会中西""益以西法"，力求有益于国计民生。其中成果最为突出的有：李善兰、徐有壬、项名达等对数学的研究；吴尚先和王士雄等在医学上的贡献。在 20 世纪二三十年代，浙江涌现了许多饮誉中外的科学家：数学领域有姜立夫、苏步青；物理学领域有钱学森、钱三强、赵忠尧、何增禄；化学领域有王琎、汪猷；生物科学领域有罗宗洛、童第周、谈家桢；农林水利领域有梁希、陈嵘、金善宝、吴觉农、宋希尚；地质学领域有翁文灏；医学领域有谷镜汧、何廉臣、范文虎；等等。

国民政府统治时期，面对国共矛盾和抗日战争的现实，浙江涌现了一大批文艺精英。20 世纪 30 年代，随着中国新文艺中心的南移，以上海为中心的左翼文艺运动朝气蓬勃。以鲁迅、冯雪峰、夏衍、柔石、殷夫、郁达夫、艾青、朱镜我、戴望舒等为代表的一批浙江作家积极投身左翼文艺运动。抗战期间，应时局需要，郑振铎、胡愈之、陈望道、艾青、茅盾、夏衍、丰子恺、夏丏尊等文艺作家辗转于上海、武汉、香港、重庆等地，散布于国统区、沦陷区和延安抗日根据地，依然显示出浙江作家在战时文艺中的引领作用。解放战争时期，随着国内政局急遽变化，浙江作家又一次出现了大规模的流动和迁徙，重新分化组合，显示出浙江文艺的新脉向。

---

① 汪林茂：《浙江通史·清代卷》(下)，浙江人民出版社 2005 年版，第 234 页。

　　总之,在近现代历史上,虽然长期遭受列强入侵、军阀混战等因素的冲击与影响,浙江文化却在风雨飘摇中不断传承发扬、吐故纳新,一直在全国占有领先优势。浙江文化的其他方面,如民俗、新闻、体育、卫生等在近代也经历着跌宕起伏的发展历程。

(二)新中国成立后浙江文化的发展

　　从新中国成立到1952年间,浙江教育、文化、体育、卫生事业在复苏中取得初步发展。

　　各类教育迅速恢复和发展。小学开始实施五年一贯制,学生从1949年下半年的84万人发展为188万人。师范学校51所,学生1.7万多人,较新中国成立初期增加了4倍多。高等学校于1952年进行院系大调整,组建浙江师范学院、浙江医学院、浙江农学院。工农干部文化实习学校、工农速成中学、职工业余学校、农民业余学校、工农速成初等学校等纷纷建立。

　　各种文艺组织积极配合土地改革、抗美援朝、"三反""五反"、爱国增产节约、爱国卫生运动展开宣传活动。浙江省各市县和重要市镇广泛建立文化馆。1952年,全省建有文化馆90个、文化站157个、图书流动站1196个。全省已有职业剧团,有曲艺人员7000多人。新闻出版方面,共有9家报社、3个人民广播电台、1个地方国营人民出版社。

　　卫生工作方面,1952年,扑灭了由日本帝国主义散布细菌而流行10余年的鼠疫;扑灭了过去每年平均死亡500多人的霍乱;过去全年流行的天花已近绝迹;部分地区肺吸虫感染已得到制止和治疗;培养了一批新型卫生干部。高等医事学校、中级医事学校、初级医事学校的学生数量均有显著增加。全省已经建立了各级卫生组织,卫生行政、医疗机构初具规模。平均每个县有1个中心治疗单位,区卫生所已建立300个。

　　全省的体育运动也广泛开展。据1951年对39个县、市的统计,全省已举行县、市体育大会53次,参加的运动员有12万人。全省举行了篮球、排球、足球、游泳等选拔比赛,召开了第一届体育大会。[①]青年学生参加体育活动的占80%左右;广播体操已普遍推行;全民体育运动开展得也很快。

　　在"大跃进"期间,浙江文化事业发展遭受了挫折。因此,对全省的科学、教育、文艺事业进行调整亦迫在眉睫。1960年,调整科研单位和大专

---

① 金延锋:《当代浙江简史》,当代中国出版社1999年版,第99-102页。

院校。此后两年间又进一步撤、并高等院校和中等技术学校;整顿全日制中小学;调整办学规模;加强教育建设、教学改革和师资培训工作。全省学校布局趋向合理,规模明显压缩,教学质量有所提高。从 1962 年起,浙江省开始对文艺、卫生等方面进行调整和整顿。在文艺事业方面,加强对农村文化工作的领导。积极开展群众文化活动,加强对文化馆(站)的领导和干部配备,充分发挥文化馆(站)对群众文化活动的辅导作用,积极组织专业文艺团体下乡演出,活跃农村文化生活。在卫生事业方面,把卫生工作重点放到农村。大力组织城市医药卫生人员到农村去,迅速培养一支直接为农村服务的医药卫生队伍,加强农村防病治病与妇幼卫生工作。

"文化大革命"期间,浙江文化遭受严重打击,科学事业受到极大摧残。

(三)改革开放以来浙江的文化繁荣

第一,文化事业的恢复与发展。

党的十一届三中全会后,浙江的科、教、文、体、卫各项事业在恢复、整顿中踽踽前行。

各类科研机构和学术团体在恢复中发展。1979—1990 年,浙江共有9111 项科技成果获奖,其中获国家发明奖 43 项,获国家科技进步奖 118 项,获省人民政府优秀成果奖和科技进步奖 1168 项。

教育事业也在积极恢复和整顿中。经过整顿,浙江的中学教育得到较快恢复。到 1984 年,全省高等院校由 1976 年的 11 所,恢复和发展到27 所。1977—1985 年,全省财政共支出教育事业费和基建投资 31.26 亿元,相当于 1950—1976 年教育投资总和的 1.4 倍。

文艺战线经过拨乱反正,进入蓬勃发展的新时期。浙江相继恢复和建立了11 个全国协会的浙江分会,恢复和创办了《东海》《江南》《戏文》《艺术研究》等刊物。全省文化艺术单位由 1949 年的 101 个发展到 1985年的 9682 个。各类电影放映单位 5196 个,公共图书馆 76 家,出版社 11家。全省基本形成了无线广播、有线广播、电视广播三位一体的广播电视传播网。

体育事业迅速发展。各种形式、各种项目的体育竞赛纷纷开展。1983 年是浙江体育事业的丰收之年,这一年出了 5 个世界冠军,并在第五届全运会上取得了 11 枚金牌、15 枚银牌和 12 枚铜牌,获金牌数排名由第四届全运会的全国第 16 位跃居第 7 位。1984 年和 1985 年,浙江体育健儿又在世界性比赛中赢得了 8 个世界冠军。

此外,卫生事业重新走上有计划稳步发展的道路。浙江省、市(地)、县、乡、村多层次的卫生业务指导和协作体系已经基本建立,城乡医疗卫生保健网基本成型。1980—1985 年的卫生事业费超过了 1949—1979 年卫生事业费的总和。新中国成立前流行的各种传染病已经消灭或基本消灭,过去流行于 46 个县(市)的血吸虫病得到根本防治。

进入 20 世纪 90 年代,在市场化不断推进的过程中,浙江的文化市场、文化产业逐步形成,相对于 1978 年有了长足的发展。然而,直至 20 世纪末浙江省基础文化设施建设依旧相对滞后,文化发展的质量和总体水平都不高,与浙江省在全国经济发展的前列地位极不相称,也与人民日益增长的多层次、高水平的文化生活需求极不相称。

第二,建设文化强省与实现文化大繁荣。

跨入 21 世纪,浙江进入了全面建成小康社会、加快实现现代化的新的发展阶段,进入了经济转变、社会转型、体制转轨的重要时期。浙江文化发展出现了机遇与转折。

1999 年,浙江省在全国较早提出了"建设文化大省,发展文化产业"的战略目标。2000 年 12 月颁布了《浙江省建设文化大省纲要(2001—2020 年)》,这是全国第一个省级文化建设纲要。2002 年召开了全省文化工作会议,制定了《关于深化文化体制改革,加快文化产业发展的若干意见》,明确了建设教育强省、科技强省、卫生强省和体育强省的要求。2003 年浙江被中央确定为文化体制改革综合试点地区。2005 年,浙江省委十一届八次全会作出《关于加快建设文化大省的决定》,提出从"增强先进文化的凝聚力、解放和发展文化生产力、提高社会公共服务能力"入手,大力实施文明素质工程、文化研究工程、文化精品工程、文化保护工程、文化阵地工程、文化产业促进工程、文化传播工程、文化人才工程等"八项工程",加快建设教育强省、科技强省、卫生强省、体育强省"四个强省"。2008 年,为兴起文化大省建设新高潮、推动浙江省社会主义文化大发展大繁荣,浙江制定了《浙江省推动文化大发展大繁荣纲要(2008—2012)》。在这一文件指导下,浙江的文化产业和公益性文化事业齐头并进,文化为一体、文化产业和公益性文化事业为两翼的发展格局初步定型。2011 年 11

月,浙江省委十二届十次全会吹响了大力推进文化强省建设的号角。2012 年 6 月,浙江省第十三次党代会提出建设物质富裕、精神富有的现代化浙江的主要任务,推动文化大发展大繁荣,加快建设文化强省,同时还正式提出以"务实、守信、崇学、向善"为内涵的当代浙江人共同价值观。

2017 年 6 月,浙江省委书记车俊在省第十四次党代会上提出了"在提升文化软实力上更进一步、更快一步,努力建设文化浙江"的新要求,为浙江文化发展指明了方向。

经过十余年的努力,浙江文化建设出现了大繁荣景象。

首先,社会主义核心价值体系深入人心。浙江省委始终把建设社会主义核心价值体系作为文化建设的重中之重。大力推进马克思主义中国化、时代化、大众化;深入开展理想信念教育;大力弘扬民族精神、时代精神和浙江精神;广泛开展浙江人共同价值观大讨论;深入开展公民道德建设。社会主义核心价值体系开始深入人心。

其次,公共文化服务体系日趋完善。浙江省建成了以省级文化设施为龙头、市级文化设施为主干、县级文化设施为基础的城市文化设施网络。建成或改造了一批特色鲜明、功能完备的标志性大型文化设施:浙江小百花艺术中心、中国丝绸博物馆文物库房、浙江国际文化交流中心、浙江舞台艺术中心、杭州电影拍摄基地、杭州市群众艺术馆、宁波市艺术剧院、温州艺术中心大楼、温州美术馆、绍兴市文化中心、衢州文化艺术中心、舟山大剧院、台州市博物馆、丽水市图书馆等。截至 2011 年年底,全省共有艺术表演团体 70 个,群艺(文化)馆、文化站 1612 个,公共图书馆 97 个,博物馆 100 个;有线电视用户数 1322.52 万户;广播、电视综合覆盖率分别达到 99.20% 和 99.38%;全省 14 家图书出版社,共出版图书 9958 种,总印数 3.2 亿册;公开发行报纸 71 种,年发行量 34.2 亿份,平均每千人每天拥有 174 份报纸;出版期刊 220 种,年发行量 0.75 亿册;全省免费开放的纪念馆、博物馆达 92 家,总数位居全国之首。

在公共文化服务体系建设中,浙江形成了一系列立足于自身优势文化资源、具有影响力的公共文化服务品牌。浙江充分发挥钱江浪花艺术团、雏鹰计划万里行、舞台艺术新年演出季、高雅艺术进校园、浙江人文大讲堂以及广场文化、企业文化、校园文化、村落文化等公益性文化活动的积极作用,不断满足城乡群众多层次的精神文化需求。浙江在全国"五个一工程"、国家舞台艺术精品工程、文华奖、电影华表奖、电视剧飞天奖、鲁迅文学奖、全国美展、全国摄影展等各类全国性文艺评比中获奖超过200项。浙江省艺术创作的繁荣,表现在文学、影视、动漫、美术、摄影、舞台艺术等多门类齐头并进,文化创作繁花似锦。

案例 7-1

"农村文化礼堂"改变着浙江乡村的精神气质

"建设农村文化礼堂"是浙江省于 2013 年伊始提出的"实事"之一,为的是在物质富裕的同时,不忘精神富有,传承乡土文化,弘扬现代文明。截至 2015 年年底,全省已建成 4959 座农村文化礼堂,这些文化礼堂正在成为农民群众的精神家园。

"送文化"不如"种文化"!

连续 29 年,浙江农民人均纯收入居全国省区之首。"两手都要硬",历任浙江省领导坚持这一原则,夯实乡村文化基础。如何利用文化礼堂传承乡土文化、弘扬现代文明?浙江的经验是:硬性植入不如潜移默化,"送文化"不如"种文化",于是,"文化礼堂"应运而生。

文化礼堂是什么?

农村文化礼堂主要包括礼堂、讲堂和文体活动场所,可举办节庆典礼、文化仪式活动,可供村民议事及放映电影等。礼堂可新建,也可由旧祠堂、已有会堂、闲置校舍、厂房等改建,讲堂在功能上与基层党校、老年学校、农普科技学校等共建共享。

这个礼堂,首先是农民的"精神家园",是美丽乡村"凝魂聚气"的地方,是整合了各种文化资源,建成一个集思想道德、文体娱乐、知识普及于一体的农村文化综合体。在这里,不仅有单纯的文化娱乐,还有理论政策宣讲、乡风文明弘扬、文明礼仪教化、文化知识传授,这是实现"精神富有"在广大农村地区落地生根的具体载体。

这个礼堂,是承载乡愁、弘扬乡风的"村庄客厅"。在这里,有儿童启蒙、成人礼等各类礼节礼仪活动,也有文化讲堂、国学知识以及传统礼仪礼节等各类课程。

这个礼堂,也是农村公共文化服务的主平台。人们在这儿可以得到各种实用技能、科学知识、法律常识、健康生活等教育培训,科技、文化、卫生"三下乡"活动都在这儿举行。

文化礼堂在潜移默化中,改变着浙江乡村的气质。

——根据 2014 年 5 月 17 日浙江在线文章《一年多来 1000 多座
"文化礼堂"改变着浙江乡村的精神气质》编写

再次,文化产业不断发展壮大。经过几年的努力,浙江初步建立起现代文化市场体系,涌现了一批具有较强综合实力和创新能力的文化企业、一批具有自主知识产权和核心竞争力的文化品牌、一批具有集聚效应和产业特色的文化产业区块、一批文化产业的战略投资者。据中国人民大学发布的《中国省市文化产业发展指数》,2011 年,浙江文化产业发展综合指数仅次于京、沪、粤,居全国第四位。2010 年浙江省原创动画产量达到 45075 分钟,仅次于江苏,居全国第二位,其中杭州市动画产量居全国城市第一位;电视剧产量仅次于北京,居全国第二位;电影票房收入居全国第五位。浙江逐步形成了出版发行、广播电视、文化旅游、健身服务、演艺娱乐等优势服务产业以及印刷包装、工艺美术制造、文体用品制造等优势文化产品制造业,形成了文体用品批发、出版物批发、新华书店、邮政报刊发行等多渠道、多形式、多种所有制的文化产品流通格局,呈现出社会积极参与、民间资本日益增多、企业规模不断扩大的良好趋势,文化产业的增加值占 GDP 的比例、文化产业的竞争力均得到有效提升。

二、体制改革推动科学规划

第一,大力推进文化体制改革。浙江把文化体制改革摆上全局性战略性位置,着力增强文化改革创新的自觉性和主动性,推动政府职能转变,实现政企分开、政事分开、管办分离,由办文化向管文化、管微观向管宏观转变,不断探索新的文化管理体制和文化产品生产经营体制。稳步探索新闻媒体宣传业务和经营业务"两分开",逐步深化文艺院团改革,努力打造有竞争力的文化企业或集团。先后组建了浙江日报报业集团、浙江广电集团、浙江出版联合集团公司等 10 多家新闻出版广播影视文化集团。制定了《浙江省文化产业发展"十三五"规划》,规划提出,"十三五"期间,我省文化产业增加值占 GDP 比重要达到 8% 以上,成为我省国民经济重要支柱性产业。按照规划,浙江将科学制定产业政策,合理布局产业结构,并推动一批文化产业重大项目、重大工程建设,有效发挥投资拉动作用。

第二,加大文化事业的投入。文化经济政策的具体实施主要包括:设立文化事业建设费、宣传文化发展专项资金、国家电影事业发展专项资金等政策,增加财政投入的政策,税费减免的政策,支持基础设施建设的政策,鼓励社会捐赠的政策。[①] 浙江建立多元化文化投入机制,改进公共服务方式,落实财政支持文化体制改革的具体政策措施,努力形成"谁改革就支持谁、早改革早受益"的鲜明导向。坚持把社会效益放在首位,实现社会效益和经济效益双提升。大力打造"三大平台",即产业发展平台(重点推动文化产业园区、文化创意街区建设)、产业服务平台(建设完善文化产业人才、金融、版权、信息等服务平台)和产业交易平台(重点打造义乌文化产品交易博览会、中国国际动漫节、温州时尚文创产业博览会等重要文化节展);巩固发展"双五大产业",即巩固提升影视、出版、演艺、动漫、制造等现有优势产业,大力发展数字内容、创意设计、艺术品交易、文化旅游、文化会展等新兴优势产业。既加大对骨干文化企业的扶持力度,重点培育一批"文化航母";又加强对民营文化企业的培育扶持,孵化一批"专、精、特、新"的中小微文化企业。

第三,健全文化政策法规体系。为健全文化政策法规体系,在认真贯彻落实中央关于文化体制改革和文化产业发展的相关政策文件的基础上,浙江省市两级政府制定或出台《浙江省文化建设"四个一批"规划》《浙江省文化产业项目投资指南(2009)》《浙江省文化产业发展规划(2010—2015)》《浙江省关于金融支持文化产业发展的若干意见》等一系列政策文件,涉及经营性文化事业单位转企改制、扶持文化产业发展、构建公共文化服务体系、鼓励文化产品和服务出口、引导非公有资本进入文化产业、加强国有文化资产管理等各个方面,为文化发展营造宽松的政策环境,促进了文化

---

① 中国社会科学院浙江经验与中国发展研究课题组:《浙江经验与中国发展:科学发展观与和谐社会建设在浙江》(文化卷),社会科学文献出版社 2007 年版,第 95 页。

事业和文化产业协调发展。

第四,培育文化市场,搭建文化产品交易平台。浙江加快文化资源的集聚发展,涌现了杭州高新区国家动画产业基地、杭州数字娱乐产业园、宁波文具产业基地、温州桥下教玩具基地、浙江横店影视产业实验区等70 多个具有鲜明地域特色的文化产业区块,涵盖了影视制作、动漫游戏、出版印刷、文具生产、艺术品业等众多文化产业门类。培育形成了杭州民间收藏品市场、温州文体用品市场、嵊州文化艺术村等一批专业性文化市场,形成了浙江新华书店发行连锁、杭州金海岸演艺连锁和浙江时代、星光、雁荡、横店电影院线等现代流通实体,扶持了杭州西泠拍卖、浙江文化艺术品交易所、浙江世纪风采等一批文化经纪公司,发展了阿里巴巴(淘宝网)、博库书城网络书店等一批电子商务文化企业。打造了一批文化会展品牌,支持培育中国国际动漫节、义乌文化产品交易博览会、杭州文化创意产业博览会和西湖国际博览会等重要的文化产品交易平台。

视频 7-1

东方影视城——"横莱坞"

(视频来源:横店影视城宣传片)

案例 7-2

东方影视城——"横莱坞"

被誉为"江南第一镇"的横店,地处浙中黄金旅游线上,是全球规模最大的影视拍摄基地、中国唯一的"国家级影视产业实验区",被美国《好莱坞报道》杂志称为"东方好莱坞",国内影视界更是把横店影视城赞誉为"中国好莱坞",甚至直接称其为"横莱坞"。

横店影视城已成为目前国内拍摄场景最多、配套设施最全、历史跨度最大的影视拍摄基地。它在影视、旅游界颇具影响,并荣获多项"全国之最"。

最大规模影视城:横店影视城下辖 12 个影视拍摄基地,包括秦王宫影视拍摄基地、清明上河图影视拍摄基地、江南水乡影视拍摄基地、广州街香港街影视拍摄基地以及明清宫苑影视拍摄基地等,是目前全国乃至亚洲最大的影视城。

最大规模的旅游景点:横店影视城下辖的秦王宫、清明上河图、明清宫苑影视旅游基地气势宏伟,此 3 个基地的建设规模均居全国同类拍摄基地(景点)首位。

拍摄影视剧最多的影视城:横店影视城自 1996 年拍摄电影《鸦片战争》以来,到 2012 年已接待上千个剧组,拍摄中外影视剧 1000 多部。其中著名的有《鸦片战争》《荆轲刺秦王》《汉武大帝》《英雄》《无极》《满城尽带黄金甲》《功夫之王》《木乃伊 3》等。

群众演员最多的影视城:据统计,除各影视拍摄基地周围的数千名村民经常参加影视拍摄、充当群众演员外,长居横店的有一定表演技能的"横漂一族"配角演员 2012 年也达到数千名,参加拍摄的注册群众演员 4000 多名。

最大规模室内摄影棚:横店影视城内有两座高科技摄影棚,其中一座为 1944 平方米、高 23 米,是目前国内规模最大的室内摄影棚。

"横莱坞"已成为具有浙江鲜明区域特色的文化产业集聚发展的典范。

第五,推进文化精品创作,引领道德新风尚。近年来,浙江省启动了"新松计划",培养舞台剧新秀;开展青年作家培训班、文艺理论骨干培训班,建起创作基地,为文艺青年与实践亲密接触创造条件;组织"五个一批"人才培训班、文化产业经营管理人才培训班、文化创新研讨班等,为文化人才"充电加油"。近年来,无论是"文明创建""千百读书""欢乐德清""游子文化节"等活动,还是"十佳和谐家园守护人""十佳文明新风倡导人""十佳群众文化热心人"等道德先锋人物评选,都离不开政府的主体引导作用。①

第六,加强文化市场管理。在文化市场管理方面,浙江重视文化法

① 叶福明等:《公民道德文化的"德清现象"》,《今日浙江》2011 年第 12 期。

制建设,逐步形成了以宪法为核心、文化法规为主干、有关政策相配套的协调统一的法律法规体系,坚持一手抓繁荣、一手抓管理,强化和完善文化市场的管理与整治。按照加强管理、整合资源、强化基层、规范执法四项原则,浙江积极稳妥地完成了文化市场综合执法"建、并、分"三项改革任务。目前,浙江省、市、县都建立了文化市场管理工作领导小组及其办公室,建立了集中统一的文化市场综合执法机构,基本完成文化市场综合执法改革。

第七,积极培育民营文化市场主体。作为民营经济大省,浙江省通过制定一系列扶持政策,加强文化产业投资引导,鼓励和支持民间资本和社会力量进入文化产业领域。截至 2011 年年底,全省共有规模以上民营文化企业 4 万余家,投资总规模达到 1300 亿元以上,吸纳就业人员 75 万余人,已形成一批在全国或全省有较大影响力的民营文化龙头企业,涉及影视、印刷、演艺娱乐、艺术品经营、旅游、广告、会展等 10 余个行业。

三、文化民生助推"两富"建设

浙江重视把保障人民群众基本文化权益作为文化改革发展的出发点和落脚点,加快构建覆盖全省城乡的公共文化设施网络建设,推动物质富裕、精神富有的现代化浙江建设,这是浙江文化建设的首要特点。

在文化民生建设上,目前浙江已基本建成了省、市、县、乡、村五级覆盖的文化基础设施网络,公共文化服务总体水平位居全国前列。西湖文化广场、浙江美术馆、浙江科技馆、浙江博物馆、浙江自然博物馆、杭州大剧院等一批重点公共文化设施相继建成并投入使用。浙江广泛深入开展了新农村主题教育活动、"千镇万村种文化""钱江浪花"艺术团文化直通车巡演等活动,以及"彩虹行动""文化低保""广电低保""农家书屋"、广播电视"村村通"、农村电影放映"2131"等一系列重大文化惠民工程,有力改善了城乡困难群众的精神文化生活。县级图书馆、县级文化馆、乡镇综合文化站基本实现全覆盖,村级文化活动室覆盖率达到 85% 以上。各种形式的农村文化俱乐部、文化活动中心遍布全省,许多地方形成了"15 分钟文化圈"格局。此外,浙江还加快推进教育强省、科技强省、卫生强省、体育强省建设,改善公共服务手段,提升公共服务能力。

文化民生不仅体现于一系列有形的公共文化事业之上,更彰显于与时俱进的价值追求上。随着当代物质相对富裕,建立全省人民共同的价值追求成为当务之急。2012 年 2 月,为推进社会主义核心价值体系建设,全省开展了"我们的价值观"大讨论活动,最终提炼出了以"务实、守信、崇学、向善"为内涵的当代浙江人共同价值观,使之成为建设物质富裕、精神富有的现代化浙江的重要基石。与"物质富裕、精神富有"相匹配的共同价值观,是构建浙江人精神家园的中流砥柱。浙江践行浙江人共同价值观的自觉性进一步增强。企业、社区、农村、机关、学校开展价值观大实践活动,并以实际行动形成了践行浙江人共同价值观的热潮。最美司机吴斌用生命完成了职业使命,救火英雄田思嘉用烈火丹心书写了向善的诺言,浙江学子沈慧刚的救人义举传遍了加拿大……在这片土地上,最美现象频频涌现,道德楷模层出不穷,出现了在全国影响很大的浙江"最美现象"。

视频 7-2

"十二五"期间,浙江"最美现象"遍地开花

(视频来源:浙江卫视)

案例 7-3

浙江"最美现象"

从最美妈妈吴菊萍、最美司机吴斌、最美高速交警吴连表,到最美教师陈斌强、最美女孩叶霄雯,再到最美老板杜光华……在浙江,近年来出现了一批影响全国、感动全社会的"最美人物"。他们的事迹体现了当代社会的道德高度,是精神富有的当代浙江人的代表。中央文明办专职副主任王世明因此把浙江誉为"道德高地"。

浙江"最美现象"的产生,不是偶然的。浙江省人均 GDP 已经超过 10000 美元。在物质生活的改善达到一定程度以后,人们追求幸福的焦点更多地转向更高的精神层面。

"最美现象"是社会主义核心价值体系伦理要求的生动展现:反映了共同理想与职业精神有机统一的伦理要求;践行了为人民服务与实现人生价值有机统一的伦理要求;体现了传承优良传统道德与弘扬现代社会美德有机统一的伦理要求。

"最美现象"引领了社会主义的道德价值取向:倡导仁爱助人的善良人性;弘扬爱岗敬业的责任意识;彰显奉献牺牲的英雄气概。

"最美现象"彰显了社会主义的道德自觉:反映了道德主体对于时代的伦理使命和教化责任有一个自觉的担当和深切的认同;反映了道德主体引领社会进步、提高精神境界的崇高使命和历史责任;彰显了道德主体对中华民族优秀传统道德的自我认同、道德主体的道德自主、道德主体的道德自省、道德主体的道德自励。

人们对"最美现象"的赞赏,既是一种对真善美的渴求和呼唤,又是一种对当前道德现状的反思和自省。"最美现象"从开始的一株株"盆景"发展成为一片片引人入胜的"风景",形成"美"的种子随风飘扬、处处生根、生命力极强的"蒲公英效应",持续释放巨大的"正能量",对带动全体社会成员成为精神富有的公民具有极大的感召力。

为满足当前群众日益增长的精神文化需求,浙江省于 2013 年正式启动农村文化礼堂建设工作。农村文化礼堂是一个集思想道德建设、文化体育活动、知识技能普及于一体的农村文化综合体,一个面向农民群众开展主流价值弘扬、理论政策宣传、乡土文化展示、乡风文明建设、文明礼仪教化、文化知识传播、文化体育娱乐的场所。按照"文化礼堂,精神家园"的定位目标,迄今已有 3400 多家农村文化礼堂通过改建、修建、新建方式纷纷亮相。以农村文化礼堂为蓝本,浙江省被文化部列为全国基层综合性文化服务中心建设工作试点省。这里不仅有乡风民俗和先贤故事的诉说,还有道德规范和礼仪警句的劝诫,还有"最美村民""文明家庭"的评选……通过汇聚传统文化与现代文明、主流价值与村落风物,农村文化礼堂所构建的新型文化空间正塑造着村民心灵、精神世界以及乡村秩序。老百姓在农村文化礼堂的建设中得到了实实在在的实惠,农村文化礼堂成为文化民生的"活化石"。

四、携手经济实现互利共赢

浙江积极探索政府引导、市场化运作的资源整合之路,力求实现文化从资源到产业的价值嬗变,推动文化产业成为国民经济的支柱性产业。

一方面,文化建设在充分考虑市场经济的条件下,借助市场经济的发展优势和发展手段,由此形成了浙江构建公共文化服务体系的"全新方式"[①]:引入企业化管理机制;吸引民间资金投入;引入民间企业经营管理;由民间文化组织提供生产和服务。在政策引导下,浙江民营资本源源不断地涌入文化领域,累计有1300亿元民资投向影视、印刷、演艺娱乐等10多个文化行业,规模以上民营文化企业达4万多家。民营文化企业在全国打响了"文化浙军"的金名片,涌现了横店集团、宋城集团、华策影视、中南卡通等一批在全国具有较大影响的民营文化龙头企业。截至2010年年底,杭州已建成16个文化创意产业园区、24个文创特色楼宇。

另一方面,文化建设对经济发展产生了积极的推动作用。

第一,成为了浙江促进经济转型升级的新引擎。"十一五"时期,浙江文化产业增加值年均增长19.0%,高出同期GDP增幅3.4个百分点。到2007年,全省文化产业总产出2152.87亿元,实现增加值611.21亿元,分别比2006年增长18.5%和18.8%,文化产业增加值占全省GDP的3.2%;2008年,实现增加值687.60亿元,占GDP的比重为3.2%;2009年,实现增加值807.96亿元,占GDP的比重为3.5%;2010年,增加值突破1000亿元,达到1056.10亿元,比2009年增长30.7%,占GDP的比重为3.8%。"十二五"时期,文化产业保持15%的年均增长速度,到2015年达到1800亿元,占全省GDP的比重超过5%。[②]

第二,孕育了浙江省内的区域优势及错位发展。宁波的文化创意、动漫游戏、文化会展等产业,温州的文化旅游、文体休闲、文体产品制造、流通等产业,浙中城市群影视制作、文化旅游、品牌会展、文体产品流通等产

---

① 中国社会科学院浙江经验与中国发展研究课题组:《浙江经验与中国发展:科学发展观与和谐社会建设在浙江》(文化卷),社会科学文献出版社2007年版,第42页。

② 胡坚:《勾画我省文化产业发展新蓝图——解读〈浙江文化产业发展规划(2010—2015)〉》,《今日浙江》2011年第3期。

业,在全省同行业发展中已具备了领先优势。全省形成浙北创意文化产业带、浙中影视与流通文化产业带、浙东海洋文化产业带和浙西南生态文化产业带。

第三,形成了全国范围的产业优势。经过多年发展,浙江新闻出版、影视服务、数字内容与动漫、文化旅游、文化会展和文化产品制造等产业门类逐步确立了在全国的优势地位。随着文化与电信业、制造业、高新技术的日益融合,浙江省的文化创意、数字内容、移动多媒体等新业态进入了一个加速发展的时代。新业态的增长将会极大地促进我省文化产业总量的扩张、内涵的提升。

五、突破创新推进文化繁荣

第一,体制创新,解放与发展文化生产力。全省各地从实际出发,整合资源、调整布局,通过完善内部组织结构、实行资源整合重组、推进跨行业跨地区发展等方式,努力打造有竞争力的文化企业或集团。浙江省有80多家国有文艺院团,有关部门将按照院团的不同性质和情况,分批实施分类改革。对重点扶持的文艺院团,全面推行团长聘任制、年度目标管理责任制、全员人才代理制,不断推进人事分配制度改革,激发院团的内在活力。而对一般性的文艺院团,则通过组建企业性质的公司,运用企业机制开拓演出市场、经营演艺项目。

第二,方法创新,焕发文化生机和活力。适应形势发展变化,不断解放思想、转变观念、与时俱进,创新内容形式、创新体制机制、创新方法手段,努力体现时代性、把握规律性、富于创造性,使宣传思想文化工作不断焕发生机和活力。广大基层宣传思想文化工作者立足实践,勇于探索,在理论武装、舆论引导、文化鼓舞、思想教育、文明创建等各个领域创造了许多新方法,形成了许多新亮点,积累了许多新经验。在理论普及方面,以"浙江人文大讲堂"为龙头的理论宣讲普及平台在全省方兴未艾,涌现了宁波的天一讲堂、温州的大榕树讲坛、嘉兴的南湖大讲堂、绍兴的越州论坛、慈溪的三北讲堂、海宁的紫薇讲坛、杭州萧山的湘湖讲堂等一大批品牌讲座。在新闻宣传方面,互联网等新媒体与民生新闻的结合成为新闻传播形态创新的重要内容,"问政零距离""草根播报""民生帮帮帮""民生社区行""一周一心愿"等创新栏目深受基层群众欢迎。[①]

第三，科技创新，促进文化产业提升与发展。创新，不仅体现于同业互助、异业合作，更体现于不同传播介质及内容的融合与衍生。2008年，浙江出版联合集团（以下简称"浙版集团"）与美国百胜书店合作的博库书城网络书店在美国成功落地；2009年，浙版集团新增云南新华书店集团等7家包括国有、民营战略客户，总数达22家，销售码洋1.1亿元，同比增长23.3％；2010年，又与江西出版集团签署战略合作协议。从纸质阅读向数字阅读迈进，这是浙版集团的一次崭新的跨行业合作。浙版集团成立数字传媒有限公司，与中国移动通信集团浙江有限公司合作，双方推出"手机阅读""移动书城""手机动漫"和"同步学"等手机业务，为集团开辟了新的收入来源。除了新闻出版，广播影视、文化演艺等亦是如此。随着现代科技的迅猛发展，信息技术、网络手段、数字化趋势给文化产业带来了革命性变化，以移动多媒体广播电视、网络游戏、数字出版等为代表的新兴文化产业正在蓬勃兴起。

第四，产业集聚，文化创新的新路径。近年来，杭州借助中国国际动漫节这一平台，不仅聚集了一大批实力雄厚的动漫企业，而且还带动了数字出版相关产业的发展。2008年以来，杭州市建立了杭州国家动画产业基地、杭州数字娱乐产业园、西溪创意产业园等十大文化创意园区，为发展数字产业提供了支撑平台。一批国有、民营资本竞相投入数字出版产业，产值与规模在全国占据重要位置。以手机出版、影视动画、网络游戏、数字印刷、数字媒体、电子商务为代表，杭州数字出版产业已形成一批优势行业和产业集聚区。杭州市以现有的产业布局为基础，以数字内容产业为核心，以版权交易为手段，通过资源整合，建成由杭州国家数字出版产业基地核心区块和几大功能区块组团式发展格局，形成集原创、研发、孵化、生产、培训、交易、运营为一体的综合性数字出版产业带。通过优化杭州整体投资环境，杭州将不断建立和完善数字出版产业完备的内容提供体系、生产加工体系、传播体系、市场体系、公共服务体系，进而将杭州国家数字出版产业基地打造成国内一流、面向国际的全国数字出版产业示范基地。[②] 随着杭州文化创意产业园区的蓬勃发展，华策影视、网易陶

---

①　沈轩言：《旗正风劲好扬帆——浙江加强宣传思想文化工作综述》，《今日浙江》2010年第24期。

②　陈建一：《杭州要成为全国数字出版产业示范基地》，《今日浙江》2011年第1期。

瓷、宏梦卡通、亚洲商务卫视等一批文创龙头企业纷纷入驻,并带动众多文创企业在园区内集聚,初步形成相互关联、相互配套的文创产业链和价值链。

六、浙江精神与浙江文化繁荣的关系

(一)浙江精神在浙江文化建设中的引领和提升作用

第一,浙江精神是浙江文化的灵魂,是浙江文化建设的基本内容之一。

在器物、制度和观念等文化三大层面中,具有较大超越性、辐射性、渗透性的思想、理念、精神、价值等抽象的观念文化,在整个浙江文化中占有至关重要的地位,即核心和灵魂,对器物、制度起领导、支配和规约的主导作用。显而易见,浙江文化和浙江文化软实力必然包含了精神因素——浙江精神。浙江精神作为一种积极的文化心理状态,具有浙江特色的思维方式、价值观念和审美方式等因素,是各种浙江文化表现形态构成的基本内容或基础性要素。当下所有浙江文化建设中的物化客体:从政府推进的院团组并与文化产业崛兴到民间活络的文化大篷车及文化走亲等,无不凝聚着浙江精神。正是浙江精神的指引与涌动,才能使文化建设锐意进取、求真务实,在乘势有为中守护和合,在立足浙江的同时面向世界。

浙江精神概念的提出及内涵的阐发,标志着浙江精神的自我激励从自发的追求走向了理性的文化自觉。早在 2000 年 7 月召开的浙江省委十届四次全体(扩大)会议上,浙江省委就已经明确地指出:"研究浙江经济,不得不研究浙江文化,不研究浙江文化,就无法真正认识浙江经济。我们要充分认识文化因素在经济社会发展中的重要推动作用,在建设文化大省中,总结浙江经验,弘扬浙江精神,丰富和发展浙江文化,为我省社会主义现代化提供强大的精神动力。"2007 年 6 月,浙江省第十二次党代会确立了"创业富民、创新强省"的总战略,坚持把建设先进文化作为推进创业创新的重要支撑。浙江省委十二届二次会议通过的《关于认真贯彻党的十七大精神扎实推进创业富民创新强省的决定》,把浙江精神的核心归纳为"创业创新",较早将大力弘扬浙江精神确立为文化建设的重要内容之一。2008年6月召开的浙江省委工作会议和此后出台的《浙江省推动文化大发展大繁荣纲要（2008—2012）》，进一步要求"深化对浙江精神的研究，适应时代发展要求，与时俱进地丰富和发展浙江精神"。此后不少政府文件，如《中共浙江省委关于认真贯彻党的十七届六中全会精神大力推进文化强省建设的决定》，都将大力弘扬浙江精神纳入社会主义核心价值体系建设当中。2012年6月，省第十三次党代会要求在深化社会主义核心价值体系建设中大力弘扬民族精神、时代精神和以创业创新为核心的浙江精神，积极倡导以"务实、守信、崇学、向善"为内涵的当代浙江人共同价值观。浙江精神作为文化大省建设的核心和灵魂，渗透到文化事业和文化产业的改革与发展中。

第二，浙江精神是提升浙江文化软实力、推动文化强省建设的强大动力。

浙江精神对文化建设发挥了引领和提升作用，成为浙江人民的文化自觉和共同价值观。浙江精神进一步推动了邓小平理论、"三个代表"重要思想、科学发展观、习近平新时代中国特色社会主义思想在浙江的实践，促进了民族精神的培育和弘扬。

浙江大力弘扬以创业创新为核心的浙江精神，并把它贯穿于文化建设的方方面面。改革开放以来，浙江各级党委、政府把浙江精神贯穿于城乡精神文明建设、公民思想道德建设、形势任务教育、主题教育等各项活动中。正是在浙江精神的引领下，文化大省建设的步伐进一步加快，深入贯彻《浙江省建设文化大省纲要》，紧紧抓住全国文化体制改革综合试点省的契机，以敢为人先的精神不断深化文化体制改革，增强文化发展的内在动力和活力，解放和发展文化生产力。以勇于创新的精神大力发展文化事业和文化产业，建成了一批重点文化设施，发展了一批重点文化产业，培育了一批重点文化产业区块，壮大了一批重点文化企业。以讲求实效的精神大力发展文化事业和文化产业，坚持"面向基层、面向群众"，坚持"贴近实际、贴近生活、贴近群众"，着力培育文化市场和文化人才，不断提高精神文化产品的创作生产能力，涌现了一大批精品力作，城乡基层文化活动如火如荼，满足了人民群众日益增长的文化需求。

浙江精神提升了浙江文化的品位，增强了构成浙江综合竞争力的文化"软实力"。全省上下总结提炼了浙江精神的活动，产生了广泛的社会影响，不仅推动了经济社会发展，而且带动了市、县对地方精神的提炼弘扬,促进了地域文化建设。杭州市概括出了"精致和谐、大气开放"的杭州人文精神。宁波市确定了"诚信、务实、开放、创新"的宁波精神。温州市提出了"敢为人先、民本和谐"的人文精神。绍兴市把区域优秀文化传统与新的时代要求紧密结合起来,提炼了"卧薪尝胆、奋发图强、敢作敢为、创业创新"的新时期"胆剑精神"。嘉兴市则提出了"敢为人先、和衷共济、负重拼搏、敬业奉献、振兴嘉兴"的嘉兴精神。金华市总结了"自信自强、负重拼搏、创业创新、奋力争先"的金华精神。丽水市总结了"勤劳质朴、坚韧不拔、负重拼搏、务实创新"的丽水精神,等等。在市地的带动下,县区也纷纷对本区域的优秀文化进行总结提炼,概括出各具特色的区域人文精神,如杭州市萧山区提出了"奔竞不息、勇立潮头"的萧山精神。绍兴市杨汛桥镇提出了"永不停步、永不放弃、永不满足"的精神。各地把弘扬浙江精神与总结提炼地区人文精神、繁荣发展地域文化有机结合起来,进一步提升了区域文化,增强了文化软实力。

(二)弘扬浙江精神,全面推进浙江文化强省建设

第一,弘扬浙江精神,进一步推进社会主义核心价值体系建设。

社会主义核心价值体系,只有通俗化为人们普遍接受和践行的共同价值,才能根植于群众心灵深处,为广大群众所认同和倡导。围绕社会主义核心价值体系的丰富内涵,按照十八大"坚持贴近实际、贴近生活、贴近群众"的文化建设原则,深入群众、贴近群众,用群众的语言、百姓可接受的方式,结合人民群众的生产生活和社会活动,不断创新核心价值观的表达方式和话语形式,进行通俗解读,开展宣传普及。以特定的时代发展变化和社会变迁为依托,紧紧围绕人民群众的现实生产生活,努力创作关注现实、关注民生、具有鲜明时代精神和强烈艺术感染力的精品佳作,特别是推出一批紧扣时代脉搏、体现浙江精神的现实题材作品。把社会主流价值观、浙江人共同价值观融入日常生活,以小见大,大力宣传和升华普通公众的道德行为,把挖掘和宣传平民典型(如吴菊萍、叶霄雯、占祖亿、吴斌等)作为推进社会主义核心价值体系建设和践行浙江人共同价值观的有效抓手。此外,还要创新载体,通过多种形式的宣传教育,推动社会主义核心价值体系大众化,以最大限度地扩大社会认同、形成思想共识。促进戏剧、音乐、舞蹈、曲艺、杂技、美术各艺术门类和群众文化艺术活动

的全面繁荣,形成广场文化、社会文化、村落文化、企业文化、校园文化等蓬勃发展的良好势头。

第二,弘扬浙江精神,进一步完善公共文化服务体系。

积极推动文化惠民机制创新,着力构建全面覆盖、供需对接、方便快捷的公共文化服务体系,提高公共文化资源利用率和受益面。文化设施要从以"建"为重点向"建、管、用"并重转变,创新文化设施运行机制,探索管理和利用新模式。公共文化供给要从"单向输送"向"双方互动、供需对接"的方向转变,既要继续加大"送"文化的力度,又要注重提升"送"文化的品质和实效,更要着力从"送"文化向"种"文化的方向转变,既要给基层文化"输血",也要着眼于帮助基层文化"造血",帮助挖掘地方特色文化资源,搭建各类展示"种文化"成果的平台,吸引广大群众积极参与,提高农村文化自我发展能力。创新公共文化服务形式,把运用高新技术作为推动文化建设、提高文化创新能力和传播能力的新引擎,大力推进文化传播手段与机制的创新,建设"网络图书馆""网络博物馆""网络剧场""群众文化活动远程指导网"等覆盖全省的数字文化服务网络,多渠道向基层配送文化资源。鼓励和扶持各种社会力量,以政府扶植、无偿捐赠、企业冠名、形象展示、重大文化活动推介等多种形式参与公共文化设施建设,支持鼓励民间博物馆、图书馆等民营文化机构的发展,探索形成政府主导、社会广泛参与的文化惠民新格局。文化产品生产要面向群众、面向市场,创新文艺精品创作生产机制,正确处理好公共文化产品生产中大众文化与高雅艺术的比例关系,组织创作生产贴近生活、贴近群众、贴近实际,为人民群众喜闻乐见的、形式多样的文化艺术精品。

第三,弘扬浙江精神,进一步大力发展文化产业。

重点发展一大批创新型文化企业和大型文化企业集团,实施文化企业规模化、集约化经营,引导骨干型文化企业逐步从单纯依赖数量、规模扩张的粗放型增长方式向大力提高质量、效益的集约型发展方式的转变,形成一批实力雄厚、具有较强竞争力和影响力的大型文化企业和企业集团。实施重大文化产业项目带动战略,加快文化产业基地和区域性特色文化产业群建设,推动区域产业集聚和规模化经营。大力发展文化创意、影视服务、新闻出版、数字动漫、文化会展、文体休闲娱乐、文化产品流通、文化产品制造等优势产业,形成一批具有较强竞争力的产业集群。在实现文化服务业整体较快发展的同时,进一步加快发展面向大众的广播影视服务、动漫游戏、演艺娱乐、文化体育休闲、网络文化、阅读服务、艺术品鉴赏等重点服务业,大力发展数字电视、手机传媒、网络视听、数字出版、广告会展和动漫、网络游戏、文化创意等新兴文化业态,依托传统优秀文化资源和现代高新科技,发展现代社会群众喜爱的文化娱乐项目。要充分运用高新技术特别是信息化手段,改造提升传统文化产业。重视运用文化创意改造提升传统产业,从产业的规划、产品的设计、商品的营销等环节入手,推进工艺创新、产品创新和品牌建设,最大限度地增强文化元素、展现文化品格,加强文化创意与制造业产品的融合,不断提高产品的文化含量。运用高新技术创新文化生产方式,加快构建传输快捷、覆盖广泛的文化传播体系。建立创新文化走出去模式,实施对外文化拓展计划,开展多渠道、多形式、多层次的对外文化交流,加大文化产品和服务出口力度,推动浙江文化走向世界。

思考讨论题

1.结合浙江"最美现象",谈谈当代大学生如何践行社会主义核心价值体系。

2.试述浙江精神与浙江文化繁荣的辩证关系。

3.如何弘扬浙江精神以切实推进浙江文化强省建设?

第八章 浙江精神与浙江社会和谐

社会和谐是中国特色社会主义的本质属性,是中国历史文化传统的内在要求。特殊的国情,决定中国的和谐社会必然蕴含丰富的区域性特征,和谐社会建设也必然具有鲜明的区域文化精神因素。改革开放以来,浙江和谐社会建设取得了丰硕的成果,获得了宝贵的经验,这些已有的进步,与浙江的历史传统、潜在的文化精神有着密切的内在联系。

一、浙江和谐社会建设的历程

(一)浙江社会建设的探索时期

在古代中国,浙江的社会和谐进步水平曾长期处于相对优势的地位。自鸦片战争开始,浙江就处在帝国主义侵略的前沿,各种社会矛盾尖锐复杂,广大人民群众长期以革命行动和牺牲精神,来争取实现社会和谐的美好理想。

新中国成立,民族获得了独立,人民获得了解放,反动的社会组织被取缔,落后的社会观念被改造,中国社会发生了翻天覆地的新变化,尤其是社会主义制度的建立,实现了中国历史上最广泛、最深刻的社会变革。浙江的社会状况也和全国一样,初步呈现了"又有集中又有民主,又有纪律又有自由,又有统一意志又有个人心情舒畅,生动活泼,那样一种政治局面"[①]。

---

① 毛泽东:《一九五七年夏季的形势》,载《毛泽东著作选读》(下册),人民出版社 1986 年版,第 887 页。

从 1957 年"反右斗争"扩大化开始,"左"倾错误思想和实践不断积累,稳定的社会环境受到干扰。"文化大革命"时期,中国社会更是陷入严重的内乱。浙江处在海防前线,受阶级斗争扩大化的影响更深,社会安定团结遭受的破坏更为严重。

期盼安定和谐,成为广大群众的共同愿望。通过真理标准问题的大讨论,实事求是的思想路线逐步得到恢复,务实理性的浙江精神重新焕发活力。在 1978 年年底的中共中央工作会议上,邓小平同志就强调,安定团结十分重要,要团结一致向前看。

浙江省人口数量多,自然资源少,民生条件差。1978 年,浙江城镇居民人均消费支出 301 元,农村居民人均消费支出仅 157 元。在这样的省情基础上,如何在改革开放中推动社会进步,成为新时期摆在浙江人民面前的一项艰巨任务。浙江人以穷则思变、艰苦创业、锐意进取的精神进行了艰辛的卓有成效的探索。

浙江是全国个体私营经济形成最早、发展最快的地区。早在 1980 年,温州的个体工商户章华妹就领到了全国第一张营业执照。相对于计划经济体制及其思维方式,这些做法是对原有社会运行管理体制的重大冲击,在社会上出现许多质疑。敢为人先、讲求实效的浙江人,面对压力,不热衷于争论;面对成绩,不钟情于炫耀。在尝试的过程中,他们多做少说,只做不说,对于认准的路子,无论别人怎么议论,也绝不动摇。正是浙江人这种勇敢、坚定、执着的精神,推动了社会进步,维护了社会稳定,创造了适应改革开放的社会环境。

随着经济的快速发展,社会阶层结构出现新变化,浙江开始以新的思想观念处理新的社会关系问题。1985 年 12 月,浙江召开全省个体劳动者第一次代表大会,会议要求各级政府及有关部门,要满腔热情地支持个体经济的发展,维护个体经营者的利益;要求个体劳动者遵纪守法,树立良好的职业道德,成为有理想、有道德、有文化、有纪律的新型劳动者。在温州等地的农村改革实验区中,浙江提出要依靠农民企业家、经营家和各行各业的能人,创造城乡经济社会共同繁荣的新局面。

教育是促进社会和谐进步的基础。1985 年,浙江制定了《浙江省实施九年制义务教育条例》,该条例成为全国最早出台的义务教育地方法规。1989 年,浙江所有县(市、区)实现基本普及初等教育,全省 7~11 周岁学龄儿童入学率、在校生巩固率均超过国家标准。同时,高等教育、职业教育、成人教育也有了较快发展,特别是民办教育,成为浙江教育事业的一大特色,1984 年,浙江诞生了全国第一所民办高校——浙江树人大学。

浙江坚持经济建设和维护社会稳定并重,在 20 世纪 80 年代初,就进行了严厉打击经济领域严重犯罪活动和严重刑事犯罪活动,迅速扭转了改革初期社会治安的混乱状态。1985 年,浙江省人大作出了《关于加强法制宣传教育,普及法律常识的决议》,在全国率先启动了第一个五年普法教育活动,而后又不断扎实推进,这对于促进社会稳定产生了重要作用。

改革开放初期,浙江的基层群众自治制度、卫生事业、社会保障事业也开始有所发展。浙江社会建设在探索中初步形成新思路,出现新面貌。

(二)浙江社会建设的发展时期

1992 年,以邓小平南方谈话为标志,中国的改革开放和现代化事业进入新的历史阶段,如何在经济体制转变中,实现社会稳定而快速地发展,成为浙江面临的一项重大任务,浙江人以坚韧不拔、勇于创新、讲求实效的精神,进行了有历史基础和时代特色的探索,浙江由此进入社会建设的发展时期。

创新社会管理是社会建设发展的关键。浙江积极探索在社会保障制度、户籍制度、就业制度等方面的一系列改革措施。1995 年,浙江开始实行以自我保障为主、自助与互济相结合、储蓄积累式的个人账户养老保险制度。1996 年,浙江就把农民列入最低生活保障范围,在全国最早建立起覆盖城乡的最低生活保障制度,农民养老保险走在全国前列。到 1997年年底,全省贫困县全部脱贫,提前 3 年实现全国"八七"攻坚扶贫计划确定的目标,城乡居民生活水平总体进入小康阶段,城乡二元化难题得到一定程度的缓解,社会建设的经济基础进一步增强。

在物质生活得到改善之后,广大群众对文化教育的期待越来越强烈,浙江人以其义利皆本、诚信互助、敢为人先的精神传统,开始运用市场机制,广开筹资渠道,鼓励民间资金投向文教事业。1993 年,浙江省就制定了全国第一个促进和规范民办中小学发展的文件。1994 年,浙江省明确提出以政府办学为主,社会各界参与办学的新体制。1998 年,省政府出台《关于鼓励社会力量参与办学的若干规定》,对民办教育发展提出十项具体措施。1999 年,全国第一所由公办普通高校改制的浙江万里学院建立。2002 年,全省共有各级各类民办学校近万所,在校生 100 余万人,浙江成为全国民办教育强省。2002 年,全省义务教育学龄人口入学率达到 99.99％,初中入学率达到 98.4％,经济发展和教育进步之间的关系更加协调,社会进步开始建立在更高的国民素质基础之上。

在基础教育及民办教育快速推进的同时,浙江的普通高等教育也在发生新变化。1998 年 9 月,浙江大学、杭州大学、浙江农业大学和浙江医科大学实现"四校合并",组成新的浙江大学,承担起"为科教兴国作出更大贡献"(江泽民为新浙江大学的题词)的使命。1999 年,浙江开始以前所未有的大气魄、大手笔和大思路,在杭州、宁波、温州构建六大高教园区。2001 年,全省高等教育毛入学率首次突破 15％,2002 年提高到 20％,初步改变了浙江高等教育相对落后的状况,为社会建设创造了必要的人才智力条件。

改革开放后,浙江一度出现医疗卫生服务公益性淡化,公平性不足,城乡差距扩大的局面。对此,浙江在全国率先开展城乡联动、协调发展的社区卫生服务工作。20 世纪 90 年代末,各级政府投入 16 亿元进行乡镇卫生院危房改造,投入 3300 万元为乡镇卫生院添置医疗设备,农村医疗卫生设施得到明显改善。同时,城市的重要医疗机构的条件设施也得到改善,遍布全省的医疗卫生预防保健网基本形成。在政府引导下,一批民营医院开始创办起来,有效推进了医疗服务事业的发展,人民群众的健康保障条件得到明显改善。

改革初期,行政审批事项过多,行为不够规范,产生了许多社会矛盾。1999 年,省政府决定在部分省直部门及宁波市进行政府审批制度改革试点。2000 年年底,省政府出台《浙江省行政审批暂行规定》,大幅度缩减行政审批事项,提高了办事效率,改善了政府和群众的关系。在审批制度改革的同时,各地行政审批服务中心的建设和运行,方便了群众,提高了人民群众对政府工作的满意度。在此基础上,浙江作出"依法治省"决策,推广执法评议和述职评议,强化人大的监督作用,推进决策和立法的民主化、科学化,推行村务公开、厂务公开、校务公开,进一步扩大了基层民主,社会风气有了明显好转,社会建设状况呈现新的气象。

(三)浙江社会建设的新阶段

2002 年,党的十六大把"社会更加和谐"作为全面建设小康社会的目标之一。如何在构建和谐社会的历史进程中,继续干在实处,走在前列,成为对浙江的又一次考验。浙江人以实事求是、开放图强、诚信友善的精神,谋求新进步,使社会建设进入和谐发展新阶段。

迈入新世纪,浙江省即开始实施"三大工程",努力推进区域协调发展,促进全省社会和谐共进。2002 年 4 月,省政府决定,实施"山海协作"工程,帮助省内欠发达地区加快发展,着力促进省内沿海发达地区与浙西南地区、海岛欠发达地区共同繁荣。2002 年,浙江开始实施"欠发达乡镇奔小康"工程,对欠发达地区和革命老区的欠发达乡镇进行扶持,推动了欠发达乡镇的快速发展。2003 年,浙江开始实施"百亿帮扶致富"工程,积极帮扶弱势群体,建设农村"五保"(即保吃、保穿、保住、保医、保葬)及城镇"三无"人员(即无劳动能力、无生活来源、无法定赡养人或抚养人)集中供养设施。2003 年 7 月,浙江又开始实施"八八战略",提出发挥浙江的城乡协调发展优势,加快新农村建设,统筹城乡经济社会发展,逐步打破城乡二元结构,不断提高城乡居民的生活质量。2012 年 9 月,省发改委、省统计局联合印发《浙江省"十二五"统筹城乡发展水平综合评价指标体系方案》,开始进一步推进统筹城乡发展问题。

诚实守信是社会和谐的灵魂。2002 年 6 月,浙江省开始把建设"信用浙江"作为重要工作任务。一大批企业以浴火重生的态度,告别假冒伪劣产品,展示重合同、守信用的企业形象;政府部门下决心建设全心全意为人民服务的公仆政府,打造开拓、务实、高效、廉洁的开明政府;浙江开始在金融系统中强化对个人信用的价值体现,在学校为学生建立"诚信档案"。"十一五"时期,浙江全省信用状况明显提升,在国内外树立了具有一定影响力的诚信浙江形象。2012 年,浙江又开始全面实施《浙江省社会信用体系建设"十二五"规划》,努力营造"守信光荣、失信可耻"的社会氛围。

社会保障体系建设是构建社会主义和谐社会的基础工作。2003 年 8 月,浙江省政府召开全省社会保障工作会议,提出率先建立比较完善的城镇社会保障体系,加快构建覆盖城乡的新型社会救助体系。2006 年,浙江又出台了涉及养老、医疗、工伤、农民工和城乡统筹就业等五个方面的就业和社会保障政策。2011 年,省政府公布了《浙江省城乡居民临时救助办法(试行)》,2012 年开始落实《浙江省就业和社会保障发展"十二五"规划》。经过多年努力,一个具有浙江特色的大社保与全覆盖的制度框架和政策体系已基本建成。

维护社会稳定是构建和谐社会的前提。在推进经济快速发展的同时,浙江始终高度重视社会稳定,进入新世纪,浙江广泛开展了基层平安创建活动,不断完善社会治安综合治理工作机制。自 2004 年以来,省政府每年都按照《浙江省平安市、县(市、区)考核办法》进行平安建设考核。同时,接连组织开展破案追逃、打黑除恶、治爆缉枪等一系列专项整治行动,保证了社会治安状况的总体良好,2014 年全省人民群众安全感满意度达到 96.2%。

经过长期努力,特别是到"十三五"期间的快速发展,浙江社会建设取得了重要的成就。正如浙江省省长袁家军在 2018 年浙江省政府工作报告中指出的:

一是着力抓民生促和谐上成效显著。全面践行以人民为中心的发展思想,认真做好各项民生工作。包括:统筹推进稳定就业、居民增收、全民社保。加大高校毕业生、就业困难人员、农村转移劳动力等重点人群就业服务力度。城乡居民人均可支配收入分别增长 8.5% 和 9.1%,低收入农户收入增长 10% 以上。消除 5053 个集体经济年收入低于 10 万元的薄弱村。新增基本养老保险参保人数 173 万人、基本医疗保险参保人数 74 万人。积极推进教育、医疗卫生、养老、文化等社会事业改革发展。浙江大学入选"双一流"建设高校,中国美术学院、宁波大学入选"双一流"建设学科。县域医疗服务共同体建设试点积极推进,新建或调整布局居家养老服务中心 1811 个、新增养老机构床位 3.1 万张。加快公共文化服务体系建设,积极推进基本公共文化服务标准化,新建农村文化礼堂 1389 个。大力开展全民健身运动,我省运动员在第十三届全运会上取得优异成绩。

二是扎实推进平安浙江建设和社会治理创新。深入开展"除险安居"和治危拆违行动,完成地质灾害避让搬迁人数 6.2 万人、农村危房改造 17.6 万户、城镇危房解危 2752 幢。加强安全生产,强化消防安全、食品药品安全、交通安全等风险管控,有效处置各类突发事件和重大安全事故,生产安全事故起数、死亡人数分别下降 26.3% 和 19.2%。积极预防和化解社会矛盾纠纷,加强社会治安综合治理,严厉打击各类刑事犯罪,全省命案实现当年 100% 侦破。

三是坚定不移把协调发展作为内生特点,城乡区域深度融合。扎实推进以人为核心的新型城市化,城市面貌日新月异,小城镇环境综合整治全面展开,美丽乡村建设全面推进。四大都市区主体地位进一步凸显,山区和海岛绿色发展步伐不断加快,城乡居民收入差距从 2.14∶1 缩小至 2.05∶1。

四是坚定不移把共享作为根本目的,人民生活持续改善。各类教育加快发展,县县建成国家义务教育发展基本均衡县,高等教育毛入学率达到 58.2%。推动"双下沉、两提升",优质医疗资源实现县(市、区)全覆盖,国家卫生城市、卫生县城创建实现满堂红。居民收入稳步提高,城乡居民人均可支配收入从 33846 元、15806 元增加到 51261 元、24956 元,连续多年位居全国各省(区)第一。基本养老保险和基本医疗保险参保人数分别达到 3913 万人、5252 万人,参保率分别达到 88.6% 和 98.0%。杭州成功申办 2022 年亚运会。人居条件大幅改善,城乡居民人均居住面积分别超过 40 平方米和 60 平方米。低收入群众生活切实保障,全省城乡最低生活保障标准平均分别达到每月 739 元和 730 元。

五是坚定不移发挥人文优势,文化建设成果丰硕。社会主义核心价值观和当代浙江人共同价值观广泛弘扬,"最美浙江人""浙江好家风"等活动影响力日益凸显,提炼了新时代浙商精神。8 个设区市获得全国文明城市称号。高标准建成浙江音乐学院等。率先制定基本公共文化服务实施标准,建成农村文化礼堂 7916 个,覆盖城乡的公共文化服务体系基本形成。文化改革发展向纵深推进,新媒体与传统媒体融合发展深入推进,横店影视基地国际影响力进一步扩大,文艺精品创作成绩喜人,文化产业迈入全国第一方阵。

六是坚定不移推进依法行政,法治浙江、平安浙江建设再上新台阶。加快法治政府建设,推进依法决策、民主决策、科学决策,深化行政执法体制改革。运用法治思维、法治方式化解矛盾,坚持和发展"枫桥经验",基层社会治理水平显著提升,立体化、信息化、网格化的社会治安防控体系进一步完善,重大事项社会稳定风险评估机制不断健全。严格落实安全生产责任制,健全食品药品监管机制,有效应对重大自然灾害,人民群众安全感满意度连续 14 年位居全国前列。

案例 8-1

"网罗"民声解民忧——舟山"网格化管理、组团式服务"机制

舟山市普陀区桃花镇 200 多名机关、社区干部和教师、医生、民警等,分成 40 个网格管理服务小组,经常进村入户走访群众,了解民情,倾听民声。这是舟山市推出的基层行政管理新模式。干部们说:"这个模式将传统的联系包干制度与现代的信息网络技术结合起来,叫作网格化管理、组团式服务。"

舟山 289 个社区共建立了 2464 个网格。该市运用先进的网格化技术和计算机网络技术,建立信息化网络管理服务平台,将网格中所有居民的家庭状况等资料输入信息系统,建立数据库,并注重信息的日常收集积累和维护更新,使政府可以动态掌握、全面了解群众的实际情况,提高管理服务的精细化、动态化水平,为政府开展各项工作提供了全面、准确的参考依据。

每个网格配备一支服务团队。每支服务团队一般由一到两名乡镇(街道)机关干部、一到两名社区(村)干部、一名医护人员、一名教师、一名民警等组成。服务团队通过上门走访、蹲点住家、发放联系卡、电话联系等形式,采用拉家常、交心谈心等群众乐于接受的方法,定期或不定期地联系服务群众,帮助协调解决群众反映的问题和困难。到目前,全市组团服务人员 13000余人,走访基层群众家庭 33 万余户。

舟山"网格化管理、组团式服务",作为基层社会管理的创新模式,有效地整合了各方面资源,完善了社会防控体系,畅通了群众诉求渠道,夯实了维稳工作的群众基础。寓管理于服务,做到服务全方位,信息全覆盖,了解社情民意,及时化解矛盾纠纷,把不稳定因素消除在萌芽之中,从而促进了社会和谐稳定。

二、"三改一拆"拆出发展新空间

"三改一拆"是指浙江省政府决定自 2013—2015 年在全省深入开展旧住宅区、旧厂区、城中村改造和拆除违法建筑(简称"三改一拆")三年行动。通过三年努力,旧住宅区、旧厂区和城中村改造全面推进,违法建筑拆除大见成效,违法建筑行为得到全面遏制。"三改一拆"行动,体现了促发展、拓空间、优环境、保稳定、惠民生的要求。浙江将"三改一拆"与推进新型城市化和新农村建设、生态浙江和美丽浙江建设、改善城乡群众住房条件与居住环境、优化国土资源开发利用等工作紧密结合。

"三改一拆"行动是贯彻落实党的十八大、省第十三次党代会精神和省委干好"一三五"、实现"四翻番"决策部署,加快推进物质富裕、精神富有现代化浙江建设的重要举措,是推进新型城市化、改善城乡面貌、优化人居环境、建设美丽浙江的迫切需要,是加强城乡规划建设、促进节约集约用地、加快转变发展方式的有效途径,是加强和创新社会管理、构建和谐社会的客观要求。

通过"三改一拆"拆出了发展新空间。位于镇海区蛟川街道的宁波西电产业园,原是一家占地 35 亩的旧厂区,经改造后,重点引进了一批电子信息、智慧城市、北斗定位相关领域的企业,逐步成为产业集聚的特色园区。截至 2016 年年底,该产业园已成功引进高科技企业 40 家,累计注册资金达到 3 亿元,真正实现旧厂区"二次新生"。杭州市富阳区加强拆后利用,投资 30 亿元,规划建设面积 60 万平方米的天安富春硅谷,已完成投资 10 亿元,引进文化创意、工业设计、研发等各类创新型科技型企业 40 多家,解决 500 多人就业,推动新兴产业发展。湖州吴兴区将"三改一拆"与"腾笼换鸟"结合,通过土地复垦和农民集中安置,建成 3 个万亩现代农业产业园。温岭市通过"三改一拆",取缔无证照企业 6000 多家,整治后,鞋企数量减少一半,出口交货值反而提升。针对一大批破旧的旧厂区被闲置的情况,各地加快老厂房的改造力度,以用地零增长实现空间换地。在改造出来的宝贵空间里,追求产业的最优化,解决发展空间的供给问题。

视频 8-1 "三改一拆"在杭州：青芝坞整治大变样
抓住商机过好日子
（视频来源：浙江卫视）

视频 8-2 "三改一拆"在温岭：拆后土地综合利用
促进传统产业转型升级
（视频来源：浙江卫视）

案例 8-2

"三改一拆"：决不把脏乱差、污泥浊水、违章建筑带入全面小康

在以夜排档闻名的舟山普陀区沈家门渔港，居民们惊叹于半升洞区块的巨变。

这里曾经是个巷小弄窄的旧城，现在已拆除了大量集中的危旧房和棚户区，腾出来的土地上正在加紧施工，准备打造一个集公园休憩、休闲商业、商务办公、文化娱乐和居住为一体的全新"渔人码头"，不仅为居民休闲提供一个好去处，也将为当地服务业发展搭建一个大平台。

在浙江，"三改一拆"正向纵深推进。改造旧住宅区、旧厂区、城中村，拆除违法建筑——从 2013 年年初部署实施"三改一拆"三年行动以来，截至 2016 年 2 月，浙江已累计拆除违法建筑 4.82 亿平方米，进行旧住宅区、城中村、旧厂区改造 5.98 亿平方米；全省拆违涉及土地面积 46.99 万亩，"三改"涉及土地面积 46.35 万亩。

"神女应无恙，当惊世界殊。"三年多来，"三改一拆"的印记已遍布全省各个角落，城中村改造让城市更美好，旧住宅区改造让老小区换新颜，旧厂区改造"腾笼换鸟"盘活土地，拆除违法建

筑让城乡展新貌。

"决不把脏乱差、污泥浊水、违章建筑带入全面小康",这是浙江的庄严承诺。

"三改一拆"工作启动以来,全省各地还坚持以改带拆、以拆促改、改拆结合、惠及民生,通过成片、成规模的改造提升,让群众得实惠,让政府得到群众的理解和支持。

——根据 2016 年 3 月 9 日《浙江日报》文章

《决不把脏乱差、污泥浊水、违章建筑带入全面小康

——将"三改一拆"进行到底》编写

三、新型城市化建设走在全国前列

城市化是经济社会发展水平的重要标志,是实现现代化的必然要求。浙江在城市化建设中,走在了全国前列,产生了重要影响。[①]

(一)浙江城市化发展的历程

浙江在全国率先推进市场化改革进程中,较早开始了城镇化探索。早在 1998 年,浙江就在全国率先提出城市化战略,揭开了浙江城市化快速发展的大幕。进入新世纪以来,浙江推进城市化的力度越来越大、步伐越来越快。2004 年,时任浙江省委书记习近平提出了统筹城乡发展、推进城乡一体化的发展思路,并主持制定了《浙江省统筹城乡发展推进城乡一体化纲要》。

2006 年,浙江在全国率先提出走新型城市化道路。时任浙江省委书记习近平首次提出要"坚定不移地走新型城市化道路",强调"坚持统筹发展、集约发展、和谐发展、创新发展",并出台了《关于进一步加强城市工作走新型城市化道路的意见》,标志着浙江开启了新型城市化的新征程。

2009 年 9 月,浙江省政府与国家住房和城乡建设部签署了《关于联

---

① 本节内容参见《新型城市化在浙江的先行实践——浙江新型城市化发展十年综述》(《今日浙江》记者袁卫,2016 年 8 月 24 日),来源:人民网－中国共产党新闻网。

动推进浙江新型城市化发展的意见》,提出通过部省共建,将浙江打造成为全国实践新型城镇化和推进生态文明条件下城乡差异化互补协调发展的先行区和示范区。

2011 年 2 月,国务院同意批准实施《浙江省城镇体系规划(2011—2020)》,标志着浙江成为全国首个正式实施新一轮城镇体系规划的省份。

2012 年 7 月,省委印发《浙江省深入推进新型城市化纲要》,提出坚持以城乡统筹发展为主线,以推动大中小城市协调发展为重点,并明确了推进新型城市化的八大机制。同年,省政府制定出台《浙江省新型城市化发展"十二五"规划》,提出城市化水平进一步提高、城市群和都市区功能明显提升、县域城镇集聚能力不断增强、统筹城乡发展再上新台阶、城乡居民生活更加幸福等具体目标。

2014 年 4 月,浙江再次召开全省新型城市化工作会议,制定出台了《关于深入推进新型城市化的实施意见》,提出了一系列精准举措,如全力推进"五水共治",强力推进"三改一拆",深入开展"四边三化",大力实施"四换三名"工程,有效开展"大气防治"等,进一步健全了城乡发展一体化体制机制。

2006—2016 年,浙江遵循城市发展规律,不断提高发展质量,推进新型城市化。10 年间,浙江城市化率从 56.5% 上升到 65.8%;全省县城以上城市建成区面积从 2183 平方千米增加到 3140 平方千米;城乡居民收入倍差从 2.49 缩小到 2.07。浙江已成为全国城市化发展最快且城乡发展差距最小的省份之一,为全国积累了有益经验。

2017 年 9 月,《浙江省加快推进新型城市化建设行动实施方案》正式发布,提出了促进农业转移人口市民化、培育发展城市群和新生中小城市、提升城市功能和宜居水平、加快推进城乡发展一体化、深化重点领域改革等重大举措,踏上浙江城市化发展的新台阶。

(二)走浙江特色的新型城市化道路

第一,坚持以人的城市化为核心,把以人为本的要求贯穿到城市规划建设管理的各个环节。率先实施差别化落户政策,引导农村人口向发展快、潜力大、转化成本较低的中小城市和小城镇转移;率先推行流动人口居住证制度、城乡居民户籍登记制度、城乡统一的人口登记制度以及城镇常住人口基本公共服务均等化;深入实施"千万农民素质培训工程"、完善公共就业创业服务体系等举措,着力提高农业转移人口融入城镇的素质和能力。

第二,坚持以城乡发展一体化为目标,形成新型工业化、信息化、城镇化、农业现代化同步,统筹城乡发展的新局面。构建了以工促农、以城带乡、工农互惠、城乡一体的新型工农城乡关系,形成了城乡一体化发展的新格局;实施"千村示范、万村整治"工程,打造了一大批"宜居、宜业、宜游"的美丽乡村。2015年,全省消除了家庭人均年收入低于4600元的贫困现象,有效地缩小了城乡差距。

第三,坚持特色发展理念,推动了从集聚辐射能力强大的城市群到一个个"小而美""小而精"的美丽县城、美丽乡镇建设。浙江坚持把城市群和都市区建设放到突出位置,重点推进环杭州湾、温台和浙中三大城市群发展,并以市场化机制推动杭州都市经济圈和宁波港口经济圈发展,增强其在长三角世界级城市群中的地位和作用。推动杭州、宁波、温州和金华—义乌四大都市区规划编制和建设发展。同时,以培育特色小镇为抓手,彰显新型城市化新特色,特色小镇正成为浙江推进新型城市化的新平台。

视频 8-3

浙江以建设美丽乡村为载体　推进城乡一体化
(视频来源:浙江卫视)

四、城乡和谐统筹的大格局

(一)高度重视城乡之间的和谐共进

第一,率先实施城乡一体化发展战略。

城乡二元差距过大是制约中国和谐社会建设的重大问题。浙江实施城乡一体化的基础比较落后,1978年,浙江省非农人口只占11.4%,远低于全国平均水平,但在改革开放中,浙江的城乡关系不断出现新变化。

2003年,浙江省就形成了加快推进城乡一体化的战略思路。2004

年,浙江省明确提出要在全国率先走出一条以城带乡、以工促农、城乡一体化发展的路子,并制定了《浙江省统筹城乡发展推进城乡一体化纲要》,提出统筹城乡产业发展、统筹城乡社会事业发展、统筹城乡基础设施建设、统筹城乡劳动就业和社会保障、统筹城乡生态环境建设、统筹区域经济社会发展等六项任务,推出了建立健全城乡一体化规划体系、深化城乡配套改革、加快推进产业升级、大力推进城市化、加快转移农村劳动力、加快农村新社区建设、加大统筹城乡发展的投入等七项举措。至今,浙江省农村居民人均纯收入已经近 30 年连续位居全国各省、自治区、直辖市首位,浙江统筹城乡发展也进入"全面推进城乡融合"新阶段。

在 2007 年浙江省第十二次党代会的"创业富民、创新强省"和 2012年第十三次党代会的"物质富裕、精神富有"总战略以及在 2017 年第十四次党代会中,都把城乡一体化作为战略重点。在党和政府的领导下,经过广大群众的不懈努力,今天的浙江,城乡之间交通便捷,交流频繁,地位平等,城乡统筹,一体发展,和谐共进的区域和时代特点已经清晰地展现出来。

第二,加速推进社会主义新农村建设。

城乡关系和谐的程度,从根本的意义上来说,还是取决于农村的发展进步。浙江在和谐社会建设中,始终把推进农村社会发展作为重点。

针对农村社会发展不协调、城乡差距扩大的问题,浙江自 21 世纪初就开始推进"千村示范、万村整治"工程,并把村庄整治与"生态家园"工程有机结合起来。现在,许多从外地来浙江农村参观考察的人,都对浙江农村的村容村貌感到满意,浙江的城市居民对农村的变化也感到羡慕。2004 年,浙江启动"千万农村劳动力素质培训工程",全省统一整合各类教育培训资源,调动社会各方面力量,多渠道、多层次、多形式地开展农村劳动力培训,为城乡和谐发展提供了有力的智力支持和人才保障。

2006 年 4 月,浙江省作出《关于全面推进社会主义新农村建设的决定》,提出要通过建设新社区、培育新农民、树立新风尚、构建新体制,把村庄建设成为让农民享受现代文明生活的农村新社区,把农民培育成为能适应分工分业发展要求的有文化、懂技术、会经营的新型农民,形成城市和农村互补互助、共同繁荣的城乡一体化新格局。近几年,社会主义新农村建设又开始向精神文化层面推进,农家书屋已经覆盖全部行政村,各类农民学校大量出现。2013 年,浙江开始建设农村文化礼堂,农村不仅从事生产经营,也开始播种文化,和谐新农村的面貌进一步呈现出来。

第三,积极探索城市社会发展道路。

城乡关系和谐的状态,与城市化的方向和道路密切相关。努力从城乡统筹发展中开拓新型城市化道路,是浙江和谐社会建设的重要特点。

浙江自 1998 年即开始实施城市化战略,并制定了《浙江省城市化发展纲要》,对城市社会发展问题进行了初步探索。2006 年 8 月,浙江省出台了《关于进一步加强城市工作走新型城市化道路的意见》,在全国率先提出走新型城市化道路的战略部署,并将环境友好、社会和谐,大中小城市和小城镇协调发展,城乡互促共进作为新型城市化的重要内涵。在具体措施中,浙江更加强调优化城市布局,形成有利于城乡协调发展的城镇体系,提高城市带动农村发展的能力,坚持以人为本,加快建设和谐城市。

近年来,全省按照"统筹发展、集约发展、和谐发展、创新发展"的要求,积极推进新型城市化进程,形成杭州、宁波、温州以及金华—义乌四个都市区。目前,城镇体系日趋合理,城市功能不断完善,城乡发展环境更加优化,城乡一体化发展的机制体制进一步健全,小城市培育试点和中心镇建设深入推进,新型城市社会发展的特点进一步展现。

（二）积极推进阶层之间的和谐共处

第一,促进干部和群众的关系和谐。

干部和群众关系的和谐,是阶层和谐的关键问题,是中国特色社会主义和谐社会的可靠保证。在密切干群关系上,浙江做了大量有特色、有成效的工作。

进入 21 世纪,浙江省委、省政府制定了《关于进一步转变领导作风的意见》,要求领导干部必须带头深入实际,调查研究,解决群众关心的问题,坚定密切联系群众、为人民服务的决心。2007 年,浙江省委又提出了加强干部作风建设的具体措施,认真解决领导干部作风方面存在的突出问题,把领导干部作风情况作为干部考察考核工作的重要内容。干部作风的改善对促进社会和谐产生了至关重要的作用。

在推进干部作风建设的同时,浙江省也不断探索密切干群关系的有效方式和途径。1999 年,温岭市松门镇采用论坛的形式,使干部与群众进行面对面交流,群众就他们关心的问题自由提问,干部予以解答。这一做法产生了良好的社会反响,开始在全市铺开,从此,"民主恳谈会"这一做法逐步在全省推广开来。2004 年,中国第一个"村务监督委员会"在浙江武义县后陈村诞生,村务监督制度,成为维护良好干群关系的一项重要举措。到 2010 年,浙江省 3 万多个行政村,都建立了村务监督委员会。2012 年 12 月,省委常委会议专题审议通过《贯彻落实中央政治局关于改进工作作风、密切联系群众八项规定及实施细则的办法》,以转变作风的实际成效真正赢得群众的信任和拥护。经过党的群众路线教育实践活动,浙江的干群关系更加和谐。

第二,维护个体工商户、私营企业主与其员工的关系和谐。

浙江民营经济在国民经济结构中的比重,是全国最高的省份,个体工商户、私营企业主与其员工的关系,自然也成为社会和谐中的重大问题,为此,浙江做了大量开拓性的工作,并形成了自己鲜明的特色。

浙江高度重视发挥非公有制企业中党组织协调劳资关系的作用。20世纪 80 年代中期,浙江就尝试在农村股份合作制企业和私营企业中建立党组织。进入 21 世纪,浙江非公有制企业党建工作有了长足的进步。非公有制企业越来越认可党组织和党员在推动企业发展、促进企业和谐方面不可或缺的地位,在改善劳资关系上发挥着重要的监督保障作用。

浙江的民营企业家非常珍惜和谐的企业环境,他们一般都来自普通工人和农民群体,格外看重来之不易的发展机会。浙江许多先富起来的个体私营企业主,始终保持着艰苦奋斗本色,在与员工交往、与社会的联系中,很多个体私营企业主保持着质朴谦逊、宽厚平易的风格,这也容易化解阶层差别带来的心理对立。浙江有农耕文明和海洋文明兼备的文化特质,浙江人有兼容并蓄、求真务实的精神品格。广大普通员工对于先富起来的个体工商户和私营企业主,多有尊重、理解、合作的心态,少有敌视、排斥、纷争的做法。浙江省政府及有关部门非常重视维护和谐劳动关系,仅 2012 年全省就查处欠薪案件 3.7 万件,有效维护了企业员工的权益。

第三,保持本地居民与外来居民的关系和谐。

浙江的劳动密集型产业比重大,中小企业数量多,吸引全国各地大量外来务工人员走入浙江,为此,浙江以合作包容的精神和心态,采取一系列切实有效的措施,形成有浙江特色的促进本地居民与外来居民关系和谐的做法。

浙江省政府对解决农民工问题非常重视,2006 年出台了《关于解决农民工问题的实施意见》,2008 年,又明确要求,凡符合入学条件的进城务工人员子女与当地学生享受同样的免费政策。2009 年,浙江省财政厅投入专项资金,支持、补助外来务工人员子女教育。2012 年 12 月,浙江省政府办公厅转发了《关于做好外省籍进城务工人员随迁子女接受义务教育后在我省参加升学考试工作的实施意见》。

在浙江省的部分地区,还形成了一些有地方特色、有广泛影响的做法。宁波是外来人口比较集中的城市,2007 年,宁波尝试成立外来务工人员服务管理工作办事机构,承担起综合协调、检查指导和考核评价等职能。宁波还将每年 12 月份的第一个星期日定为"宁波外来务工者节"。平湖市开展"学习在平湖、创业在平湖、文明在平湖"等一系列活动,受到外来人员的欢迎和好评,2007 年,成立全国首个"新居民事务局"。在外来人口超过本地人口的义乌市,积极推行"外来人口本地化"的政策,逐步开创了"发展空间共存、生活资源共享、社会责任共担、社会秩序共管、经济繁荣共创"的新局面,并在全国首开外来职工参与人大代表选举和担任人民陪审员的先河。2013 年 1 月,浙江省专门召开水库移民工作会议,提出力争到 2015 年,使我省现有的 160 万水库移民(包括三峡、滩坑等重大水电工程移民)的人均纯收入达到当地农村居民纯收入的 85％。

(三)努力保持地区及居民之间的和谐共富

第一,认清地区及居民之间和谐发展的大趋势。

历史经验证明,地域及居民之间的发展差距过大,就会产生众多的社会不稳定不和谐因素。

从浙江的历史基础和区位条件来看,环杭州湾地区毗邻中国的经济中心上海,地缘优势明显,人员流动频繁,高等院校和研究机构众多,文化思想交汇融合,具有现代观念和开拓精神,是浙江现代化进程最快的区域。浙东南地区,有悠久的商业传统,很早就利用制度创新和技术创新,培育出一批较为发达的产业群,但教育现代化水平不高,高素质人才缺乏。浙中及浙西南内陆地区,交通不便,信息滞后,小生产观念制约较重,发展水平相对落后。

对浙江的广大居民来说,由于地理环境和自然条件的制约,在传统的计划经济体制下,社会发展困难,加之国家投入相对较少,所以,改革开放初期,居民的贫困问题和贫富差距问题都比较突出,广大群众对改善民生和创新社会管理的要求更为迫切。

对不同地区之间发展的差别及群众的社会生活状况,浙江省不断从政策、学理、文化等角度进行全面的调查研究,分清格局,承认差别,关注变化,始终保持对区域发展状况和趋势的深刻自觉,这是浙江和谐社会建设的显著特点。

第二,形成地区之间和谐发展的大思路。

针对地区之间发展的明显差异,浙江省经过多年的探索和实践,形成了一整套促进地区和谐共进的战略性大思路,这从全国来看,也是很有气势,很有远见的。

一是促进发达地区加快社会事业发展。21 世纪初,浙江提出将环杭州湾产业带建成长三角南翼"黄金产业带"的总体目标,同时也明确了将环杭州湾地区建设成世界第六大城市群的社会发展任务。提出温台沿海产业带分"两步走"、提前基本实现现代化的经济目标,也明确了加速推进各项社会事业发展的任务。强调发达地区必须不断创新社会管理,最大限度激发社会活力、最大限度增加社会和谐因素,确保社会和谐稳定,快速推进以改善民生为重点的社会建设。

二是推动欠发达地区实现社会建设跨越式发展。2001 年,浙江提出实施省内区域合作、帮助欠发达地区加快发展、迅速改善民生的战略。安排一批重点项目,用于改善欠发达地区的基础设施,引导山区农民下山脱贫、异地致富,改善群众的生活条件,把民生幸福作为发展的根本问题。借鉴发达地区的经验,经过广大干部群众的长期奋斗,浙江欠发达地区的各项社会事业获得了跨越式发展,教育医疗条件迅速改善,社会保障水平迅速提升,社会管理能力迅速提高。从全国范围看,保持不同地区之间社会均衡发展,是浙江展现出来的重要特点。

第三,注重居民之间和谐共富的大目标。

浙江人按照社会主义本质的要求,依据自己的历史特点和文化精神,紧紧抓住共同富裕和改善民生这一核心问题,建设并形成了具有当代浙江特点的社会和谐新景象。

在改革开放的艰辛探索中,浙江始终坚持把富民惠民放在优先的地位,从 20 世纪 80 年代探索支持个体经济发展,到 90 年代扶持私营经济成长,再到 21 世纪健全市场经济体制,浙江不断创新社会管理体制,努力为群众致富创造更加宽松的社会条件,这些做法赢得了当地和外来创业者的普遍欢迎,为浙江和谐社会建设奠定了坚实的基础。

浙江一直关注贫困人口及弱势群体的社会生活。早在 1996 年和 1997 年,浙江省就开始在全省逐步建立最低生活保障制度。2001 年,《浙江省最低生活保障办法》正式实施,这是中国首部省级城乡一体的最低生活保障办法。2008 年,浙江部署实施全面小康行动计划,将低收入群众增收行动列入其中,强调全面建设惠及全省人民的小康社会,政府必须把着力点放在增进民生福祉上,切实保障社会公平正义,让困难群众共享发展成果。2012 年浙江省第十三次党代会,再次强调加大对革命老区、民族地区、贫困山区的政策扶持力度。2013 年 1 月召开的浙江全省民政工作会议认为,近十年来,全省已建立起以最低生活保障为基础,以供养、教育、医疗、司法、住房、灾害等各类专项救助为支撑,以临时救助和社会帮扶为补充,覆盖城乡的新型社会救助体系。2015 年,浙江省政府仍将加强低收入群体和困难群众帮扶作为重要民生工作任务。积极解决贫困人口及弱势群体的生活问题,为浙江社会和谐稳定提供了可靠保障。

案例 8-3

城乡统筹:"一元"嘉兴与美丽新农村

浙江嘉兴市统筹城乡发展水平列全省第一,全市农民转移就业率达 89.6%,城乡居民收入差距比例缩小至 1.71∶1,成为全国城乡差别最小的地级市之一……嘉兴市在向城乡发展一体化迈进的征程中走出了一条独具特色的统筹城乡发展之路,成为全省乃至全国统筹城乡发展的典范。

从城乡"二元结构"向"一元结构"转化,"一元"嘉兴雏形呈现。

嘉兴的统筹城乡综合配套改革,以优化土地使用制度作为核心和突破口,以统筹城乡就业、社会保障制度、户籍制度、居住证制度、涉农工作管理体制、公共服务均等化体制、规划管理体制等为主要内容,推动形成了"一改带九改""九改促一改"的"十改联动"格局。

走进海宁市盐官镇桃园村,中西合璧、错落有致的联体别墅,建在家门口的社区卫生服务中心、银行储蓄网点、少儿乐园、标准化球场、文化展览馆……这里的村民俨然如城里人一样,享受着与城市均等的人居环境、生活设施和基本公共服务。一批"记得住乡愁"的自然村落,在构筑现代化网络型大城市框架的同时,凸显江南水乡旖旎风光。

同时,多层次、全覆盖的城乡居民社会养老保险制度全面实施,新型社会救助体系基本形成,住房保障体系建设加快推进,使嘉兴成为全国第一个实现"全民医保"和社会养老保险全覆盖的地级市,并在全国率先实现义务教育发展均衡"满堂红"……"一元"嘉兴雏形呈现。

"物的新农村"和"人的新农村"建设齐头并进,美丽乡村"形神兼备"。

如今的嘉兴,乡镇公路上的公交车来往频繁,城乡共享、方便快捷的客运公交直达村口;供水网、电网、信息网等大网全部从城市延伸到农村;乡镇卫生院、社区卫生服务中心、乡镇图书馆、农家书屋、农贸市场、连锁超市等配套设施纷纷建到了农民的家门口;农业现代化、居住社区化和农民市民化步伐不断加快……

如果说"物的新农村"是美丽乡村之"形",那么"人的新农村"正是其"神"。在建设物质文明的同时,嘉兴同步加快精神文明、社会文明和乡风文明的建设,不断加快社区管理向社区自理转变,提高村民素质,用心做好"人"的文章。

——根据 2015 年 5 月 9 日《嘉兴日报》
文章《嘉兴统筹城乡发展走向全面融合》编写

五、"平安浙江"建设取得新成效

视频 8-4

"平安浙江"浙江品牌的理念

（视频来源："平安浙江"宣传片）

从 2004 年到 2019 年，以"小治安"到"大平安"，15 余年矢志不渝、砥砺前行，浙江坚持一任接着一任干，一张蓝图绘到底，平安建设硕果累累，民富与民安齐头并进，和谐发展。

（一）依托"智慧浙江"建设，构筑社会"大平安"

"平安浙江"建设在浙江是"一把手工程"。在浙江，平安建设内涵不断扩展，不仅是治安好、犯罪少的狭义"平安"，还是涵盖政治安全、经济安全、生产安全、食品药品安全、生态环境安全以及人民群众安居乐业的"大平安"建设体系。社会治安稳定是"大平安"的基础。

近年来，浙江公安系统始终对违法犯罪活动保持严打高压态势，整合各警种巡控力量，最大限度将警力推向街面，加强街面巡逻。到目前，全省整合配备各类巡防力量 20 万余人，设立省、市、县三级卡点 500 余个，实时震慑和打击了街面现行违法犯罪，及时有效防范处置重特大案（事）件。2014 年，全省"两抢"、盗窃案件同比分别下降 15.10%、3.04%。

与此同时，浙江做强社区警务，鼓励和吸引优秀民警沉入社区，全省社区民警数量累计增加 20%。推动社区民警配备警务通，按照"走访即录入、录入即核查、核查即比对、比对即研判"的工作方式，动态掌握社区治安状况。

依托"智慧浙江"建设，浙江还积极运用科技防控，推动技防设施建设。全省 180 多万只监控摄像头实现对公共场所、公共道路、重要部位的多点覆盖视频监控，让违法犯罪活动无处遁形。

（二）社会治理网格化、信息化、法治化

"网格化管理、组团式服务"是浙江平安建设的一大创新。近年来,这项工作在社会治理中发挥越来越重要的作用。全省共划分网格 10.9 万个,落实专兼职网格员 23.4 万名,组建各类服务团队 24.58 万支,管理服务网络覆盖到全省所有农村(社区)和对应的家庭。在乡镇(街道)综治中心基础上,2012 年,又顺应社会治理现代化新形势,将综治中心提升为"社会服务管理中心",把综治、调解、计生、劳保、民政等与百姓相关的职能都集中在社会服务管理中心,为群众提供一站式服务。

大数据时代,浙江平安建设重视信息化技术的运用。利用大数据技术,浙江在全国率先推出县乡两级社会治理综合指挥平台,基层网格员利用手机,可以现场采集信息,并在网上及时进行分析梳理、流转交办、督办反馈。目前,全省共开通 PC 终端和手机移动终端 13 万个,每日网上处理信息 2 万多件,95％以上的矛盾问题能在镇村两级得到解决。

建起省、市、县三级视频信息共享平台;推进建设动态跟踪、联通共享的社会治理信息网;开通公共信息服务平台……浙江信息化推进社会治理的办法越来越有成效。

案例 8-4

互联网乌镇：千年古镇"触网蝶变"

全球互联网又一次开启了"乌镇时间"。

历经两年积淀,乌镇和世界互联网大会本身一样,在这个日新月异的网络新时代,变得更加成熟,更有影响力。乌镇激发互联网力量结出的累累硕果,将与互联网在全球各个角落带给我们的无穷惊喜一道,在第三届世界互联网大会期间呈现在四海来宾眼前。这也正印证了"创新驱动 造福人类"这一大会主题。

作为千年水乡的乌镇,韵味醇浓;作为互联网重镇的乌镇,风华正茂。今天,人们不只是通过乌镇四通八达的水道、勾连两岸的小桥来诗意地描画"互联网乌镇"的神奇图景。遍布城乡、触手可及的智慧民生应用,纷至沓来、遍地开花的互联网前沿产业项目,以及随着家乡不断"互联网化"而激发出蓬勃创业激情的乌镇人,都是互联网已经实实在在重塑乌镇的鲜明例证。

以茅盾名著《子夜》命名的乌镇子夜路,现在俨然是集中展现乌镇互联网产业发展水平的一条主干道。走在子夜路上,两旁那些外表看着古色古香的老房子,门口的牌子上写着"浙江大数据交易中心""乌镇互联网医院""腾讯众创空间""埃洛克航空"这样高大上的名字,一家挨着一家……2016年10月刚刚通车的子夜路延长段,成为百度无人车、中电海康"透明道路"、诺基亚"5G车联网"等前沿技术的试验场。

在2012年以前,子夜路还是一条连人行道都没有的小路。子夜路之变,是乌镇在互联网时代迎来蝶变的缩影。

乌镇"互联网＋养老"体系引人瞩目,全镇1.5万老人全都被纳入智慧养老综合服务平台。通过线上云平台(乌镇智慧养老综合服务平台、远程医疗服务平台)和线下服务资源(居家养老服务照料中心、社区卫生服务站),以健康档案为核心、利用自动检测终端、健康管理APP、物联网智能居家设备,对老年人进行持续健康状况跟踪,记录进个人电子健康档案,这就是"乌镇智慧养老2＋2模式",在全国养老行业开创了医养深度融合的新模式。

"互联互通"的精神,如江南之水,浸润了乌镇的肌体。在乌镇,能够看到互联网的未来。

——根据2016年11月15日《浙江日报》报道编写

(三)群众参与是平安建设的不竭动力

平安,是治国者的宏大理想,也是老百姓的基本追求。浙江百姓不仅是"平安浙江"的最大受益者,更是"平安浙江"的建设者、生力军。出于这种理念,浙江充分激发群众参与平安建设的热情,不断创新工作载体,努力提升社会治理能力,形成人人参与平安、人人共享平安的局面。各地的平安巡防组织,最能体现"平安浙江"建设的广泛性与群众性。从自发行动到如今有组织参与,目前全省专兼职或义务治安巡逻队就有 2 万多支、40 多万人。人民调解组织的兴起,给近年来"平安浙江"建设提供了力量源泉。

目前,浙江已在医疗、劳资、交通、环保、物业等 15 个行业领域建立行业性、专业性调解组织 7200 多个。随着新兴行业的兴起,金华还探索在商会、电子商务活动中建立专业调解组织。

村规民约,因为有着深厚的民意基础,符合乡村的发展实际,再加上本身就蕴含着村民自己的智慧,在农村就像是一份"乡土文件",在协调村民关系,促进乡风文明建设上都起到重要作用。

浙江重视发挥这个民间自治的载体,今年开启制定修订村规民约、社区公约的活动,全省 90％的村(社区)都有了自己的"行为公约",弘扬什么、舍弃什么,一目了然,有效发挥社会规范在约束社会行为、预防和化解矛盾纠纷、解决实际问题中的积极作用。

六、浙江精神与浙江和谐社会建设的关系

(一)浙江精神对浙江社会发展的凝聚和激励作用

第一,浙江精神为浙江社会建设提供了重要思想力量。

一是浙江精神推动了浙江不断深化民生为先的理念。浙江一直努力保持经济与社会的和谐发展,这与经世致用、注重民生的精神是分不开的。改革开放初期,浙江的领导干部就清醒地认识到,"改革不是为了改革而改革,我们必须了解老百姓的苦难,了解老百姓的需求,只有这样,我们才能知道为什么要改革,为什么要解放思想"。[①] 浙江的改革一开始就得到广大群众的支持和拥护,改革中的难题也都在群众的智慧中得以破解,"创业富民""藏富于民"自然也成了浙江发展的必然结果和重要特色。

二是浙江精神推动了浙江较早形成平安为要的思想。追求淡泊宁静、和睦有序的浙江精神,推动了浙江民安为本、平安为要思想的形成和

---

① 沈祖伦:《所有改革应源自老百姓的利益》,《钱江晚报》2008 年 1 月 25 日。

践行。早在 20 世纪 60 年代,浙江就创造了社会治安良好的"枫桥经验"。进入新时期,浙江依旧坚持"党政动手,依靠群众,立足预防,化解矛盾,维护稳定,促进发展"的原则,努力做到"小事不出村,大事不出镇,矛盾不上交""为之于未有,治之于未乱,防患于未然",力争为人民群众创造安居乐业、和睦稳定的社会环境。

三是浙江精神推动了浙江确立秩序为重的追求。坚守求真务实、有序理性的浙江精神,有力推动了浙江秩序为重的追求和实践。在改革开放初期,浙江采取一系列措施,努力恢复正常的社会秩序。在改革开放的进程中,浙江一直重视社会秩序稳定问题,2006 年,浙江省委作出《中共浙江省委关于建设"法治浙江"的决定》,进一步强调只有依靠法治才能实现和谐有序,只有依靠法制才能提供一个程序化的矛盾解决机制。党的十八届四中全会以来,浙江依法治国的步伐进一步加快。

第二,浙江精神引领着浙江社会建设的航向。

一是浙江精神引领着浙江社会建设的思想方向。建设和谐社会,思想导向至关重要。康济国家、惠泽天下、忠诚为民的浙江精神,引领浙江始终坚持民生上的原则,坚持以人民群众的根本愿望为出发点,努力使广大群众各尽其能、各有其成、各得其所。因此,在浙江的改革与发展中,人民群众的创造性实践层出不穷,千百万群众的主动性、积极性得到了充分的发挥,和谐社会建设的群众基础坚实,思想方向明确。

二是浙江精神引领着浙江社会建设的文化方向。建设和谐文化,是构建社会主义和谐社会的重要任务,也是构建社会主义和谐社会的重要条件。和美与共、和而不同、科学求是的浙江精神,在浙江的和谐社会建设中潜在地引领着和谐文化的方向。在浙江的历史人文积淀中,流传着许多和谐文化的故事,就连西湖,映现的也是和谐的美景。在"爱国守法、明礼诚信、团结友善、勤俭自强、敬业奉献"的浙江基本道德规范中,和谐文化是贯穿其中的主线,浙江精神自然是其灵魂。

三是浙江精神引领着浙江社会建设的幸福方向。追求幸福是人类共同的愿望,社会和谐是实现幸福的必要条件。勤奋务实、刚直不阿、崇学向善的浙江精神,在最根本的意义上引领着幸福和谐的正确方向。改革开放初期,浙江人在艰苦创业中感受快乐,在经济获得发展后,很多先富起来的浙江人,并没有去享受奢华的物质生活,依旧低调为人,勤勉做事,在创造财富而不是在消费财富的过程中去享受幸福。21 世纪,浙江人又以新的力度和气势提升城市和乡村的生活品质,积极创造着有浙江历史文化韵味的幸福生活。

(二)弘扬浙江精神,全面推进"和谐浙江"建设

第一,弘扬浙江精神,进一步稳定浙江社会和谐根基。

一是充分发挥党员干部的先锋模范作用。办好中国的事情,关键在党。浙江的和谐社会建设,关键也在广大党员干部将共产党员的牺牲奉献精神与浙江求真务实、兼容和睦的精神结合起来,创造性地推进社会和谐进步。只要党员干部牢记宗旨,振奋精神,坚持以优良的党风促政风带民风,多办顺民意、惠民生、解民忧的好事实事,和谐社会建设就有灵魂、有方向,根基就会更加稳固。

二是进一步提高人民内部矛盾化解能力。浙江发展速度快,职业和阶层多,人民内部矛盾压力大,需要我们以求真务实、浑圆博厚的浙江精神,进一步化解社会矛盾。具体来说,就是要企业、劳动者和政府共同努力,进一步完善各类工会组织,发挥政府部门在劳资关系调解中的作用。尽快将深受群众欢迎的"宁波模式",平湖、义乌等地的做法推广开来,解决好本地人口和外来人口的矛盾。

三是进一步加强基层社区建设。浙江省的社区建设,虽然进步速度很快,但发展的历史还不长,我们仍然要以求真务实、科学理性的浙江精神来积极推进基层社区建设,包括:推动基层社区自治,使社区成为温馨和谐的生活家园;培育基层福利和服务机构,使生活在社区中的弱势群体得到切实的帮助;健全农村自治组织,使其在协调利益、化解矛盾、排忧解难等方面发挥更大的作用。

第二,弘扬浙江精神,进一步加快浙江社会和谐进程。

一是加快推进浙江社会和谐的制度、政策和机制建设的进程。浙江的和谐社会建设已经积累了部分典型经验,现在需要的是进一步发扬浙江精神,从战略高度制定促进和谐社会发展的相关制度,采取一系列配套的措施,并在实践中形成科学合理的运行机制。涉及全省协调发展大局的城乡统筹、区域协同、山海协作的政策措施需要在实践中进一步完善;事关群众利益的基本养老保险制度、基本医疗保险制度、最低生活保障制度、就业制度需要在探索中加速推进。

　　二是加快推进浙江社会和谐的重大基础设施和基本条件建设的进程。一条公路、一座桥梁、一所医院、一所学校、一个广场就会成为城乡、区域、阶层之间联系的纽带,常常对和谐社会产生重大的促进作用,浙江已经做出了不懈的努力,取得了重大成果。今天,相对于和谐社会建设的新要求、新期待,这方面的任务会更繁重,需要我们以自强不息的浙江精神,在新的历史起点上,以更大的决心、更多的投入,加快基础设施和基本条件建设,尤其是基层医疗服务和公共文化服务体系建设,推动社会和谐进程。

　　三是加快解决浙江社会和谐中的"三农"问题的进程。浙江在解决农业、农村和农民这一中国革命和建设的根本问题上,已经走在了全国的前列,但是,由于城乡二元化结构历史长,遗留的问题自然也多。目前经济层面的差距有所缩小,但文化、教育、科技等更深层面的差距依然较大。"三农"问题,在很长时期内依然是制约浙江社会和谐的重大问题,这就需要我们以坚韧不拔的浙江精神,在城乡统筹的大思路下,加速解决"三农"问题,促进社会和谐进步。

　　第三,弘扬浙江精神,进一步提升浙江社会和谐层次。

　　一是要坚持以人为本这一核心。在漫长的封建社会,人的自由和尊严受到限制;在半殖民地半封建社会,更是没有资格谈个人的权利。现在,浙江已经进入社会主义现代化新阶段,进一步提升社会和谐层次的条件更加充分,这就需要我们以与时俱进的浙江精神,进一步深化以人为本的理念,丰富以人为本的活动,将尊重人民群众主体地位,发挥人民群众首创精神放到更加重要的地位,让和谐社会建设不断促进人的自由全面发展。

　　二是要高度重视文化的引导作用。在物质贫乏的环境下,调整社会和谐的经济因素自然会更多一些,进入小康阶段,促进社会和谐的精神文化作用必然会更大。"和合是中国文化人文精神的精髓和首要价值。"①中国古代的和谐文化历史丰厚,近现代的革命文化中有强烈的和谐文化追求,世界各种文明历史中都有和谐文化的积淀,建设社会主义和谐社会,需要我们以兼容并蓄的浙江精神,整合这些文化资源,培育和践行社会主义核心价值观,重视法治文化建设,推动和谐社会向更高的层面

---

①　张立文:《和合学》(上卷),中国人民大学出版社 2006 年版,第 11 页。

迈进。

三是要充分认识全球化的影响力量。改革开放初期,浙江所关注的社会和谐问题,主要还局限于国内。21 世纪,伴随着浙江的企业、人才和文化进一步"走出去",世界各地的企业、人才和文化大量地"走进来",和谐社会建设产生了新要求。这就需要我们以开放博大的浙江精神,充分认识全球化的影响,既坚定中国特色社会主义的道路自信、理论自信、制度自信和文化自信,又要提高应对多元文化、包容多元文化的能力,从容大气地建设有浙江风范、中国气派、世界水准的和谐社会。

思考讨论题

1. 浙江已成为全国城市化发展最快的省份之一,为全国积累了有益经验。试论述浙江特色的城市化道路的特点和启示。

2. 浙江是全国城乡发展差距最小的省份之一,试结合"一元嘉兴"的形成论述浙江城乡统筹的做法、经验及其启示。

3. 结合知识学习和生活感受,说明浙江精神对浙江和谐社会建设产生了哪些影响。

4. 结合浙江发展和个人进步,说明在未来浙江和谐社会建设中如何弘扬浙江精神。

第九章　浙江精神与浙江生态文明

党的十八大报告提出，"建设生态文明，是关系人民福祉、关乎民族未来的长远大计""必须树立尊重自然、顺应自然、保护自然的生态文明理念，把生态文明建设放在突出地位，融入经济建设、政治建设、文化建设、社会建设各方面和全过程，努力建设美丽中国，实现中华民族永续发展"。[①] 浙江在经济发展取得巨大成就的同时，非常重视生态文明建设，努力实现"绿色浙江""美丽浙江"的建设目标。浙江精神在浙江生态文明建设中起着重要的推动作用，同时，生态文明建设的过程和结果也是传承和践行浙江精神的生动体现。

一、浙江生态文明建设的历程

（一）浙江生态文明建设的探索时期

在计划经济时代，浙江与全国各地一样，受"左"倾思潮的影响，战天斗地，自然环境受到了极大的破坏。但尽管如此，浙江对生态环境的保护和自然资源的综合利用还是做了有益的探索。改革开放初期，由于片面理解以经济建设为中心的战略思想，浙江一些地方的农民为了致富而大量砍伐树木，破坏山林；一些乡镇企业、个体企业为了追逐利润，肆意侵占自然资源，排放污废；一些地方政府重经济发展而忽视对生态的保护，导

[①] 胡锦涛：《坚定不移沿着中国特色社会主义道路前进　为全面建成小康社会而奋斗——在中国共产党第十八次全国代表大会上的报告》，人民出版社 2012 年版，第 39 页。

致环境恶化,森林资源日渐衰退,水土流失日趋严重,经济社会发展与自然的矛盾日益尖锐。

早在 20 世纪 80 年代,浙江省委、省政府就察觉到环境问题的严重性,开始把生态环境建设当作一项重要任务来抓。

首先,重视山区植树造林,把它作为浙江"四化"建设的战略问题。之后,浙江开展了绿化荒山、改造疏林山的活动。1989 年,省委、省政府提出了"两年准备,五年消灭荒山,十年绿化浙江"的规划目标。1999 年,浙江启动了生态公益林建设工程,率先在全国实施高标准平原绿化工程。

其次,合理开发利用与积极保护水资源。浙江省第六次党代会提出:全省要有计划地根治八大水系,兴建十大水库,扩大旱涝保收田的面积。1983 年 12 月,省人大审议通过《关于抓紧治理兰江水系污染的决定》。1983 年和 1985 年,省科协两次组织了对钱塘江河源、河口的科学考察,取得了大量富有价值的数据。全省加强了水、大气、海洋、酸雨监测网络建设,对全省八大水系第一次做出评价,首次建立了全省酸雨数据库。1988 年 7 月,省人大常委会审议通过《浙江省鉴湖水域保护条例》,同年 12 月,京杭大运河与钱塘江沟通工程三堡船闸竣工。1989 年,浙江建成了千里标准海塘和钱塘江千里标准江堤等重要水利工程。

最后,重视和加强生态环保工作。1988 年,全省果断关停了多家污染严重的电镀厂、印染厂;1989 年,浙江开始推行各级政府任期环境保护目标责任制和城市环境综合整治定量考核制度,并在污染源调查的基础上,开始全面开展乡镇企业工业污染治理工作;1992 年,环境保护被纳入全省国民经济和社会发展计划;1993 年 12 月,省第九次党代会提出"增强环保意识,治理环境污染,保护和合理利用自然资源,逐步改善生态环境"。省委十届二次全会提出实施"碧水、蓝天、绿色"工程,重点治理水污染和大气污染;1998 年年底,浙江实施了杭嘉湖地区水污染防治倒计时"零点行动";1999 年至 2000 年,重点实施了"一控双达标"工作。全省环境恶化的趋势得到了基本控制,部分地区的环境质量有所改善。

(二)浙江生态文明建设的发展时期

进入 21 世纪,随着经济全球化的迅猛发展和科学技术的日新月异,生态问题不仅仅是一个环境保护问题,而是一个经济问题、政治问题、社会问题、生活方式与消费方式的问题,是一个事关人类未来前途与命运的问题。一种新的文明形式——生态文明已是人类关注的焦点。浙江把生态建设与调整产业结构,实现产业更新升级,转变经济增长方式,实现可持续发展战略结合起来,自觉地贯彻党的十六大精神,结合浙江实际,提出了建设"绿色浙江"的目标任务,浙江生态文明建设进入了发展时期。

　　党的十六大报告明确指出:"必须把可持续发展放在十分突出的地位,坚持计划生育、保护环境和保护资源的基本国策。"胡锦涛总书记在中央人口资源环境工作座谈会上强调:"要加快转变经济增长方式,将循环经济的发展理念贯穿到区域经济发展、城乡建设和产品生产中,使资源得到最有效的利用。最大限度地减少废弃物排放,逐步使生态步入良性循环,努力建设环境保护模范城市、生态示范区、生态省。"为了贯彻落实党的十六大和胡锦涛总书记在中央人口资源环境工作座谈会上的讲话精神,2002年省第十一次党代会上提出了建设"绿色浙江"的目标任务,同年12月,时任浙江省委书记习近平在主持省委十一届二次全体(扩大)会议时提出,要"积极实施可持续发展战略,以建设'绿色浙江'为目标,以建设生态省为主要载体,努力保持人口、资源、环境与经济社会的协调发展"。当月,他主持召开了省政府首次生态省建设工作协调会,确定由省政府向国家环保总局正式申报,要求将浙江列为国家生态省建设试点省份。2003年1月,浙江成为全国第5个生态省建设试点省。2003年6月,浙江省第十届人民代表大会常务委员会第四次会议通过《浙江省人民代表大会常务委员会关于建设生态省的决定》。2003年7月召开的省委十一届四次全会上,进一步发挥浙江的生态优势、创建生态省被列为省委"八八战略"的一个重要方面,纳入浙江现代化建设的总体布局中。2003年8月,省政府印发《浙江省生态省建设规划纲要》,明确了浙江生态省建设的总体目标、重点工程、主要任务等。推进生态建设,打造"绿色浙江",已成为我省加快全面建设小康社会、提前基本实现现代化的重要内容。

　　在以后的几年里,浙江把省第十一次党代会和省十届人大四次会议精神贯彻到实际工作中。2004年,启动"811环境整治行动"①这一基础

---

　　①　在全省开展以八大水系和11个省级环境保护重点监管区为重点的环境污染整治行动。

性、标志性工程。通过对重点流域、重点区域、重点行业和企业的整治,控制污染物排放总量,推进环保基础设施建设,强化环境执法和监测;2005年,又启动"发展循环经济991行动计划",即发展循环经济九大领域、打造九大载体、实施十大工程,环境保护和生态建设迈上新的台阶;2007年,省第十二次党代会明确提出,要"在节约资源保护环境方面实现新突破";2008年,启动"811"新三年行动计划①,着力推进污染减排和重点区域环境整治。

党的十七大明确提出,把建设生态文明作为中国实现全面建设小康社会奋斗目标的新要求之一。浙江省第十二次党代会报告中明确把生态文明纳入全面建设小康社会的重要目标,强调"在节约资源保护环境方面实现新突破",努力实现"环境更加优美,生态质量明显改善,人与自然和谐相处,人民群众拥有良好的人居环境"。生态文明建设成为"创业富民、创新强省"总战略的重要组成部分,并有机地融入浙江省改革开放和现代化建设事业。2007年11月,省委十二届二次全会审议通过《关于认真贯彻党的十七大精神扎实推进创业富民创新强省的决定》,明确要求全面加强资源节约和环境保护,强调把加强资源节约和环境保护作为转变经济发展方式的突破口。2008年年初,省委、省政府提出实施包含"资源节约与环境保护行动计划"在内的"全面小康六大行动计划",积极推进生态省建设。2008年4月,时任省委书记赵洪祝在浙江省委十二届三次全会上专题研究部署全面改善民生工作,明确把生态建设作为浙江省全面改善民生的重点工作。2009年5月,省委十二届五次全会指出,要积极推进节能减排和环境保护的体制改革,强调开展生态文明建设改革试点,切实把生态文明建设作为改革发展的重要内容。

(三)浙江生态文明建设的新阶段

2010年7月,浙江省第十二届委员会第七次全体会议通过《关于推进生态文明建设的决定》,这是浙江省生态文明建设的新篇章,标志着浙江生态文明建设进入新的阶段。会议审议通过了《中共浙江省委关于推

---

① "8"是指要实现污染减排,工业污染防治,城乡污水、垃圾及其他固体废弃物处置,农业面源和土壤污染防治,环境监管能力建设,生态保护和修复,环境质量,生态环境质量综合指数八个方面的工作目标。"11",一方面是省级督办的11个重点环境问题;另一方面是指要落实11项保障措施。

进生态文明建设的决定》（以下简称《决定》）。《决定》根据党的十七大关于建设生态文明的要求,深刻阐述了推进生态文明建设的重大意义,提出了今后推进生态文明建设的新的目标、要求和举措。

《决定》提出,要"坚持生态省建设方略,走生态立省之路""打造'富饶秀美、和谐安康'的生态浙江,努力实现经济社会可持续发展,不断提高浙江人民的生活品质"。这是浙江省继提出打造"绿色浙江"、建设生态省目标之后,适应建设生态文明新要求,提出的新的战略目标;注重建设生态文化,强化生态文明理念,充分发挥生态文化对生态文明建设的精神支撑和思想支持作用,大力倡导生态伦理道德,加强生态文明教育,提高全民生态文明素养,形成生态文明社会新风尚;完善了政绩考核制度,提出要建立健全党政领导班子和领导干部综合考评机制,完善了生态补偿制度,完善了市场化运作制度,完善了投融资体制和财税扶持政策,完善了法治化制度,提出要强化推进生态文明建设的法治保障;突出了促进绿色发展的新举措,提出要实施全省主体功能区规划,突出了提升人民生活品质的新举措,提出要加大对环境污染的治理力度,不断提高宜居水平,努力使全省人民呼吸上新鲜的空气、喝上干净的水、吃上放心的食品、拥有舒适的人居环境。

经过全省人民的共同努力,浙江省生态文明建设成绩斐然。

2018年1月,浙江省省长袁家军在浙江省第十三届人民代表大会第一次会议上讲到,由于坚定不移践行"绿水青山就是金山银山"理念,浙江省生态文明建设取得显著成效。全省生态环境发生了优质水提升、劣质水下降,蓝天提升、PM2.5下降,绿化提升、森林火灾下降的明显变化。全面推进"五水共治",仅2017年一年就累计消除6500公里垃圾河、5100公里黑臭河,地表水Ⅲ类以上水质断面比例从64.3%提高到82.4%。积极开展大气污染治理,完成所有大型燃煤机组超低排放技术改造,启动实施工业废气清洁排放技术改造,全面淘汰黄标车,设区市PM2.5平均浓度从每立方米61微克下降到39微克。大力实施"珍贵彩色森林"行动,新增珍贵树木4500万株,森林覆盖率达到61%。累计完成拆违9亿平方米、"三改"13.9亿平方米。制定实施主要污染物排放省对县(市、区)财政收费制度、生态功能区县市环境年金制度和覆盖全省江河湖塘的河长制,绿水青山成为浙江最靓丽的金名片。

2019年5月,全省高质量建设美丽浙江暨高水平推进"五水共治"大会在杭召开。浙江省委书记车俊在会上强调,浙江作为习近平生态文明思想的重要萌发地,多年来,在"八八战略"和"绿水青山就是金山银山"理念指引下,坚持一张蓝图绘到底,推动生态文明建设率先进入快车道,生态省和美丽浙江建设等各项工作的协调性、系统性、创新性、示范性更强。站在新时代新起点,我们要以只争朝夕的精神、持之以恒的坚守,不断深化生态省方略,谱写美丽浙江建设新篇章。

二、打造生态文明建设的制度屏障

第一,建立适应生态建设需要的领导体制和工作机制。

推进生态建设,不仅要以一定的经济文化作基础和条件,而且要求相应的制度机制作保障。为实现生态建设工作的制度化、常态化,浙江积极探索建立符合经济社会发展实际、适应生态建设需要的领导体制和工作机制。浙江省委、省政府注重体制机制建设,成立以时任省委书记习近平为组长,时任省委副书记、省长吕祖善为常务副组长的浙江生态建设领导小组,省人大依法作出了《关于建设生态省的决定》,省政府制定并全面实施了《浙江生态省建设规划纲要》,落实了生态省建设的各项任务。

在生态省建设的过程中,各地坚持党政"一把手"亲自抓、负总责,各级党委统一部署,省、市、县三级都建立了领导机构。各地坚持规划先行,围绕《浙江生态省建设规划纲要》,结合自身实际,制订了生态市、生态县建设规划,明确工作目标,建立考评体系,上下合力推进生态建设。各地将生态省建设任务纳入各级政府目标责任制,全省基本形成了党委领导、政府负责、各部门整体联动、社会广泛参与的工作机制。

第二,完善适应生态建设需要的各项制度。

在推进生态文明建设的过程中,省委、省政府积极推进要素配置市场化,建立并完善各项生态制度。2009 年,省政府专门召开"全省环境保护制度创新推进会议",重点部署排污权有偿使用与交易制度、跨界河流交界断面水质考核制度等。在以后的几年里,浙江省进一步完善土地征用制度、工业用地招拍挂制度,积极探索农村宅基地空间置换和工业存量用地流转机制;扎实推进水权制度改革;积极推进排污权有偿使用和交易试点工作;逐步完善"碳汇"产权机制、交易机制和价格机制,充分发挥市场机制在促进资源集约节约利用中的基础性作用;建立健全投融资机制,鼓励和引导民间资金以独资、合资、股份制等多种形式参与环保基础设施建设和生态建设事业;鼓励外商投资兴办污染防治、资源节约利用等项目,努力形成政府主导、多元投入、市场配置、社会参与的生态文明建设投融资机制;建立企业环保社会责任制,根据各行业环境保护的特殊性和不同企业环境保护的要求,研究制定相应的社会环境标准,逐步建立我省企业环保社会责任认证体系,并与信用管理制度有机结合起来,促进和激励企业增强环保社会责任意识。

第三,重视生态法治建设。

浙江高度重视生态法治建设工作,不断把生态省建设纳入法制化、规范化轨道,保证生态省建设的权威性、严肃性和连续性。强化环境保护和生态建设执法监督管理,加大执法力度,坚持依法行政、公正司法,严肃查处各种环境违法行为,杜绝生态破坏现象以及阻碍和干预环境保护执法的现象。

2003年以来,浙江省人大常委会和省政府制定和修订了《浙江省大气污染防治条例》(2003)、《浙江省森林管理条例》(2004)、《浙江省陆生野生动物保护条例》(2004)、《浙江省海洋环境保护条例》(2004)、《浙江省自然保护区管理办法》(2006)、《浙江省发展新型墙体材料条例》(2007)、《浙江省建筑节能管理办法》(2007)、《浙江省城市市容和环境卫生管理条例》(2008)、《浙江省水污染防治条例》(2008)等40多部地方性法规和规章,初步形成了与国家生态法制体系相适应的地方立法体系,为生态省建设提供了良好的制度环境。

第四,制度建设新阶段。

"十三五"期间,浙江继续"绿水青山就是金山银山"的体制机制探索:完善主要污染物排放财政收费和排污权基本账户制度,探索建立资源环境要素交易制度,继续深化排污权有偿使用和交易,落实主要污染物总量激励政策。

为将生态建设责任落到实处,浙江在全国率先出台生态保护补偿制度,把"青山绿水"纳入政绩考核体系,从"唯GDP"转向发展"绿色GDP"。"十三五"规划纲要提出,建立差异化绩效考核评价体系。根据不同区域的主体功能定位,实行发展要求、评价指标和权重不同的差异化考核。

作为国务院批准的全国首个建设生态文明先行示范区的地级市,湖州市出台的《2015 年度县区综合考核办法》中，生态文明建设工作占党政实绩比重达到 30％以上。

建立以环境损害赔偿为基础的环境污染责任追究体系、探索编制自然资源资产负债表、建立党政领导干部自然资源资产离任审计制度……"十三五"规划纲要中关于健全生态文明制度体系的内容，为浙江生态文明建设进一步扎紧制度的笼子。

注重民生，顺从民意，构建人人参与、共建共享生态文明的公众参与机制，也是浙江生态文明制度建设中的宝贵经验。2013 年至今，围绕"五水共治"，浙江已形成 6 名省级河长、199 名市级河长、2688 名县级河长、16417 名乡镇级河长、数万名村级河长的五级联动"河长制"体系。如今，河长履职已被列为党政领导干部实绩考核内容。

三、"两山"理念与永续发展

视频 9-1

生态浙江美丽画卷："绿水青山就是金山银山"
（视频来源：浙江卫视）

2005 年 8 月，时任中共浙江省委书记习近平提出了"绿水青山就是金山银山"的理念，为浙江走向社会主义生态文明新时代指明了方向，推动着浙江开启一场影响深远的发展变革。据最新的《中国省市区生态文明水平报告》《中国省域生态文明建设评价报告》，浙江生态环境质量连续 7 年位居全国省区市前列；浙江全省农村居民人均纯收入连续30 年位居全国各省区第一，成为全国城乡居民收入差距最小的省区市之一。[1]

（一）"两山"理念与护美绿水青山

2010 年，浙江省率先在全国作出《关于推进生态文明建设的决定》，

---

[1] 本节内容参见《两山实践》（《今日浙江》记者马跃明，2015 年 12 月 30 日），来源：人民网—中国共产党新闻网。

提出坚持生态省建设方略,走生态立省之路,建设全国生态文明示范区。2012 年,浙江省第十三次党代会将"坚持生态立省方略,加快建设生态浙江"作为建设物质富裕、精神富有的现代化浙江的重要任务,提出打造"富饶秀美、和谐安康"的"生态浙江"。2013 年,浙江省作出全面推进"美丽浙江"建设的决策。2014 年 5 月,省委十三届五次全会作出"建设美丽浙江、创造美好生活"决策部署,提出要建设"富饶秀美、和谐安康、人文昌盛、宜业宜居"的美丽浙江。2014 年 5 月,浙江的德清县、嘉善县、杭州市西湖区、宁波市镇海区、洞头县、天台县、长兴县、云和县、遂昌县、泰顺县等 10 个县、区被授予新一批"国家生态文明建设示范区"称号。2014 年 7 月,经国务院同意,湖州成为全国首个获批建设生态文明先行示范区的地级市。浙江担负起生态文明建设先行先试的重任。2015 年 5 月,在浙江考察的习近平总书记在与村民座谈时说:"我在浙江工作时说'绿水青山就是金山银山',这话是大实话,现在越来越多的人理解了这个观点,这就是科学发展、可持续发展,我们就要奔着这个做。"

实践"两山"理念,就是要护美绿水青山,追求永续发展。

第一,建立党政领导班子和领导干部综合考评机制。既看发展成果,又看发展成本与代价,按照各地主体功能定位实施分类考核评价,把环境保护作为约束性指标纳入考核体系,将环境保护的责任真正落实到地方政府,从机制上改变一些地方和干部长期以来形成的"GDP 至上"的政绩观。

第二,实施主题功能区定位。2013 年,浙江根据主体功能区定位,对丽水从考核 GDP 和工业总产值,调整为考核空气质量和区域断面水质达标率等生态指标。2015 年 2 月,浙江 26 个欠发达县正式"摘帽",并且浙江提出这 26 个县将不再进行 GDP 总量考核,转而考核生态保护、居民增收等内容。2013 年 8 月,省委、省政府在全国率先发布《浙江省主体功能区规划》,将浙江版图划分为优化开发区域、重点开发区域、限制开发区域和禁止开发区域,划定 68212 平方千米的限制开发区域和 21109 平方千米的重点生态功能区,明确生态红线,在空间上管制生态环境,形成硬约束。舟山围绕新区发展规划,推进海洋产业优化布局和重要海岛开发保护,培育完善循环经济示范试点体系,着力构建以低污染、低排放为特征的海洋经济产业体系。全省形成了保护青山绿水的一张"生态安全网"。

第三,层层落实"河长制"。将所有的河流全部"承包"给各级主要领导,把河长完成河道整治任务的情况纳入政绩考核。全省跨设区市的 6 条水系干流河段,分别由省领导担任河长,市、县、乡镇的主要负责人担任辖区内河道的河长。各级河长负责包干河道水质和污染源现状调查、制定水环境治理实施方案、推动落实重点工程项目、确保完成水环境治理目标任务。

第四,深入实施"千村示范、万村整治"工程,推进"美丽乡村"建设。目前全省已建设了 402 个美丽乡村精品村(特色村)、108 条美丽乡村风景线、46 个美丽乡村先进县。"美丽系列"正成为美丽浙江的一道亮丽风景线。

(二)"两山"理念与做大金山银山

在"两山"理念引领下,在生态+农业、生态+工业、生态+农家乐、生态+民宿、生态+互联网、美丽乡村建设、美丽经济发展等方面,浙江走在更高标准的绿水青山和更有竞争力的金山银山相统一、协调和融合的路子上。

第一,生态+农业。凭借绿水青山的生态优势,浙江大力发展生态农业、花果经济、苗木经济。在浙江,几乎每个县都有特色农产品,且多具规模,形成了品牌效应,从几元钱的茭白、竹笋,到几十元的山核桃,再到上千元的茶叶、铁皮枫斗,涵盖各层次的生态农业、特色农产品已经在浙江逐步发展起来。特别是在衢州、丽水等地,农业产品凭绿水青山的生态而"金贵"。

第二,生态+工业。生态保护倒逼生产方式革新,高污染产能被加速淘汰。全省共整治和淘汰存在问题的企业(作坊)6.4 万家,2014 年全省提前一年超额完成国家下达我省的"十二五"淘汰落后产能目标任务。以信息经济为代表的"绿色产业",成为浙江近年大力培育和扶持的新经济、新业态。

第三,生态+农家乐。2005 年以来,浙江共创建了 1100 多个农家乐集中村和特色村,农家乐经营户 1.45 万户,各类休闲农庄 2414 个,农家乐直接从业人员 13.8 万人。2014 年,浙江农家乐接待游客数量达 1.75 亿人次,经营收入达 175 亿元,并带动农产品销售等其他方面的增收效益。

四、"五水共治"治出转型实效

(一)"五水共治"的提出和实施

"五水共治"即治污水、防洪水、排涝水、保供水、抓节水。这是浙江省政府推出的大政方针,是推进浙江新一轮改革发展的关键之策。"五水共治"是推进浙江新一轮改革发展的关键之策。

浙江因水而名、因水而兴、因水而美。抓"五水共治"倒逼转型,是由客观发展规律、特定发展阶段、科学发展目的决定的。水是生产之基,什么样的生产方式和产业结构,决定了什么样的水体水质,治水就是抓转型;水是生态之要,气净、土净,必然融入于水净,治水就是抓生态;水是生命之源,老百姓每天口渴时要喝、灌溉时要用,治水就是抓民生。可以说,"五水共治"是一石多鸟的举措,既扩投资又促转型,既优环境更惠民生。抓治水就是抓改革、抓发展,意义十分重大。

党中央、国务院对浙江治水历来极为关注,历届省委、省政府也高度重视。习近平同志在浙江工作期间,多次对治水工作作出重要指示和部署,一再强调要用科学发展的理念和方法来研究用水、治水、节水工作,认真抓好安全饮水、科学调水、有效节水、治理污水等"四水工程"建设。

2013年年初,针对浙江省多地环保局长被"邀请"下河游泳事件,浙江以"重整山河"的雄心和"壮士断腕"的决心,打响铁腕治水攻坚战,重点抓浦阳江水环境综合治理,推动全省清理河道和清洁农村行动,建立"河长制"等河道保洁长效管理机制,以治水为突破口打好经济转型升级"组合拳",取得初步成效。2013年10月上旬,"菲特"强台风正面袭击浙江,引发余姚等地严重的洪涝灾害。浙江在全力做好防汛救灾工作的同时,更加深刻认识到必须治污水、防洪水、排涝水、保供水、抓节水,只有"五水共治",才能从根本上解决水的问题。浙江力图通过治水,进一步治出转型升级的新成效,治出面向未来的新优势,治出浙江发展的好局面。

视频 9-2

"五水共治" 最美杭城

（视频来源：中国日报网）

（二）"五水共治"战略的重要意义

时任浙江省委书记夏宝龙曾发表文章，深刻阐明"五水共治"战略的重要意义。[①]

从政治的高度看，治水就是抓深化改革惠民生。习近平总书记明确要求，2014 年的改革，要从时间表倒排最急迫事项改起，从老百姓最期盼的领域改起，从制约经济社会发展最突出的问题改起，从社会各界能够达成共识的环节改起。抓治水完全符合这"四个改起"的要求，符合党的群众路线教育实践活动落实整改的要求。治水是新形势下浙江社会主义物质文明建设的要求、精神文明建设的需求、生态文明建设的诉求、政治文明建设的追求。不能把"邀请环保局长下河游泳"和"水困余姚"当成茶余饭后的一个谈资，一笑了之、一谈了之，必须通过治水牵一发动全身，推动全面深化改革，以治水和转型的实际成效，向党和人民交上满意的答卷。

从经济的角度看，治水就是抓有效投资促转型。治水的投资，就是有效的投资；治水的过程，就是转型的过程。在目前民间投资意愿下降、优质外资难引、政府投资受限的情况下，好的投资项目对保持有效投资增长至关重要。治水能够为人民提供一大批优质项目，特别是水利工程项目，这对于保持经济平稳增长具有现实意义。

从文化的深度看，治水就是抓现代文明树新风。水，不仅是资源要素，也是文化元素，是文明之源、文化之源。治水历来是兴国安邦的大事。中华民族几千年悠久灿烂的文明史，也可以说是一部除水害、兴水利的治水史。水文化直接触及人们的灵魂，浸润着人们的心田，影响着人们的思想意识、道德情操、精神意志和智慧能力。水文化的价值在于它让人们懂得热爱水、珍惜水、节约水。党的十八大以来，党中央更加强调厉行节约，反对铺张浪费，大力倡导资源节约型、环境友好型社会建设。如果大家切

---

① 夏宝龙：《以"五水共治"的实际成效取信于民》，《人民日报》2014 年 1 月 22 日。

实从增强全社会的亲水、爱水、保水意识抓起，继而从日常节材、节电、节煤、节油、节粮的良好习惯做起，就一定能掀起一股节约、节俭的新风和正气。

从社会的维度看，治水就是抓平安稳定促和谐。污水、洪水、涝水、供水和节水问题，直接关系平安稳定、关乎人水和谐。进行"五水共治"，是"平安浙江"建设的题中之义。古往今来，听风声雨声读书声，看家事国事天下事，而治水从来都是江山社稷、国泰民安的大事、要紧事。浙江必须下定决心铁腕治水。社会政策要托底，治水工程必须要顶起，这是很重要的底线。

从生态的尺度看，治水就是抓绿色发展优环境。浙江"缺水"，有海岛地区资源性缺水制约，也有一些山区工程性缺水因素，但主要是污染造成的水质性缺水。"江南水乡没水喝"，根子就在过于依赖资源环境消耗的粗放增长模式。面对青山依旧、绿水不再的尴尬，浙江必须牢固树立"绿水青山就是金山银山"和"山水林田湖是一个生命共同体"的理念，以"功成不必在我"的胸襟和对浙江可持续发展的担当，围绕治水目标，把水质指标作为硬约束倒逼转型，以短期阵痛换来长远的绿色发展、持续发展。

视频 9-3

浙江全省"五水共治"共享生态红利

（视频来源：中央电视台 1 套）

案例 9-1

"五水共治"下的浦阳江之变

浦江，位于浙江中部。发育于天灵岩南麓的浦阳江，穿越清丽山水，向东奔入钱塘江，急切而豪迈。那里的人，走路很快，说话大声，做事豪爽，喜欢路见不平拔刀相助；那里的街，摆满了字画摊，背着锄头的农民，开口就能吟诗，挥笔就成画作。"文化之邦""书画之乡"，是这片乡土亮丽的底色。

然而,迈入新世纪后,这些令人向往的山乡文化特质忽然变得黯淡了。遍布城乡的 2 万多家水晶作坊,在创造财富的同时,也把污水肆意排放到这片土地上,全县 577 条大小河流中,90% 沦为牛奶河、垃圾河、黑臭河。人们也不再像过去那样,热情咏颂美丽的母亲河。每当夜幕降临,浦阳江畔的百姓匆匆闭户,躲进家里。

水色之变——不把污泥浊水带入全面小康。

2013 年年初,浙江省委、省政府以"重整山河"的雄心和"壮士断腕"的决心,打响铁腕治水攻坚战,要求各地以治水倒逼转型发展。水环境污染最严重、矛盾最突出的浦江,被列为全省重点。时任省委书记夏宝龙亲自督战浦阳江,要求在浦阳江水环境综合治理上"撕开口子、杀出血路""以治水为突破口推进转型升级"。

三年来,浦江借势发力,共关停水晶加工户 19518 家;关停印染、造纸、化工等污染企业 300 多家,关停率达 55%;关停低小散畜禽养殖场 671 家,规模养殖场实现畜禽排泄物 100% 零排放和 100% 全利用。决心之大、力度之强,前所未有。到 2015 年年底,浦江县 22 条劣 V 类支流全部被消灭。全县 51 条支流中,优于 III 类水质的达到 42 条。曾经沦为黑臭河的浦阳江,水色逐渐清澈起来。

浦阳江之变,变在水色。当水色变清时,浦江乃至浙江的发展思路也变得格外清晰。

发展之变——打好经济转型升级组合拳。

以治水倒逼经济转型升级,是浙江"五水共治"最为核心的目标。从治水开始,浙江的经济结构不断得到调整和优化。

浦阳江之变,变在岸上。当岸上的脏乱差、低小散、重污染不见时,浦江乃至浙江的转型路径,也变得格外清晰起来。

灵魂之变——把人心凝聚在大禹鼎里。

在浙江,有座奖杯,每个地市都很看重,每个百姓都很看好。这座奖杯的名字,叫"大禹鼎"。2016 年 2 月 29 日,省"五水共治"工作总结表彰大会召开。浦江再次捧回一座"大禹鼎"奖杯。

浦阳江之变,变在灵魂。当水之灵魂复活时,浦江乃至浙江人的内心也紧紧凝聚在了"大禹鼎"里。

这就是当下的浙江。无数个浦阳江之变的故事，已随着春风吹遍之江大地，吹向华夏大地。

——摘编自《浙江日报》2016 年 3 月 5 日

五、大力推进生态文化培育

第一，上下联动传播生态文化。

2011 年 6 月 30 日，是首个"浙江生态日"。2011 年 6 月 28 日，时任浙江省委书记赵洪祝来到富春江畔这个山清水秀的桐庐县阳山畈村，出席浙江省首个"生态日"活动，为"浙江生态日"标志揭牌。"浙江生态日"作为浙江生态文明建设的新载体，省领导希望以此为契机，鼓励和倡导全社会提高生态文明建设的责任意识和参与意识。在各地，生态文化传播工程正风生水起。

杭州市通过西湖环湖截污、南线综合整治、湖西综合保护等一系列重大保护工程，使水活起来了，绿多起来了，生态环境更好了，西湖申报世界文化遗产获得成功。象山县构建国家级海洋渔文化生态保护实验区，举办了中国开渔节。而这个节日，却是因休渔而生，其根本宗旨是体现人们保护海洋、敬畏自然、人海共荣的生态理念。我省首个国家级生态县安吉以"美丽乡村"建设为载体，推进生态和经济的互促共进，成为我省新农村建设的示范样本。自上而下的推动，自下而上的传导，上下合力推进，使浙江的生态文化建设走在了全国前列。

第二，广泛开展生态创建活动。

为全面推进生态文明建设，大力传播和树立生态文明理念，提高全民的生态意识，我省积极开展生态创建活动。目前，浙江省初步形成了全社会的绿色创建网络，通过积极开展"绿色"系列创建，截至 2011 年年底，全省累计建成 6 个国家级生态县、41 个省级生态县；45 个国家级生态示范区；7 个国家环境保护模范城市、7 个省级环保模范城市；22 个国家级园林城市（县城、镇）、36 个省级园林城市；274 个全国环境优美乡镇、939 个省级生态乡镇；国家级绿色社区 27 个、省级绿色社区

702 个;全国绿色学校 49 所、省级绿色学校 1095 所;全国绿色家庭 22 户、省级绿色家庭 1688 户。

安吉县建成了全国首个国家级生态县并被环境保护部列为全国生态文明建设试点地区,获全国首个"联合国人居奖"。该县每年都精心筹办一届生态文化节,并且先后在县城广场建造了"3·25"生态日固定标志,埋设了 120 年前由吴昌硕等先辈们发起设立的"阖村公禁"生态碑。在各乡镇、村相继建造了生态文化走廊、生态公园、生态小品等生态文化设施,从不同层面、以不同方式,弘扬生态文化,培育生态理念,增强生态意识。同时深刻挖掘与安吉生态环境密切相关的竹文化、茶文化、昌硕文化,把竹子的"虚怀若谷、挺拔向上"的精神深深扎根在安吉人的心中,升华成了安吉的品格和安吉精神。在一代宗师吴昌硕的影响下,写意青山绿水、泼墨古驿春秋,安吉群众性的书画活动蔚然成风。

第三,群众性环保活动蓬勃开展。

2009 年 2 月,浙江省发布了给浙江公民的一封绿色的信,向全省公民发出低碳绿色生活倡议,号召全省人民过低碳生活,创造绿色家园,提倡购买简单包装的商品,选购绿色产品、绿色食品,倡导绿色消费,少用一次性制品,减少垃圾;使用节能电器,节约用电;多骑自行车、多坐公交车,为节能减排出力;重复使用纸张,双面打印,亲近大自然,参加植树造林活动等。

群众性的环保活动如"保护母亲河行动""我心中的绿色"环保音乐朗诵会、"梦想绿色天堂"大型环保时装秀、"天天环保,绿色承诺"活动、"浙江省大学生农村环保科普行"等活动蓬勃开展。在德清,有一位浙江第一环保老人朱天荣,2001 年时已经 71 岁的朱天荣开通了国内第一条民间环保内线,建立了国内第一个环保民间联络站;同时,每年个人拿出一万元设立"朱天荣环保基金"。在嘉兴,专门有一支由群众和具备一定专业知识的市民组成的"市民检查团",深入企业一线检查,形成了"企业治污到不到位群众来点评"的新机制。在温州,永嘉人陈飞为了保护楠溪江的生态环境,用常人难以想象的毅力,扮演着民间护江人的角色。在湖州,"珍爱太湖百校红领巾节约资源保护环境大行动"正在蓬勃开展,"珍爱太湖、节约资源、保护环境"等口号响彻太湖上空。有 400 多名会员的台州市黄岩区环保志愿者协会,长期关注长潭水库周边的餐饮店污染问题。温州苍南的"绿眼睛"社团长年为野生动物的保护殚精竭虑。衢州开化的环保组织以骑单车的形式守护钱江源……近年来,浙江民间环保组织的队伍迅速壮大,越来越多的学生社团、草根组织加入其中,成为一支无法忽略的绿色力量。随着生态文明建设的不断推进,绿色、健康、低碳理念深入人心,公众参与环境保护意识高涨。

六、浙江精神与浙江生态文明建设的关系

(一)浙江精神在浙江生态文明建设中的作用和影响

第一,创新创业是推动浙江生态创业的引擎。

在浙江生态文明建设中,浙江人民始终以创新创业的精神走在前列。一是推进了政府机制创新。生态文明建设考核评价机制、有效激励机制、强制性淘汰机制等的建立,对浙江生态文明建设起了促进作用。二是推进了市场机制创新。生态保护补偿机制、水权交易机制、排污权交易机制、"休渔期"机制、矿业权有偿使用机制的实施取得了成功经验。三是推进了社会机制创新。公众参与监督机制、智力和技术支撑机制、民间组织的参与机制等,都在浙江生态文明建设中起了推动和保障作用。

第二,求真务实是推动浙江绿色生产的前提。

在生态文明建设中,浙江人从生态危机的现实出发,坚持知与行的统一,理论与实际的统一,认识与实践的统一,遵循客观规律,把生态规律与经济规律有效地结合起来。

一是遵循生态、经济协调发展规律,以系统整体优化为目标推进生产生活方式的转型。经济系统是以生态系统为基础的,人类的经济活动要受到生态系统容量的限制。浙江坚持"在发展中保护、在保护中发展",坚持生态省建设方略,走生态立省之路,以生态效益、经济效益、社会效益等综合效益的最大化为目标,在发展经济的同时妥善保护好生态系统,在保护生态的同时改善好经济系统,实现经济质量的提升,最终实现生态系统和经济系统的良性互动与协调发展。

二是遵循生态需求递增规律,以需求为导向加大生态环境建设力度和服务等公共物品的供给。生态需求是消费者对生态环境质量需求和生

态经济产品需求的总称。生态供给是生产者对生态环境质量和生态经济产品供给的总称。随着收入水平的提高,人们对高质量的生态环境和生态经济产品的需求日益递增。为此,浙江按照生态省建设的要求,不断创建生态公共物品和公共服务,以满足人民群众不断增长的需要。

三是遵循生态价值递增规律,以环境容量资源的优化配置为目标大力推进生态制度创新。生态环境是有价的经济资源,生态环境的有偿使用与交易符合经济规律。随着经济社会的发展,生态环境资源呈现出日益稀缺的趋势,因而生态价值呈现增值趋势。那么,人类可以像进行经济投资一样进行生态投资,实现生态资本的增值。

第三,诚信和谐是塑造浙江人与自然和谐关系的基础。

在生态文明建设中,诚信是重要的精神基础。诚信与求真务实一样,正视生态状况的现实,是理论与实际相结合、知行合一的表现。如果在经济建设中不首先考虑环境问题,可持续发展更无从谈起。同时,建设生态文明的目的就是不断提高人民的生活水平和质量,建设美好和谐家园。在生态文明建设中,浙江人民坚守着诚信和谐的品质。大力开展"美丽乡村"建设正是诚信和谐在浙江生态文明建设中的集中体现。安吉是浙江省建设"美丽乡村"的典范,一座座青山连绵,与自然相和谐的生态;一处处村落点缀,因文化而流动的山水……外在的生态良好、环境优美、布局合理和设施完善,与内在的社会和谐、产业发展、生活富裕和文明提升互为表里,完整构成"安且吉兮"的"美丽乡村"。

党的十八大报告提出了建设"美丽中国"的目标要求,将生态文明建设提升到和经济建设、政治建设、文化建设、社会建设同等重要的地位,列入中国特色社会主义"五位一体"的总布局。天蓝、地绿、水净,这些美好温暖的词句,写进了党代会报告。这既是时代的要求,民意的呼唤,也是应对生态和资源挑战,推动经济发展方式转变的必然选择。浙江人民在党的十八大指引下,以创建活动为主载体和总抓手,通过创建发动、凝聚力量,走一条"生态美、生活美、田园美、行为美、形象美"的构建"美丽浙江"之路。

案例 9-2

安吉"中国美丽乡村"建设

从 2008 年起，安吉以"村村优美、家家创业、处处和谐、人人幸福"为总体目标，以"尊重自然美、侧重现代美、注重个性美、构建整体美"为主要原则，以"环境提升工程、产业提升工程、服务提升工程、素质提升工程"为基本路径，全面开展"中国美丽乡村"建设行动，建设中，他们坚持"四美"原则。

在尊重自然美上，充分彰显依山傍水、因势因地而建的生态环境特色，抓自然布局，融自然特色，不搞大拆大建，避免不伦不类。

在侧重现代美上，坚持把生产发展放在首位，把生活富裕作为美丽乡村的前提和基础，融现代文明于自然生态之中，体现全方位开放理念，可憩可游、宜商宜居、且安且吉。

在注重个性美上，因地制宜，因势引导，因村而异，分类指导，分层推进，分步实施，根据产业、村容村貌、生态特色、人本文化等不同类别，进行适当分类，每个类别中又错位建设，体现差异化、多元化，少追求洋气和阔气、少搞整村集聚，不搞一刀切，不求千篇一律、千人一面，做到移步换景、看景辨村，彰显一村一品、一村一景，给人以"十里不同景，人在画中游"的视觉冲击，体现"土洋结合、雅俗共赏"的效果。

在构建整体美上，强化全局战略思维，把全县当作一个大乡村来规划，把一个村当作一个景来设计，把一户人家当作一个小品来改造，致力于推进环境、空间、产业和文明相互支撑、一二三产整体联动、城乡一体有机链接，力求全县美丽、全县发展。

"美丽乡村"已成为安吉继"中国竹乡""全国首个生态县"之后的第三张国家级金名片。

2010 年，安吉"中国美丽乡村"建设模式正式成为"国家标准"和省级示范，被授予全国唯一的县级最佳人居环境奖。自

2008 年以来,全县 187 个行政村中已有近 90％参与创建,共有 12 个乡镇实现全覆盖,建成的"美丽乡村"已经涵盖了安吉 3/4 的县域面积。现在,安吉城乡差别大幅度缩小,多数创建村的农村民居建成了花园式的别墅山庄,形成村在林中、房在景中、人在画中的美丽乡村图景。

(二)弘扬浙江精神,全面推进"美丽浙江"建设

第一,弘扬浙江精神,进一步培育生态文化。

一是重视生态文化研究。加强生态文化理论研究,注重把实践过程中形成的生态认知提升为生态文化理论。注重挖掘浙江山水文化、海洋文化、森林文化、传统农耕文化以及茶文化、花文化、竹文化、石文化中丰富的生态思想。加强生态文化建设的战略规划、制度机制、对策举措等研究。

二是加强生态文明宣传教育。广泛宣传正确的价值观、政绩观、财富观和生活观,研究制定我省推进生态文明建设的道德规范,大力倡导生态伦理道德。

三是建设生态文化载体。充分发挥图书馆、博物馆、科技馆、文化馆、美术馆、体育中心、青少年活动中心、妇女儿童活动中心、老年活动中心等在传播生态文化方面的作用,使其成为弘扬生态文化的重要阵地。加强森林公园、湿地公园、地质公园、矿山公园、遗址公园、海洋公园和植物园的建设和管理,使其成为承载生态文化的重要平台。

四是广泛开展生态文明创建活动。广泛开展文明城市、卫生城市、园林城市、环保模范城市创建工作,加快创建绿色机关、绿色学校、绿色社区、绿色家庭等群众性绿色系列创建活动。积极组织开展"世界环境日""世界地球日""地球一小时""中国水周""全国土地日""中国植树节"等重要时节的纪念和宣传活动。利用"浙江生态日",引导人民群众不断强化生态环保意识。

五是推行健康文明的生活方式。在全社会倡导勤俭节约的低碳生活,积极引导鼓励绿色消费、绿色出行,提倡健康节约的饮食文化,抵制高能耗、高排放产品和过度包装商品。

第二,弘扬浙江精神,进一步构建生态文明的保障制度。

一是建立健全党政领导班子和领导干部综合考评机制。按照各市县(市、区)主体功能定位,实施分类考核评价,加快构建促进科学发展及生态文明建设的党政领导班子和领导干部综合考核评价机制,落实责任制,突出强调生态建设、改善民生、统筹协调发展。

二是建立健全生态补偿机制。健全生态环保财力转移支付制度,逐步加大力度,提高各地保护生态环境的积极性。完善河流水量水质目标考核与生态补偿相结合的办法,逐步提高源头地区保护水源的积极性和受益水平。逐步提高生态公益林补偿标准,探索建立饮用水源保护生态补偿机制,健全生态环境质量综合考评奖惩机制。

三是建立健全市场化要素配置机制。进一步完善土地征收制度,积极探索农村宅基地空间置换和工业存量用地盘活机制。开展水权制度改革,建立完善城市居民用电阶梯价格制度、企业超能耗产品电价加价制度。深化化学需氧量排污权有偿使用与交易试点工作,积极开展二氧化硫排污权有偿使用与交易试点,加快建立全省排污权有偿使用与交易制度。探索省内碳排放权交易制度,建立省内森林代保机制和林业碳汇交易机制。

四是建立健全投融资体制和财税金融扶持机制。积极引导企业等社会资金参与生态环保基础设施建设和经营。鼓励金融机构加大对清洁生产企业的信贷支持和保险服务,鼓励和支持有条件的清洁生产先进企业通过上市、发行债券等资本运作方式筹措发展资金,鼓励和支持上市公司通过增发、股权再融资等方式筹措资金用于节能减排。加大对发展循环经济、清洁生产、节能减排、节地节水项目和企业的政策扶持。完善政府采购制度,绿色节能产品优先列入政府采购目录。

五是学习国外经验,开展污染控制、清洁空气立法,全面推进"美丽浙江"建设。

案例 9-3

"美丽浙江"建设的伦敦经验：20 年摘掉"雾都"帽子

2013 年 1 月，浙江省十二届人大一次会议在杭州召开，时任代省长李强在《政府工作报告》中提出"全面推进'美丽浙江'建设"的任务，以落实党的十八大提出的建设"美丽中国"的号召。2013 年 1 月 27 日，杭州《都市快报》"天下"栏目用四个版面刊登了 1952 年伦敦大雾导致 12000 人死亡的这一 20 世纪最大灾难之一的事件。灾难推动了伦敦立法治理，20 年后一举摘掉"雾都"恶名。以此作为"美丽浙江"建设的借鉴。

英国是世界上最早进行工业化的国家，伦敦一度以"雾都"出名。

在近 200 年的时间里，伦敦城市上空总是被浓浓的烟雾笼罩。1871 年的《纽约时报》说："伦敦的居民周期性地被淹在黄色的浓雾当中。"《雾都孤儿》的作者、19 世纪英国著名作家狄更斯这样描绘伦敦的雾："在城市的边缘地带，雾是深黄色的。靠里一点，是棕色的。再靠里一点，棕色再深一些。再靠里，又再深一点儿。直到商业区的中心地带，雾是赭黑色的。"

1952 年 12 月 5 日至 9 日，连续 5 天的大雾酿成了一场人类史上罕见的大灾难。煤烟灰尘浸泡伦敦城。在火车上连站台都看不见，汽车像乌龟一样爬行，呼吸像在切洋葱，在路上走一圈就像掉进泥潭。死人，不断地死人。公墓前排起了长队。5 天内，大雾造成了 4000 多人死亡。在随后的两个月里，8000 多人又相继死去。大雾造成患上支气管炎、冠心病、肺结核、心脏病、肺炎、肺癌和流感的人，不计其数。就连在伦敦参加展览的牛，也因大雾死去。

1952 年的杀人大雾成了伦敦环保的分水岭，这场灾难终于让伦敦人彻底醒悟。英国以此为契机，走上了现代意义的空气污染治理之路。1956 年，英国颁布《清洁空气法》，这是世界上

第一部空气污染防治法,第一次以立法的形式控制家庭和工厂排放的废气。1968 年,英国再次颁布《清洁空气法案》,加大控制空气污染力度。1974 年,英国政府出台《污染控制法案》,对机动车燃料成分和石油燃料含硫量做出规定。

系列法案取得明显成效。1975 年,伦敦有雾的日子从 19 世纪末每年 90 天减少至 15 天。1980 年只有 5 天有雾。从此,伦敦彻底摘掉了"雾都"的恶名。

立法先行、公交发达、限制公车、绿色出行,这是伦敦治理空气污染的四大经验。如今的伦敦就像一个大花园,绿地比建筑还多,满眼是绿色,穿几个公园就能到市中心。很难想象,伦敦这样一个大都市,竟然是全欧洲敞篷车卖得最好的地方。

《都市快报》对话伦敦前副市长约翰·罗斯义。这位前副市长深为感慨地说:"靠牺牲健康换来的发展并不是真的进步。"他还善意地指出:"1952 年英国的经济发展水平和人均国内生产总值与中国现在大致相当,这或许不只是个巧合。"

第三,弘扬浙江精神,进一步开拓生态科技创新。

一是围绕加快低碳经济、循环经济、绿色经济和蓝色经济相结合的生态型经济发展,努力优化科技资源配置,突出科技创新的重点方向。大力发展能源资源开发利用技术,积极发展节能建筑、轨道交通、电动汽车技术,加强煤的清洁高效综合利用技术研发。大力发展先进制造技术,研发和推广清洁生产技术,促进制造业绿色化、智能化。积极发展先进育种技术,研发推广节约资源、减少面源污染、农业废弃物资源化利用等技术,着力提高农业可持续发展能力。大力发展生态环境保护技术,发展节能减排和循环利用关键技术,着力提升生态环境监测、保护、修复能力和应对气候变化能力。要优化科技资源配置,加强环保公共科技创新服务平台建设,开展多种形式的产学研合作。

二是进一步培养生态科技创新人才,积极培养、引进人才,特别是学科带头人和高层次创业人才。深化国内外科技合作与交流,大力推进产学研合作。依托高校、科研院所和行业龙头企业,加快建设一批能源类、环保类科技创新载体和服务平台。

思考讨论题

1. 你如何理解习近平同志提出的"绿水青山就是金山银山"理念？请结合浙江"两山"理念建设的实际和经验，谈谈你的体会。

2. 根据党的十八大关于"美丽中国"建设的要求，谈谈你对"美丽浙江"建设的看法。

3. 试从"浦阳江水之变"分析浙江"五水共治"战略的意义和影响。

4. 伦敦 20 年摆脱"雾都"恶名对我们今天建设"美丽中国"有何启示？

结束语　传承和践行浙江精神

　　浙江精神概念的提出以及内涵的阐发,标志着浙江精神的自我激励从自发的追求走上了理性的自觉。浙江精神在改革开放的伟大实践中发挥了重要的作用。总结和提炼浙江精神,弘扬和践行浙江精神,已经产生了广泛的社会影响,不仅推动了经济社会发展,而且带动了全省各地各行业精神的提炼和弘扬,促进了地域文化建设。高校是国家人才资源的摇篮,大学生是民族的希望和国家的未来,是中国特色社会主义事业的建设者和接班人,大学生的健康成长直接关系着国家的前途和命运。浙江精神作为引领浙江走向繁荣和富强的重要价值理念,在推进浙江经济腾飞和社会和谐发展等方面显示出了巨大优势,其本身所具有的丰富内涵和强大的感召力,对推进高校大学精神的铸造、校园文化精神的形成以及提升大学生思想道德水平等都具有重大的指导意义。

　　高等学校是传承人类文明的厚重基石,是弘扬社会主义先进文化的主要阵地。大学不仅要有先进的文化指引,而且要努力创造其文化的核心——大学精神,以引领社会文化的前进方向。大学精神是学校的灵魂,也是大学个性之根本。它是一所大学所拥有的相对稳定的群体心理和精神状态,是赋予学校生命并反映学校历史传统、校园意志、特征面貌的一种精神文化状态,是师生员工的共同理想、共同信念、共同追求、共同意志的综合反映。它对于凸显和稳定一所大学的形象、特色、风格和水准举足轻重,它是大学办出水平、办出活力的源泉。^① 大学精神既有大学自身发展规律的共性,又有着鲜明的个性,比如人们常说的"北大之创新,清华之严谨,南开之笃实,浙大之坚韧",便是人们对这些著名学府所特有的大学精神的概括。优秀的大学精神一经形成,便会在教育活动中起到激情励志、调整心态和规范行为的作用。

---

　　① 夏志勇:《浅谈新时期的大学校园精神》,《福建教育学院学报》2006 年第 4 期。

　　弘扬浙江精神和培育大学精神是当前浙江文化强省建设的两个重要方面,是浙江进一步改革开放、全面建成小康社会和高等教育改革发展的迫切需要。弘扬浙江精神和培育大学精神在本质上是一致的。因为浙江精神和大学精神有一致的来源,它们都是在特定的社会历史条件下,时代精神和民族、地域文化传统相互作用的产物;浙江精神和大学精神还有共同的落脚点,都是为了培养和造就人。培育大学精神的目的就是要培养具有科学理性、自由民主、批判创新、人文关怀等精神品质和渴求知识、追求进步的大学生;而弘扬浙江精神的关键就是要培养和造就具有求真务实、诚信和谐、开放图强、崇学向善等精神品质的浙江人。

　　弘扬浙江精神与培育浙江高校的大学精神是二位一体的关系。传承与弘扬浙江精神是培育浙江高校的大学精神的基本前提;反之,培育大学精神对弘扬浙江精神又有着重要的价值功能。[①] 首先,每个地方都有自己独具特色的地域精神,而地域精神培植了当地高校的大学精神。浙江精神是通过生活在浙江这块土地的民众的行为方式和心理特征体现出来的一种共同价值取向,它根植于历史、引领着未来。浙江高校置身于浙江的地域精神文化氛围中,其大学文化精神无疑会深深地打上浙江地域文化精神的印记。因此,传承与弘扬浙江精神必然成为培育浙江高校的大学精神的基本前提。正如习近平同志所说的:"源远流长的浙江文化,是中华文明的主要组成部分;博大精深的浙江文化精神,是浙江人永不褪色的'精神名片';作为一名在浙江读书的大学生要了解浙江、热爱浙江,进而了解我们伟大的祖国和伟大的民族,激发爱国主义精神和民族自信心。""相信浙江精神一定会让同学们终身受益,鼓舞着大家在人生的道路上不断前进,迈上一个又一个新的台阶。"[②]其次,培育浙江高校的大学精神将会推进浙江精神的传承、丰富和发展。习近平同志曾说:"大学生是浙江精神的继承者和创造者。改革开放以来,我省高校向社会输送了140 万名大学生,他们为推进浙江和全国的经济社会发展作出了积极的贡献,以自己的实际行动诠释了浙江精神、丰富了浙江精神。"[③]在当前经

---

① 张祝平:《浙江精神与高校校园精神的培育》,《大学·研究与评价》2009 年第 7 期。
② 习近平:《寄语大学生:继承文化传统弘扬浙江精神》(2006 年 9 月)。转引自张祝平:《浙江精神与高校校园精神的培育》,《大学·研究与评价》2009 年第 7 期。
③ 习近平:《寄语大学生:继承文化传统弘扬浙江精神》(2006 年 9 月)。转引自张祝平:《浙江精神与高校校园精神的培育》,《大学·研究与评价》2009 年第 7 期。

济全球化以及知识经济发展的大背景下,高校在经济、政治、文化、社会生活中的作用日益凸显,高校所孕育的文化精神成为弘扬和培育民族精神和地域精神的重要载体。无疑,浙江高校在发展进程中所孕育的独特的大学精神,必将在传承浙江精神,进一步丰富浙江精神、引领浙江精神过程中,产生重要的作用和无法替代的影响。

推进高校和大学生弘扬浙江精神,要在培育高校的大学精神过程中展开。

首先,坚持求真务实,培养高校和大学生的人文精神和科学理性精神。求真就是追求真理、遵循规律、崇尚科学。求真,就是求理论之"真",坚持理论转化为思路,转化为效果,转化为全省广大干部群众认识和改造世界的强大精神动力;求真,就是求规律之"真",更自觉地认识规律、遵循规律、运用规律,不墨守成规,善于创造;求真,就是求科学之"真"。务实就是要尊重实际、注重实干、讲求实效。求真务实是浙江精神的基石,也应该成为浙江高校发展的基础,成为培育高校和大学生人文精神和科学理性精神的基础。大学以培养"人"为天职,它的立足点和归宿都是人,目标在于实现人的解放、人的完善和人的发展。人文关怀不仅是大学的社会责任,更是形成大学有利于个性与人格完善氛围的基础。而探索科学真理,倡导科学精神,创新科学方法更是大学存在的价值所在。科学理性精神的实质就是求真务实。求真就是要探索真理、发现真理、传播真理,具有敢于为真理献身的精神;务实就是要坚持实事求是的科学精神,一切从实际出发,不唯上,不唯书。

其次,坚持开放兼容,培育高校和大学生海纳百川的包容精神。兼容即兼顾、容纳、开放和包容。这是浙江精神的基础特征,是浙江最具异质性特征的价值之一,是博采众长、兼容并蓄的思维方式,是尊重差异、和谐共生的文化特质。浙江有着独特的小区域大容量的现代性特征。"兼容"二字最能体现浙江文化融合的历史传统,也能体现浙江人在现代化发展过程中既走出去又引进来、既走向世界又容纳和吸收世界先进文化的开放秉性,也突出浙江尊重外来人口、内外和谐共生的特质。这是浙江的优势,也是浙江的传统。它有全球意识、世界胸襟的开放理念;它有海纳百川的兼容胸怀,以我为主,为我所用,兼容并蓄,虚心吸取全人类创造的一切文明成果;它要求我们的思想观念、生活习惯、行为方式和精神素质不断适应开放的世界和全球化竞争的需要,增强全球眼光和战略意识,要有跳出浙江、发展浙江的大手笔;并要求进一步提升做世界公民的文明素质和人文情怀。开放兼容是浙江发展的内在动力,是浙江精神的核心所在,也应该成为浙江高校的大学精神的基本要素,成为浙江高校不断获取和更新推动自身发展的动力。大学必须善于吸取人类社会进步中一切文明成果,博采众长、相互交流和学习。海纳百川,才能获得真知。特别是随着改革开放进程的不断加快,大学的国际化进程日益向深入发展,开放包容的大学精神显得更加重要和迫切。

再次,坚持开拓创新,培育高校和大学生不断与时俱进和自主创新的精神。创新即克服束缚、突破常规、推陈出新。创新是民族进步之魂,是发展活力之源,它体现了浙江积极进取、追求进步的精神状态。浙江历来生存环境较差,发展条件限制较多,为了生存和发展,必须克服自然环境的束缚,谋求超常规发展。改革开放以来,浙江人民克服限制和束缚,实现了活力迸发、财富源泉充分涌流,这些成绩正是这一创新的表现和结果。创新是浙江精神中最核心的部分,也是未来浙江社会成为中国自主创新能力最强地区的关键所在。创新是浙江又一最具有异质性特征的价值之一。创新是浙江精神的灵魂,同样应成为浙江高校的大学精神的灵魂。与时俱进是中华民族的优秀传统文化和教育理念,高校发展必须不断根据时代和社会发展的要求,不断丰富和发展校园精神,只有这样,才能不断与时俱进,也才能不断保持大学精神的先进性,使之成为广大大学生奋发向上、百折不挠的精神支柱,成为大学文化精神的基本价值取向。与时俱进,实现不断创新,培养创新人才,创造新知识,是高校促进经济社会文化发展的光荣使命。高校创新精神的弘扬应该体现在理论创新、制度创新和科技创新等多个方面,以创新的文化培养创新的人才,用创新的人才缔造创新的民族。

最后,坚持诚信和谐,培育高校和大学生推动社会主义和谐社会建设必需的优秀品质。诚信即讲诚实、守信用、重道德、有责任。诚信是维护社会秩序、人民团结和谐的基本纽带。这是现代社会文明之基,也是弘扬传统诚信美德的结果。和谐即民主法治、公平正义、诚信友爱、充满活力、安定有序、人与自然和谐相处。这是浙江精神的核心和价值归旨,是共同创造人与自然、人与社会、人与人和睦相处的美好家园,真正建立起"物质共同富裕、精神共同富有",全社会向真、向善、向美的和谐浙江的本源。诚信和谐同样应该成为浙江高校的大学精神的本源和内在品质。浙江高校要构建自我意识觉醒与他律教育相协调的教育渠道,引导高校师生在教学、科研活动中培育诚信和谐精神;在大学校风、校训建设中发扬诚信和谐精神;在健全学校章程和规章制度中规范和维护诚信和谐精神;又在大学精神建构和民族精神培育的全过程中贯穿诚信和谐精神。最终使得诚信和谐成为浙江高校发展的方向和品质,真正使得浙江高校大学生成为中国特色社会主义事业的合格建设者和可靠接班人。

高校弘扬和践行浙江精神,不仅体现在大学精神的培育之中,通过专业课、社团活动,进而通过大学精神培育来实现,更重要的是还要将浙江精神的弘扬融入浙江高校的思想政治理论课的教学之中,使高校思想政治理论课教学成为弘扬浙江精神的主渠道。因为浙江精神在浙江高校思想政治理论课教学中具有重要的地位和作用。浙江精神不仅是浙江高校思想政治理论教育的有效资源;而且浙江精神的渗透将有助于极大地提高思想政治理论课的实效性和实践指导性;还有利于大学生良好的心理素质的养成,有利于培养大学生的使命感、责任感和事业心、进取心,有利于培养大学生的敬业精神、创造精神、顽强的毅力和百折不挠的精神,有利于培养大学生自信、乐观、公正、宽容等良好的心理品质。将浙江精神融入浙江高校思想政治理论教育,必然可以实现双赢的格局:既增强思想政治理论课教学的实效性,又弘扬了浙江精神。

思考讨论题

1. 你从浙江精神与浙江发展中获得哪些启示?
2. 大学生应如何弘扬和践行浙江精神?

2020 年版修订后记

　　本教材是根据浙江省委、省政府的要求，由浙江省委教育工委、浙江省教育厅组织省内思政理论教育专家编写的省统编教材，是与高校"中国近现代史纲要"课程配套的教材。

　　本教材以毛泽东思想、邓小平理论、"三个代表"重要思想、科学发展观和习近平新时代中国特色社会主义思想为指导，着重阐述了浙江精神的内涵、特征，浙江精神的形成，浙江精神推动浙江发展的历程和经验，进一步加深大学生对浙江区域历史文化以及国情、国史的认识，推动大学生深入领会中国特色社会主义现代化发展的实际，引导学生进一步增强建设中国特色社会主义的信念和信心。

　　本教材由浙江省高校教师集体合作编写完成。教材编写过程中得到了中共浙江省委宣传部原常务副部长胡坚、浙江省社科联原副主席蓝蔚青研究员、浙江省社科联副主席陈先春的指导和支持，他们对教材编写提出了许多宝贵的建设性意见。各章撰稿人如下：绪论，段治文（浙江大学）；第一章，王学川（浙江科技学院）；第二章，贺俊杰（浙江理工大学）；第三章，吴伟强（浙江工业大学）；第四章，游海华（浙江工商大学）；第五章，龚正荣（浙江警察学院）；第六章，曹力铁（杭州师范大学）；第七章，张卫明、邢乐勤（浙江工业大学）；第八章，雷家军（浙江农林大学）；第九章，俞田荣（浙江农林大学）；结束语，钟学敏（浙江大学城市学院）。全书由段治文教授任主编，邢乐勤教授、尤云弟老师（浙江大学）任副主编，负责大纲的拟定和书稿的统稿。尤云弟副主编承担了本版"立方书"的策划和素材编辑工作。全书由段治文教授最后修改定稿。

　　本教材采用了很多已有成果，特别是关于浙江经济、政治、文化、社会、生态等的最新发展情况，主要是依据《今日浙江》（2015—2019 年）、《浙江日报》（2015—2019 年）的一些文章编辑而成；"立方书"二维码的视频主要来自中央电视台、浙江电视台、东方卫视、中国日报网、浙商博物馆、阿里巴巴集团、中国(杭州)跨境电子商务综合试验区、横店影视城、"平安浙江"宣传片等。在此对以上单位和作者表示衷心的感谢。出版单位、责任编辑和印刷工作者为本书的顺利出版也付出了辛勤劳动,在此一并深表谢意。

编委会

2020 年 6 月